白手兴家

郑宏泰　高皓 ◎ 著

香港家族与社会
1841—1941

中华工商联合出版社

图书在版编目(CIP)数据

白手兴家:香港家族与社会:1841-1941 / 郑宏泰,
高皓编. -- 北京:中华工商联合出版社,2018.3
   ISBN 978-7-5158-2185-6

Ⅰ.①白… Ⅱ.①郑… ②高… Ⅲ.①家族 – 史料 –
香港 – 1841-1941 ②社会发展史 – 史料 – 香港 – 1841-
1941 Ⅳ.①K820.9②K296.58

中国版本图书馆CIP数据核字(2018)第 011983 号

本书简体字版由中华书局(香港)有限公司授权中华工商联合出版社出版发行。

北京市版权局著作权合同登记号:图字01-2018-3117号

白手兴家——香港家族与社会 1841-1941

作 者:	郑宏泰 高 皓
出 品 人:	徐 潜
策划编辑:	李红霞
责任编辑:	李红霞 马 燕
装帧设计:	周 琼
责任审读:	郭敬梅 李 征
责任印制:	迈致红
出版发行:	中华工商联合出版社有限责任公司
印 刷:	北京毅峰迅捷印刷有限公司
版 次:	2018年7月第1版
印 次:	2018年7月第1次印刷
开 本:	880mm×1230mm 1/32
字 数:	255千字
印 张:	13
书 号:	ISBN 978-7-5158-2185-6
定 价:	68.00元

服务热线:010-58301130
销售热线:010-58302813
地址邮编:北京市西城区西环广场A座
        19-20层,100044
http://www.chgslcbs.cn
E-mail: cicap1202@sina.com(营销中心)
E-mail: gslzbs@sina.com(总编室)

工商联版图书

凡本社图书出现印装质量问题,请与印务部联系。

联系电话:010-58302915

目　录

无论是面对来自西方社会的朋友，还是面对来自内地的朋友，我们在介绍香港社会时，总是强调香港如何先进，如何西化或现代化，以为香港的成功事例，只有西化的一面，或是只有西方的贡献；我们甚少会提到香港浓厚的中国文化——尤其是极富传统的一面，往往低估中国文化为香港成功事例所提供的生长土壤。

进一步说，香港虽是一个十分西化的地区，但也是华人社会中较为传统的地方，香港保存的繁体字，与内地的简体字相比，显得更有传统气息。至于传统价值观念的传承，如重视家庭、强调孝道、提倡节俭，以及坚持中庸之道、不走极端等，更是世代相传。当然也包括了被认为是迂腐文化的男人可以纳妾的制度（到二十世纪七十年代才废止），只有男人才可继承祖业、分田分地分猪肉等习俗（这些习俗在今日的新界乡村仍然被保留）。

除此之外很多传统节日如打醮、观音开库、浴佛节和盂兰节等仍然随处可见。

即是说，无论是历史背景、政治制度、社会关系及人文气息，香港的现况或内涵，均较我们想象中多元复杂，当中不少地方，更会让人觉得混合与矛盾重重，既有融和的一面，同时也有不易协调、难以并存的一面。但是，真实的情况是，香港能够在种种矛盾复杂的环境或社会关系中找到出路，然后微妙地取得各方利益的平衡，化戾气为祥和，在促进经济繁荣之时，保持了社会高度稳定，书写了香港神话般的传奇故事。

另外，我们在谈到香港家族企业的发展特质时，又总是质疑香港社会到底是否真的有那么多白手兴家的故事，认为不少有钱人之所以能够致富，要么是有后台、有背景，要么是使用旁门左道的手段；在他们致富后，又总会觉得他们"富不过三代"，暗示大富之家必然难以为继、不能久享。还有一种看法是，认为香港人都不喜欢政治，指他们政治冷漠，而又与另一批评——指政府与大商家之间长期存在政商勾结的问题相矛盾。

如果我们深入一点儿回顾香港商业社会的发展历史，尤其将焦点集中到无数为了谋生，为了改善家人生活，甚至为了证明自身才干，或是为了建立个人事业而不断奋斗的人士身上，审视他们人生及家族故事的起落跌宕，不难发现缺乏天然资源而且只属弹丸之地的香港，在中西方各元素碰撞激烈的近代历史中，在特殊空间和环境下，确有不少令人意想不到的发展机会，让那些敢拼肯挨、触角敏锐，且懂灵活变通的人，可以在奉行自由经济的社会中发财致富、建功立业。而大小"华洋"家族之间的关系，与各地政府或暗或明的交往，乃至与不同社会经济团体或阶层的竞争及互动更让我们了解的香港商业史纷纭混杂。

正因无数香港家族的经历与发展历程充满传奇色彩，其政治与社会关系又盘根错节，加上前进路途难免会有坎坷不平，若能将之系统化而有趣味性地整理出来，自然能够加深我们对香港社会进程的认识。但是，我们又不得不承认，要挖掘他们起落跌宕的故事已属不易，要结合内外政治、经济、社会和文化等方面的多重变化和互动更是难上加难。面对这项挑战，在研究的过程中，所碰到的困难和障碍自然多不胜数。幸好，在各界好友的支持及机构的鼎力协助下，这项艰巨的研究任务最终顺利完成，故我们在此谨向曾经给予支持协助的人士及研究机构致以最衷心的感谢。

首先要感谢《东周刊》的总编辑关慧玲小姐，她在2012年多次与我们商谈，想邀请我们为该周刊写一档有关香港家族与社会的专栏。初期，我们研究团队颇为抗拒，但后来觉得她提及"借此增加学术研究与社会大众接触"的说法很有道理，所以应其邀请，开始了为期两年左右的笔耕工作。虽然每星期写一篇文章的压力不少，但因专栏主题与我们的研究直接相关，尤其可让个人对香港社会的发展特质有进一步思考，所以还是写得特别起劲儿，而本书的不少内容，则曾在该周刊上发表，可见如果当年不是应关总编之邀，抽空笔耕，实不会有此书的出现。

另外，也要特别感谢陆观豪先生、李洁萍小姐和庄玉惜小姐等，他们在不同研究阶段曾给予宝贵的意见和支持，尤其令书稿后期的修订得以完成，不但令理论基础更坚实、内容更丰富，分析也更为全面透彻。

还有，要感谢研究助理张咏思小姐、张晶小姐及吕文渊小姐等，他们为了搜集研究资料而经常奔走于不同档案馆、图书馆、博物馆或政府部门。正因为她们耐心的工作和不断地努力，本书的内容才能更为充实，情节才能更为完整。

与此同时，也要向香港华人家族企业研究计划团队的成员们——黄绍伦教授、孙文彬博士、周文港博士和王国璋博士表示感谢。我们定期的研究聚会，在轻松自由的环境下畅所欲言的"头脑风暴"，以及无拘无束的交流分享，促使研究可以不断取得突破。

另外，更要向香港历史档案馆、香港中文大学图书馆、香港大学特别资料藏馆及公司注册处等机构表示感谢，如果没有他们提供的各种宝贵数据，这项研究的成果实在没可能如此丰富充实。当然，还要向一些不愿透露姓名但又曾经直接或间接施以援手的人士致以真诚的谢意，感谢他们耐心的分享、真诚的合作和无私的奉献。

最后，要向香港中文大学副校长暨香港亚太研究所所长张妙清教授、清华大学五道口金融学院常务副院长廖理教授的多方面协助，以及香港大学香港人文社会研究所所长梁其姿教授的支持，致以万分感谢，没他们的帮忙扶持，本研究实在难以取得丰硕成果。

虽然得到各方的友好支持和机构的大力帮助，仍因没法完全了解政局的顺逆起落、历史的曲折脉络和家庭与传承制度的复杂多变而出现了一些不完美外，对于某些疑而未决、模糊不清的地方，尽管已花尽心血努力求证，但仍没法做到完美无瑕，在此希望读者批评指正，让今后的研究可以做得更扎实、丰富。

郑宏泰　高皓

第一章

香港神话与家族传奇的开端

不少家族或个体的故事，已零星散落地记载于不同论述或著作中，有些让人耳熟能详，但更多更大的部分——尤其在内外局势发生巨大转变时家族如何紧抓机会、乘时而起，以及他们之间有何交往与合作等，则记录不详、所书甚少，有些甚至近乎销声匿迹了。

寻找创富与缔造商业传奇的主角

香港逐渐发展成国际大都会的故事，过去一直被形容为"神话"——高楼大厦拔地而起、联系网无远弗届、社会制度相对健全高效、人文气质多元开放等。我们每天忙忙碌碌，很少停下步伐，放慢生活节奏，想想这个"神话"到底是如何发生的？香港实际上是依靠什么条件突出重围的？发展过程又曾遭遇何种挑战与挫折？未来又应如何强化本身的优势？以及在改善缺失与不足的同时，当内外形势千变万化之时，应采取何种策略再攀高峰呢？

诚然，对于香港的"成功事例"，民间著作可谓不少，1997年回归前的讨论尤多，而分析角度则颇有不同。

学术界的分析虽然五花八门、各有角度，也各有可取之处，但往往只从宏观角度入手，并流于表面，缺乏纵深及兼顾时局逆转带动社会蜕变的意识，因而令人对香港商界的成功故事有一种比较肤浅的认识。

有鉴于此，本书的分析将由社会结构的最重要及最基本单位——家庭或家族（为方便讨论，后文一律以家族称之）入手，并沿寻企业家如何创造财富、打拼事业，进而带动经济发展的视角，以家族及企业的成长、壮大、调整、东山再起或分家后下一代另起炉灶等不同的发展轨迹为例，探索、折射香港社会走过的曲折历程，从而证明香港的成功故事，其实是数代香港人以血汗辛勤耕耘、用心栽种所取得的成果。

可以这样说，香港过往所取得的成果，不但得来不易、道路坎坷跌宕，过程更充满辛酸，而背后更有无数触动人心且鲜为人知的大小故事：有些故事是穷小子白手兴家成为大富豪；有些是热心推动社会运动、帮助弱势群体；有些是专注教育，致力于提升港人教育水平；有些是尽心尽力灌溉香港这片"文化沙漠"，希望造出绿洲；当然也有埋头科学研究、醉心体育运动；甚至皓首穷经，希望寻求学术突破；更有不少只属日出而作、日落而息，坚守己任、恪尽本分、努力打拼以求改善家人生活质量的平凡故事。

不同阶层为追寻各自的人生理想及生活目标而打拼的故事，散落于社会各个角落，有些有幸成为社会焦点，吸引传媒的注视及报道，令他们的故事广为流传；但不少却默默无闻，随时光流逝而灰飞烟灭，仿佛沙滩上的足印般在大浪冲刷后再没了痕迹。

虽然如此，我们却不能否定，这些各有不同的故事，是香港成功故事不同段落及篇章的重要组成部分。将这些故事编织并汇集起来，既能丰富香港故事的内容及养分，更可令其情节显得有血有肉，也更富人情味儿。而这正是驱使我们尝试学习两千多年前史学泰斗司马迁编写《货殖列传》时的精神与做法，沿着不同家族的发展轨迹，勾勒不同家族在不同时代各展所长，在不同层面发光发热的独特际遇与经历，用实例证明"商不出则三宝绝，虞不出则财匮少"的道理。

若从历史学者黄仁宇所倡议的大历史视角看，中国商人能够充分各展所长，赚取及积累财富，并取得受人艳羡的社会地位，古有先秦时期，近有英国殖民统治时期的香港。正因这个特殊历史背景，笔者相信，透过对不同家族故事的发掘及探索，我们既可更为实在及具体地了解香港如何在开设外贸港口后，在不同时期、不同层面上发挥本身贯通东西、聚合"华洋"及连接中外的枢纽角色，同时更可十分深刻地体会近代中国几经劫难、历尽沧桑的发展，以及其政治形势的波谲云诡，甚至可借此了解作为华人社会的香港，走进现代资本主义道路的过程与重心所在。

在之后的篇章中，讨论焦点将集中于如下六个重要层面上：

其一是家族的崛起及发展轨迹。本书将讲述不同时代及不同模式的创业和经营故事及华人家族企业的商业伦理、创业精神与管理哲学等方面独特且有趣之处。另外，我们也将讲述不同家族如何动员子孙们的积极性，或是如何在风起云涌的时局中紧抓机遇，施展浑身解数，以争取家族的最大利益，奠定家族在香港商界的历史地位的发展轨迹。

其二是家族的壮大及多元化策略。此重点在于阐述不同家族在港谋生并站稳脚步后，如何凭借取长避短的方法争取发展空间，并借多元化策略，一方面消解内部矛盾与冲突，另一方面集中分析及降低其发展风险，保障家族长期兴盛的不同方法。

其三是家族的婚姻特质与妇女角色。此部分虽是确保家族繁衍不绝时不可或缺的一环，但在过往的讨论中却相对缺乏，令妇女在家族、企业及社会所做的贡献未能全面呈现，而妇女在父系社会的传承角色，在过往研究中常被忽略，本书也会在这方面多做深入的探讨和分析。

其四是家族人脉及社会网络的经营。除了按社会既定制度运作，不同家族同时也会建立各种人脉关系与社会网络，一来扩展生存空间，寻找发展机会；二来可视作家族在不同层面或时期抵御冲击的屏障；三来更被看作防止风险及提升竞争力的互补机制。对于以上种种令人入迷的社会行为或非正式的"制度"安排，笔者也会深入浅出地谈谈以上不同类型的人脉关系，以及社会网络的特质，并说明其对家族延续的作用。

其五是家族的兴衰及传承特点。华人家族常被指"富不过三代"或"君子之泽三世而斩"，更闹出不少兄弟内斗及亲人反目等争夺家产话题，而"诸子均分"的继承方法，则被指不利资本积累。到底这是怎么一回事？又说明何种发展规律？本书会进行深入讨论。

其六是家族的传统及文化基因。重视血缘、讲求关系，以至用人唯亲、强调内外亲疏之别等，一直被指是妨碍华人家族、企业及社会发展的因素。但如果深入一点儿看，它又是华人社会经济充满动力的一个力量泉源。儒学大家钱穆曾言简意赅地指出："中国文化全部都是在家庭文化上筑起的。"这到底是怎么一回事呢？中国家族文化有何独特之处呢？背后反映了何种思想及核心价值呢？又对未来发展有何启示？

对于以上的连串疑问，笔者在最后阶段会针对这些问题提出一些综合性的观点和分析。一句话概括，造就香港"神话"的，是无数家族——有大有小、或中或西——数代人的辛勤汗水和默默耕耘，将他们的故事不折不扣、不夸不狂地和盘托出，力求反映事实，折射历史前进的轨迹，则肯定有助于我们对所处社会的认识和了解。

渣甸与麦地臣：港英政府的辅佐家族

我们常说，社会由无数像细胞一样的个体（人）组成，而这些个体又必然来自家族——生于家族、长于家族，他们在家族接受礼仪及道德价值等教育，然后积极打拼，以改善家族成员的生活水平，为家族争取荣耀，再开枝散叶，延续家族血脉，令其繁衍不绝。可见对家族发展的深入探索和分析，其实牵动了社会发展的不同经脉及肌理，既值得高度重视，也应有全面的研究及充分的掌握。

掀开香港历史的第一篇章，我们不难发现，一直默默无闻的中国南方蕞尔小岛，因鸦片战争走进了历史。而间接牵动这场战争，并促使英国政府占领香港，在香港开设外贸港口后又在政治、经济，以及商业贸易等不同方面呼风唤雨，成为香港首屈一指大家族的，正是英国苏格兰裔的渣甸家族（Jardine family）及麦地臣家族（Matheson family）。令这两个家族走到一起，达到日后富可敌国的商品贸易，则是走私鸦片，而主要的合作平台，则是怡和洋行（Jardine Matheson Ewo & Co.）[①]——一家香港开设外贸港口以来无人不知、无人不晓的英资财团。

这家至今在国际商业舞台仍极具影响力的公司，创立于1832年。其主要奠基人是威廉·渣甸（William Jardine）及占士·麦地臣（James Matheson），公司名字是两人名字的“组合”。前者生于1784年，是英国东印度公司（British East India Company）船队的一名随船医生。后者生于1796年，也曾任职于英国东印度公司，二人约于十八世纪末和十九世纪初先后到达香港。

威廉·渣甸虽是医生，却不认同吸食鸦片会上瘾及损害健康的实情，在行医期间注意到鸦片贸易在中国的巨大市场和极具吸引力的利润，最后于1817年选择弃医从商，脱离东印度公

---

① 怡和洋行的名称，与此公司一直与广十三行之一的“怡和”（伍秉鉴家族）往来密切有关，但两者其实并无隶属关系。

司，以自由商人的身份走私鸦片到中国。[①]占士·麦地臣大约比威廉·渣甸早两年脱离东印度公司，成为自由商人走私鸦片到中国。据说，二人首次相识的地方在广州，而促使他们日后走到一起的原因，则是对鸦片生意的志趣相投、目光一致。

十九世纪二十年代前后，二人一同经营茶叶及丝绸的贸易。与走私鸦片方面最为活跃的麦尼克洋行（Magniac & Co.），成为合伙人。自二人加盟后，麦尼克洋行的业务发展更为急速，此举令鸦片在华走私的问题更趋严重，但威廉·渣甸与占士·麦地臣的身家却暴增。鸦片走私虽利润丰厚，但风险极高。一方面是政府的打击可令其血本无归，另一方面则是货船在汪洋怒海行驶，若遇惊涛骇浪可能导致人货两空。所谓"上得山多终遇虎"，大约在十九世纪三十年代，麦尼克洋行便因商船遇上海难导致严重亏损，并于1831年倒闭。

麦尼克洋行的倒闭虽令威廉·渣甸及占士·麦地臣蒙受一定的财政损失，但由于走私鸦片利润极为丰厚，二人重整旗鼓，迅速于1832年携手创立渣甸洋行，主要业务当然仍是走私鸦片，而营业额更比过往突出。1834年，东印度公司因在华的垄断行为被政府终止进而倒闭，具专利性质的公行制度也画上了句号，渣甸洋行更在市场突然开放的时刻乘时而起，生意扩张得更急更快。

---

① 1834年前，英国对中国内地贸易由东印度公司垄断，中国对口单位则为广州十三行，也同样属专利经营。因此，所有不经十三行进出的货物，均属走私，不容于清朝律法。

由于渣甸洋行能在贸易发展出现历史性转变的时刻先人一步，因而能够突出重围。在对中国内地贸易及走私鸦片中获利丰厚，身家财富暴涨的威廉·渣甸，据说早于1834年时，已向时任英国驻华商务监督劳律卑（William Napier）建议，以强硬手段逼使清政府就范，接受英国的通商要求及条件，可见此时家族已开始利用其不断壮大的经济资本以影响政府政策了。而威廉·渣甸更因懂得"钻空子"，以及敢拼敢搏的个性，被当时社会称为"铁头老鼠"（the iron-headed old rat）。

正因威廉·渣甸的经营手法十分进取，又懂得在不同层面上争取政府配合，加上其商业网组织紧密，洋行业务表现一直一枝独秀。据估计，在鸦片战争之前，该洋行在当时广州的外贸份额，占了接近三分之一的比例（由于当时只有"一口通商"，此比例即等同占全国外贸的比例），洋行旗下更拥有多达七十五艘货船。

由于吸食鸦片容易上瘾，损害健康，并因此导致危害家庭、社会及经济问题，清政府在1838年年底终于决定禁止其输入，并派出钦差大臣林则徐赴广东主持其事。或许是早获风声，威廉·渣甸于1839年1月（另一说法是1838年11月）离华返英，将管理权交到占士·麦地臣手上。

1839年3月，林则徐抵达广东后，要求洋商交出手上鸦片并销毁，下达禁令不能再向华输入鸦片，但行动受到以英人为首的洋商反对，令中英关系大为紧张。其时，已返抵英国的威廉·渣甸，于同年10月上书英国首相兼外交大臣巴麦尊（Henry Palmerston），再次提及英国必须以武力强逼清政府就范，并建议英军占领香港作为贸易据点，此建议影响了英国政府的最终决定，也成为香港日后被殖民统治的起因。

翌年6月，一场因走私鸦片导致的战争终于爆发，而英国远洋海军凭着船坚炮利，击溃了以刀矛剑戟为主力的清兵，促使了日后连串的不平等条约的签署。英军在击溃清兵后，与接替林则徐为两广总督的琦善进行谈判，并迫不及待地于1841年1月26日登陆占领曾被威廉·渣甸提及的香港岛。

可以肯定地说，香港开设外贸港口不久，于1841年6月港英政府立即拿出已被视作"皇家土地"（Crown Land）的香港地皮进行拍卖，筹集经费以支持其管治及运作。英军登陆后，在港设立贸易据点的渣甸洋行也近水楼台，除了中得中环一块地皮，还购入铜锣湾海旁（东角四周）近六万平方尺①的地皮。

由于东角面临鲤鱼门深水海港，该海港的入口狭窄，但内港则水深港阔，能供吃水量庞大的远洋货轮停泊，此地接壤黄泥涌的大片农地，背后则有渣甸山（此名称的由来自然与该洋行掌控了整个铜锣湾有关）及柏架山等山峦环抱，因而可得四周陡壁保护，阻挡强台风或西北风吹袭，同时又有充足平地兴建货仓、住所或商业楼宇，可谓极具发展潜力。

———————

① 1平方尺等于0.1111111平方米

渣甸洋行能在香港开设外贸港口不久即购得如此理想的地皮，作为日后发展业务的大本营，反映了当时占士·麦地臣独具慧眼、目光锐利的经商头脑，也同时说明该洋行很可能早已对香港的山川地理及海港状况有充分了解，甚至可能早已获得港英政府默许，让其可以在拍卖场上"拍"得该地皮。

渣甸洋行拍得东角一带地皮，在着手兴建货仓、办事处及住宅的同时，威廉·渣甸在英国被推举为国会议员，名正言顺地登上英国政坛，其家族及渣甸洋行对香港政治与商业的影响与日俱增。据说，威廉·渣甸成为国会议员期间，曾向首相巴麦尊多次建议，其中不少与"鸦片战争"后向清政府争取更多赔偿及更大利益有关。

1843年，渣甸洋行在东角的货仓、办事处及住宅等落成之际，威廉·渣甸在英国去世。[①] 同年，一直在港主持业务的占士·麦地臣离港返英，并获推举为英国的国会议员，似是填补威廉·渣甸的空缺。自占士·麦地臣离去后，渣甸洋行在港业务的领导大权交给了其外甥亚历山大·麦地臣（Alexander Matheson）[②]，而威廉·渣甸的侄儿戴维·渣甸（David Jardine）

---

① 说来奇怪，威廉·渣甸像不少大富家族一样，本人并无子嗣，其职位及股份由侄甥等继承，所以渣甸洋行日后出现了凯瑟克家族（The Keswick family）主导企业发展的局面。

② 亚历山大·麦地臣虽与占士·麦地臣同姓，但前者其实是后者胞妹的儿子，胞妹虽与妹夫同姓，但两个家族并没近亲血缘关系。相关讨论请参考上注的数据。

则出任副手，两个家族的第二代开始走上接班之路，其继承与合作过程似乎没有太大问题。

1844年，渣甸洋行在东角的货仓、办事处及住宅陆续落成，并将原本设于澳门的总部搬到香港，计划进一步拓展业务。然而，受外围经济环境不景气的影响，加上开设外贸港口之初的香港制度尚未建立，难以吸引投资者，香港的商业不久即陷入低潮期。受到开设外贸港口首个经营环境欠佳的浪潮打击，不少较冒进的洋行被迫倒闭停业，《泰晤士报》更在1846年4月6日指香港的商业地位已大不如前。

由于起初被炒得火热的地价及租金已大幅回落，但政府所订的租金则没随着市场同步回软，不少洋行大感不满。开设外贸港口伊始即被视作英资龙头企业的渣甸洋行，自然也满腹牢骚。据说，身在英国的占士·麦地臣，曾在1847年5月呼吁英国政府促使港英政府改变政策，宽减地租，便利商业。受本身财政紧绌所限，港英政府实在无法接纳占士·麦地臣的意见，因而引起英资商人的群起反对，当时的港督戴维斯（John F. Davis，任期1844年–1848年）则因不肯让步而成为英商的眼中钉。而他任满离港时，更遭到英商冷待，乏人送行，可见当时英商力量之大，连港督也不给情面。

针对英商的不满和多方施压，港英政府最终采取政治"让权"政策，以吸纳英商精英进入立法局。渣甸洋行的大班（当时社会对洋行老板的称呼）自然成为重点吸纳对象。根据这一安排，新任港督文咸（George Bonham，任期1848年–1854年）于1849年12月宣布委任渣甸洋行的戴维·渣甸及来自占美臣洋行（Jamieson How & Co.）的易嘉（James F. Edger）为立法局非官守议员，令该家族对香港政治的影响力更为单刀直入、无人能及。

此后接近一个世纪，立法局（后来伸延至行政局）的其中一个席位，必由渣甸洋行的代表出任。举例说，戴维·渣甸在1856年去世后，该席位由其弟约瑟·渣甸（Joseph Jardine）顶替；约瑟·渣甸于1860年因病退下火线，则由波斯富（Alexander Percival）接替，他来自占士·麦地臣太太的家族。在十九世纪末，其他渣甸洋行老板又曾担任立法局议员职位的还有韦涛（James Whittall）、威廉·凯瑟克（William Keswick）、占士·凯瑟克（James J. Keswick）及亨利·凯瑟克（Henry Keswick）等，威廉·凯瑟克是威廉·渣甸姐姐的后代，此分支日后取代渣甸及麦地臣家族的位置，成为渣甸洋行的领头人，对香港政商各界的影响力，可谓巨大而直接。

经历开设外贸港口初期一段经济低潮后，香港的经商环境开始复苏，渣甸洋行的业务更因政治上的有利位置，促进其本来的业务，如鸦片、茶叶与丝绸贸易不断发展。至于其他投资较大、回报也较高的生意如运输船务、银行保险、码头货仓及制糖制绳等，更因其强劲政治力量而火乘风势，迅速发展起来，其中最重要一环，则非土地买卖莫属，并进一步强化其把控香港政治经济命脉的地位，令其作为港英政府拥护者（kingmaker）的角色更为

突出，傲视同侪。① 一直被视为战前香港首富的何东家族，不少
成员便曾出任渣甸洋行的总买办、买办及助理买办等职位，可见
彼此间密切的关系。

虽然渣甸洋行背后的主要家族在香港社会叱咤一时、呼风唤
雨，甚至指点江山、支配香港发展，对政治与商业的影响可谓无
出其右，也曾对香港的建设做出贡献，但他们始终无法摆脱曾经
向中国输入鸦片，以及挑起侵略战争的原罪，今日无论"中西华
洋"社会，仍有不少人对之耿耿于怀，不愿宽恕原谅。

高三贵家族：游走"华洋"之间，结交黑白两道

如果渣甸与麦地臣家族在十九世纪的迅速崛起，反映了中西
贸易的方兴未艾与香港开设外贸港口之初的机会重重，那么本节
将要介绍的家族，则反映了"华洋"接触之初能够掌握中英双语
是多么吃香，这一技能甚至可以翻手为云、覆手为雨地居间致
富。而这个家族的特殊经历，更可以作为洋人移民在同样变幻莫
测的社会环境中大起大落的证明，显示那段时期的香港社会，不
但波谲云诡、巨浪滔天，并弥漫着为了发展可以不择手段的扭曲

---

① 由于渣甸洋行及其老板等曾在香港政商界叱咤一时，香港的不少街道、
建筑物及山脉等，均以他们命名，例如渣甸山、渣甸坊、怡和街、波斯富街、敬
诚街（Keswick Street）、渣甸台及怡和中心等，可谓多不胜数。

价值观。

表面看，高三贵的名字像是华人，但实质是洋人，也有说他是混血儿。高三贵又名高和尔，英文名字为Daniel Richard Caldwell（丹尼尔·理查德·考德威尔）。综合不同文献记载，他应是苏格兰人，父亲是军人，曾驻守用于流放拿破仑而闻名于世的圣海伦娜岛（St Helena）。据说高三贵也是在该岛出生，后随父来到亚洲，[①] 他初来时定居新加坡，并因常与当地人交往，打成一片，所以学会了包括马来语、葡萄牙语、印度语及中国的广东方言等多种地方语言和地方习俗，其中语言特长一项成为他日后脱颖而出的优势所在。

在新加坡活动期间，高三贵曾因精通粤语而被聘用于走私鸦片往华的工作，这种工作使他与三教九流者有了直接或间接的接触，不但开始了他与香港的联系，也逐步建立起个人与各路人物的人脉关系，左右了他日后的人生和事业。其中最为重要的，改变了他一生命运的，是他在鸦片战争期间与威廉坚（William Caine）的交往。

香港开设外贸港口后，威廉坚获委任为警察裁判司司长（Police Magistrate，早年并没将警务处与裁判司处分开）一职。

① 有关高三贵是混血儿（mixed blood）的说法，也有说法说他生于新加坡，童年时常与当地人一起生活，所以才能充分掌握不同地方语言。相关讨论可参考Endacott, G.B., 1962, A Biographical Sketch-Book of Early Hong Kong, Singapore: D. Moore Eastern Universities Press.

由于他对高三贵精通多种语言和方言十分欣赏，因而在1843年聘任高三贵为警察裁司署的翻译官，这让高三贵在香港找到了发挥所长的舞台。翌年（1844年），休莫（John W. Hulme）获任为最高法院按察司，高三贵又因其过人的语言能力获聘为最高法院的总翻译官。一时间，高三贵身兼两职，并可享受"双重收入"的优厚待遇，令人艳羡。

虽然任职于政府，但高三贵与三教九流人士的交往并没终止，并在不同层面上与他们往来颇密。他在开设外贸港口之初与华人女子交往甚密，不但曾染指经营妓院生意，更参与地产炒卖，暗中支持黑道人物经营妓院及赌场等事宜，引来洋人社会的闲言闲语。至于他最令部分欧洲人不满，并且受到他们诸多批评的，应该是他漠视禁止欧洲人与华人通婚的规范，于1845年按中国传统仪式迎娶华人女子陈亚有（Chan Ayow Mary）为妻。

不少欧洲人虽然不满高三贵的"反叛"行为，但当时社会极缺乏掌握中英双语的人才，高三贵的语言能力可以说达至无人能及或无可取代的地步，因而他们只能徒呼奈何，不敢拒诸门外。1847年，港英政府似乎采取了行动，认为高三贵身兼两职并收取两份工资的做法于理不合，即取消其"双重薪金"的安排。此举令一直依靠双重薪金享受豪华生活，并身背贷款的高三贵，一时间陷于入不敷出的困境，随后更被迫破产。

同年年底，高三贵似乎解决了私人债务问题，因而重获港英政府聘为翻译官一职。到了1849年，高三贵再获委任为署理总督察一职，算是加冠晋爵了。其间，他曾参与不少打击海盗的行动，其表现英勇，取得一定成绩，其中原因据说与他每每能够获得准确无误的情报有关。

华人太太陈亚有信奉基督教，高三贵因此于1851年与陈亚有在圣约翰教堂补行西式婚礼，此举再次引起"华洋"社会的关注。而陈亚有日后虽然积极参与教会工作，也对所信奉的宗教表现得十分虔诚，但种种迹象显示，她并没真正获得欧洲人对她的接纳或认同，可见那时的种族隔阂是多么难以逾越。

高三贵自1847年任职以后薪金没有增加，但家庭负担却日重，他以育有多名子女并需送他们到英国求学为由，请求政府增加工资。为此，港英政府曾按程序做出多方面的评核，但其评核结果却令高三贵失望，因为报告认为，"高三贵虽然精通中英双语，但却不懂中文书写"，显示他在文件处理方面，未能取得令港英政府满意的水平，因而拒绝了他的增薪要求。为此，高三贵十分不满，并愤然辞去所有公职，与一直名声不好，且被指曾为海盗的好友黄墨洲一起合伙经营航运生意。

虽然高三贵一度破产，甚至与曾被指控是海盗的朋友合伙经商，用传统社会眼光来看，德行可谓不如人意，但港英政府却因看重其精通多种语言，并与华人社会关系密切，且受不少华人喜欢，而于1856年11月再度向他招手，此次更将他擢升为总登记官，并给予太平绅士的头衔，后来又擢升他为抚华道，管理一切与华人民生有关的事务。一时间，高三贵可谓求仁得仁，仕途三级跳，不但步步高升，官运更是亨通无阻。

高三贵春风得意且扶摇直上之时，被委任为律政司的安士迪（Thomas C. Anstey）于1856年由伦敦到港就任新职，并掀起了高三贵人生上的多次风浪。不同数据显示，安士迪对当时港英政府官员贪污成风、腐败塞责的情况看不上眼，而他本人重视原则的个性，更令他极不愿意与同僚同流合污。在往后的日子，他曾公开批评港英政府官员因循苟且的处事作风，又曾检控部分贪污官员，令港英政府十分尴尬，[①] 而高三贵过往甚少让人知悉的陋习恶行，也被揭露了出来，因而轰动一时。

简单地说，高三贵在1856年升官之时，安士迪走马上任。由于后者对开设外贸港口初期社会的各种劣习恶行表现得十分厌恶——尤其对港英政府官员间的利字当头、行政失当及互相包庇等行为作不留情面的批评，至于对高三贵过往的所作所为，也看不过眼，因而曾经在不同场合上要求港英政府清理门户。

数据显示，令安士迪感到不能再容忍，并须采取行动的是"黄墨洲案"。1857年，与高三贵关系密切，并曾合伙经营航运公司的黄墨洲，被控串谋海盗罪名成立，入狱十七年。审讯过程揭露，高三贵在不同层面上曾与黄墨洲串通，甚至公器私用，靠

① 举例说，他曾公开指责身为大律师（日后曾获委任为署理辅政司）的布烈治（另译必烈者士，William T. Bridges）有违处事谨慎的专业守则；又指总裁判司希利雅（Charles B. Hillier）审案手法不严谨，做事同样并不专业；更曾计划以敲诈囚犯罪起诉助理裁判司暨验尸官米曹（W. H. Mitchell），指他行为不当。

黄墨洲提供的情报，打击与黄墨洲敌对的海盗，因而才令黄墨洲势力得以做大，地盘日多，自己则可树立功绩。

出于对高三贵的不满，据说安士迪曾私底下向当时的港督宝灵（John Bowring，任期1854年–1859年）反映，但却不获认真看待，原因据说与宝灵任期将满，不愿另生事端有关。到了1858年5月，安士迪仍在立法局会议上提出公开弹劾言语，指控高三贵犯下十九项罪状，包括私通海盗、贪污渎职，以及操纵妓女，同时又曾经营无牌妓院，并以太太或太太姐妹的名义贪污受贿。

由于事态严重，宝灵只好在1858年5月27日成立项目委员会，进行调查。经过长达七个星期的二十五次审讯，并传召多达五十位证人提供供词，委员会做出了裁决。在十九项指控中，裁定八项无理据，七项缺乏证明，只有四项有实质证明。据此，委员会虽建议港督褫夺高三贵太平绅士的头衔，以作惩戒，但却认为其"罪"非重，不要终止高三贵的官职。

对于此调查结果，安士迪显然最感不满。他斥责调查委员会偏袒高三贵，因部分委员与高三贵有间接关系，又指委员会只听取各人的辩护，没就指控做深入调查。举例说，安士迪指出，总督察查尔斯·梅（Charles May）曾在搜查黄墨洲住所时，找到高三贵写给黄氏的信函，内文提及金钱纠葛，但信函交给当时出任辅政司的布烈治（高三贵好友）后却被烧掉，委员会对此竟然没做任何深入调查和追究，令人失望。

其实安士迪上任后对港英政府官员们诸多批评，早令港督宝灵甚感不耐烦，彼此间的关系也并不太好。而当时调查委员会对高三贵的调查既已有了结果，便应息事宁人，将事件画上句号。但安士迪却拒绝接受结果，认为港督做法不妥，应追究到底才对。对此，任期届满在即的宝灵觉得若让安士迪"惹火"的举止继续下去，肯定会为自己添烦添乱，故于1858年8月将安士迪停职，同时决定不再追究高三贵是否贪污渎职或私通海盗等问题。

事件告一段落后的1859年2月，高三贵曾统领兵船在澳门外海围剿海盗，并取得彪炳成绩。据说，当时的高三贵只率有兵船三艘，但却能轻易击毁海盗船二十艘，歼匪两百余名，举止可谓神勇无敌。同年9月，对高三贵一直十分赏识，并且颇有私交的威廉坚退休返英，而新任港督罗便臣（Hercules Robinson，任期1859年–1865年）抵港就职，他管理香港的其中一项指示，据说是跟进安士迪早前对高三贵的指控。

1860年2月，高等法院判处一宗拐带华工出洋案，主犯名叫宋亚兴。经过连串审讯后，宋亚兴被判罪名成立，入狱四年，而更为重要的，案件将高三贵牵涉其中，因而令港英政府再度感到不快。正因如此，罗便臣在1960年8月24日宣布成立调查小组，再次对高三贵进行纪律审讯。

此次审讯对高三贵提出二十四项指控，审讯期更长达三十天，其中对五项指控（包括勾结海盗及贪污受贿）曾做深入调查，并证实罪成。据此，罗便臣按调查委员会的建议，将高三贵革职，但没有采取其他惩处。这种处理方法，在今天社会标准而言，可说匪夷所思。

虽然遭港督革退，丢掉了官职，但高三贵在社会上仍有不容低估的影响力，其中的原因则与他和不少政府官员颇有交情有关。据说，在麦当奴（Richard MacDonnell，任期1866年–1872年）出任港督期间，由于他推行赌博合法化政策，一些赌馆持牌人曾聘高三贵做顾问，借其以疏通官府、打通经脉，而那些赌馆给予高三贵的酬金，每年高达两万五千元①，金额在当时而言可谓是天文数字。1875年，高三贵在港去世，他极富争议性的人生画上句号。

翻查土地登记档案，高三贵以其个人名义（不包括其太太、胞弟或子女等人）购入的地皮连房产共有三十二项，出售的则有十九项，另有二十项则与贷款有关。地皮买卖较多的时间是在他出任公职期间（1845年–1860年），而地皮贷款较多集中于1864年之后，部分房产及地皮又曾经营妓院。他与陈亚有育有多达十名子女（有些年幼夭折），可以想象生活开支不少，但靠着高三贵当年的工资，不仅负担家庭支出，还有大量资金可以收购不少价值高昂的地皮及房产，若当年政府也有如今颁布的"财富与公职收入不相称，即属违法"的条文，安士迪应不用大费周章就可以让他入罪。

高三贵因精通中英双语，由穷小子爬升至总登记官暨抚华

---

① 本文所提及的"元"皆为"港元"，后文不再一一说明。

道，并可购入数十个价值不菲的地皮及房产，拥有令人艳羡的财富，无疑是开设外贸港口初期香港社会机遇重重的最佳写照。而他出任公职期间利字当头，贪污渎职，甚至公器私用，为求目的不择手段，却能安然无事的故事，则反映了政府本身的百孔千疮、价值扭曲，乃至官员贪污严重。

事实上，不同研究也发现，早期港英政府的官员，不少其实像高三贵一样十分腐败。举例说，前文提及而官至副督的威廉坚，曾被指中饱私囊；曾任署理辅政司的布烈治也曾滥用职权，以谋私利；而同样官至护督的庄士顿（A.R. Johnston），据说也曾收受利益、贪污舞弊。安士迪对当时港英政府官员极为不满，正是基于此因。与高三贵不同，他们的不法行为没被调查，离职时可以冠冕堂皇，港英政府更以其名字作街道的名称（例如坚道、庄士顿道、必烈者士街），作为"歌颂德政"的纪念。

深入的分析显示，高三贵无法像其他港英政府官员般风光，反而招来诸多阻挠的一些深层次原因，看来与他低估其行为冲击种族主义意识形态有关。本来，高三贵掌握多种本地方言是极大的升官优势，但他与华人接触交往太密，与三教九流人士为伍又毫不避忌，加上与华人女子通婚，生下十个混血儿女，并期望他们能进入欧洲人的生活圈子，获得同种待遇，这便令一直以优越种族自居的欧洲人感到担忧和威胁，最后必须做出划清界限、分清你我的举动，将其拉下马，以免让更多欧洲人有样学样，带来更严重的后果，威胁其殖民统治。

卢亚贵与何福堂家族的不同发展道路

毫无疑问，开设外贸港口之初，远渡而来的洋人——尤其英国人——在香港的发展占有绝对优势，背后原因不难理解。至于本地或由附近地方涌入的华人，能够突出重围的，看来以两类人为主：其一是不理是非黑白或生死存亡，敢于犯险拼搏者；其二是懂得英语并且能够获得洋人洋商信赖，又可依附其身上者。本文介绍的家族，便属前者的最佳例证。

不容否认，开设外贸港口之初的一段时间，香港社会其实一直处于道德低落、治安不佳的混沌杂乱状态。原因与香港各种新制度新价值尚未完全建立，但旧制度及旧价值观则遭到颠覆有关。简单点儿说，香港落入英国统治之初，传统价值观与道德不是被扭曲，便是被摒弃，令社会弥漫着为求生存，可以各师各法、不择手段，甚至是不理是非对错的氛围。

这样的一个社会，社会学者黎必治（Henry J. Lethbridge）称之为"暴发户社会"（parvenu society）——一个不问对错，只讲实际利益，而且强调弱肉强食，传统道德价值遭到扭曲的社会。日籍历史学者可儿弘明则称当时那种社会为"金钱挂帅"的社会，即是说，为了赚钱可以无所不用其极，以至采用"野蛮致富"手段，总之就是森林规则挂帅，弱肉强食。

于是，经营赌场的、开办妓院的、贩卖鸦片的、充当海盗的，自愿当娼的，甚至是私通外敌的、贩运人口（俗称"猪仔"）的，甚至是打家劫舍的，只要敢拼肯搏、甘于冒险，加上一些运气，若能得手，便可盆满钵满。这种情况，与历史学者黄仁宇所指，欧洲不少强国进入资本主义的初阶时，出现各种极为严重的剥削和掠夺，例如贩卖农奴、雇用妇孺劳工，以及利用其强大军力四处侵略夺取资源与土地等举措，可谓颇为相似，显示香港走上资本主义的道路，同样经历了一个并不光彩或并不道德、有血有泪的过程。

简单而言，那些在司马迁眼中采用"奸富最下"手段致富的群体，在攫取巨大财富后，即可买田买地，成为一时巨富，令社会阶层不断往上移动，而身家丰厚衣食无忧时，如果懂得经营包装，做些慈善救济，甚至可以获得港英政府的垂青，摇身一变成为社会贤达。在开设外贸港口之初曾叱咤一时、富甲一方的卢亚贵（又名卢亚景或斯文景），则是当中之佼佼者。

英国的档案数据显示，卢亚贵原为疍家人，属于被传统主流文化排斥的社会最低层，是"贱民"之一，他在香港开设外贸港口前已沦为海盗，纠众劫掠，并经常出没于珠江口，因为有胆色，敢拼敢冲，又很精明干练，所以成为海盗中的领袖，在珠江口一带很具影响力，清政府因而曾向他招安，不但答应不追究其曾经充当海盗的罪名，还赐予六品官职的头衔，他也一度接纳，金盆洗手，且落脚广州。

但是，那种招安为官的安排，很可能如孙悟空被招到天庭担任弼马温一样，属于有名无实的闲职，难有实利。所以到了"鸦片战争"期间，他明显抵受不了英军的利诱，甘愿放弃官衔，重操舟楫驰骋水面赚取收入。不过那时已不再充当海盗，而是在珠江口一带走私，为英军提供物资补给，支持其袭击清兵，从而赚取巨利。

到英军占领香港后，港英政府"投桃报李"，赠予他多块地皮。卢亚贵因而选择"弃舟登陆"，在太平山一带生活。由于有了价值不菲的土地作生活的物质基础，加上走私期间积累了不少财富，卢亚贵一方面参与了开设外贸港口初期的土地投机炒卖活动，另一方面则在太平山一带经营妓院、赌场及鸦片烟馆等生意，令其财富及地位迅速提升。不但如此，他还投下巨资，兴建市场、戏院，令其财源滚滚，身家也进一步膨胀，俨然是开设外贸港口之初的香港"首富"，风头一时无两。据估计，卢亚贵在最高峰时期，名下曾拥有百多间店铺及楼房，单是租金收入，已可以令他生活无忧、尽享荣华。

1848年，因经济低迷时政府地租仍居高不下，由当时主要地主（二十七位）向港英政府提交的要求宽减地租的诉状中，我们发现，其中五分之一的地主，竟然来自卢氏家族，其名字包括卢景、卢蕴、卢宽、卢成及卢昭（最后两位可能是卢亚贵的儿子），而家族拥有地皮最集中的地方，在开辟街道时，更以卢亚贵的名字命名，当时称为亚贵里（Aqui Lane），日后则易名贵华路，并且沿用至今。可见卢亚贵家族的财富，在当时而言，确实是华人社会中首屈一指的。

虽然出身卑微，属于被放逐的阶层，发财后的卢亚贵却与今日不少商贾一样，想到了"发财立品"的问题。而其中的重要善举，则是针对当时港英政府毫无社会救济或援助措施，与另一位同样被认为是"白手兴家"的华人富豪谭亚财，一同牵头于1848年在荷里活道兴建文武庙，作为华人社会慎终追远、祭祀神明、仲裁纠纷，乃至聚众论事的场所，同时也作为给贫苦无依者提供最低程度救助的机构，从而竖立个人在华人社会中的贤达和领袖地位。至于当时的港英政府，也因卢亚贵这种身份而将其看作"政治吸纳"的对象，在处理华人社会问题时，有时会寻求其意见或协助。

卢亚贵敢拼敢搏、勇于冒险的性格，加上不择手段的方式，虽令他迅速致富，但在十九世纪五十年代初的一场地产投机中又令他全军尽没，最后甚至要在1855年宣布破产，而家族不久也在风高浪急的香港社会中销声匿迹，其巨大财富就如泡沫般爆破，其在香港社会叱咤一时的身影，也如沙滩上的脚印般，在海水洗刷后不留痕迹。

对于像卢亚贵般在香港开设外贸港口初期"暴发户社会"的氛围下只"向钱看"，不理后果对错，而个人及家族无论是财富、地位或遭遇又暴升急跌、大起大落的情况，历史学者蔡荣芳曾不无感慨地得出如下的评论，而此评论或者可以作为卢亚贵性格或精神面貌的一个注脚。他这样写道：

> 像他这样冒嚴风险由贫贱而致富的人，具有复杂暧昧危
> 险的性格……另一方面，为了社会公益，为了救济贫困，他
> 又时常慷慨解囊，因此也令人尊敬。能够令人感到既畏惧又
> 尊敬，这是当时港岛粗暴社会精英所具有的品格。①

如果卢亚贵昙花一现的故事，可以作为早期"暴发户社会"
华人移民在风高浪急的环境下暴起急跌，在香港历史上一闪即
逝，财富难以持久，或者是富而不贵的例子。那么何福堂家族的
冉冉上升，则可视作获得洋人洋商信赖，并能不断壮大，既富且
贵的例子。此家族日后无论对香港，乃至中国社会均深具影响
力。究其原因，除了与该家族重视下一代的现代教育，还与其拥
有丰厚宗教资本有一定关系，两者均成为此家族能够与洋人沟通
并能获得其信赖的核心。

何福堂，又名何养或何进善，原籍广东佛山，父亲早年已漂
洋出海，到了南洋的马六甲谋生，后辗转进入伦敦传道会创立的
马六甲英华书院当雕版技工，并信奉基督教。1837年，年约二十
岁（1818年生）的何福堂，离华赴马六甲与父亲团聚，掀开了人
生的新篇章。

---

① 引自蔡荣芳.香港人之香港史，1841-1945.香港：牛津大学出版社，
2001.25

在马六甲期间，何福堂在父亲的鼓励下受洗成为基督徒，进善的名字则是受洗后所改的。之后，何福堂又在父亲支持下跟随英华书院校长理雅各布（James Legge）学习英文，研读圣经。由于生性聪颖，刻苦用功，何福堂的英语能力及对圣经的理解能力进展神速，令理雅各布刮目相看，鼓励他进行翻译工作，一边工作一边学习。而何福堂的表现也没令理雅各布失望，他先后翻译了一些古典故事，并取得了一定成绩。

1843年，理雅各布按伦敦传道会的指示，由马六甲转到香港，继续完成他办学传教的任务，何福堂则随同理雅各布一同来港，主要职责仍是传教及协助翻译福音。何福堂掌握中英双语，在香港开设外贸港口之初对翻译人才极为渴求的情况下，这无疑是炙手可热，十分吃香。[1] 虽然政府或洋行曾以高薪厚职向他招手，但他却不为所动，一一拒绝，坚持其传道翻译的职责，令理雅各布等教会人士对他加倍欣赏，所以也倚重有嘉，而对他的信任更是与日俱增，这点日后更成了何福堂家族的重要社会资本。

由于表现卓越，信仰虔诚，何福堂于1846年被授予牧师职衔，这是伦敦传道会第一位华人（另一说指是华人中的第二人）获此职衔。何福堂虽然一心传教与翻译，但在投资方面也颇有涉猎，而且独具慧眼，屡创佳绩，其中的投资秘诀，更像今日不少投资者般"独好地产"。

---

① 相对于高三贵的精通中英双语，何福堂明显是中英讲写俱佳的人才，所以对于当时的社会需求而言是属于尤其难得的语言人才。

据说，在港工作期间，何福堂将所有收入及储蓄，悉数投放到地产之上。其房产除留了部分自住，其他的则全数出租，以赚取稳定而丰厚的回报。储存到一定金额后，又再添置房产，令其名下房产的数目由一而二、由二而四，不断倍增，个人财富更因地皮不断升值而水涨船高。此种投资方法，对今日社会不少有固定收入人士而言，无疑仍很有参考价值。

1870年，何福堂不幸中风，并因健康转差而辞去教会工作。其间，他曾返回广州探亲访友，并于翌年4月3日去世，享年五十三岁。而他死后留下的财富（主要为房产业），总值高达十五万元，这在当时实属一个庞大的数目（若以1871年港英政府全年总收入约有八十四万四千元计，其遗产约占政府全年总收入的17.8%）。身为牧师，并没参与什么商业贸易活动，何福堂却能凭地产投资积累巨大财富，无疑是令同时代人艳羡不已的事情。

一方面是留下丰厚的经济遗产，另一方面是留下丰厚的宗教及人脉关系资产，加上重视子女教育的人力资本，何福堂离世后，其家族并没像其他家族般走向没落，反而更上层楼，更为显赫，至于最为可贵之处，则是既富又贵，写下了其家族在香港社会的耀目篇章。

举例说，何福堂去世两年后的1873年，儿子何启（又名何神启，曾读香港中央书院）在父亲遗产及人脉关系的支持下得以赴英深造，入读深具名气的阿伯丁大学（University of Aberdeen），日后不但取得法律及医学双学位返港，还娶了一位名叫艾丽斯·沃尔登洋人太太回来，可惜何启的太太在港生活不久便去世。而何启在港工作期间，则因表现突出而于1890年获港英政府垂青，委任为立法局议员，代表华人社会与港英政府沟通，维护权益，而他担任此职更长达二十四年之久（即直至1913年才不获委任）。[①] 1912年，何启更获大英王室赐封爵士头衔，成为第一位华人获此荣衔者，风头实在一时无两。

比何启风头更大的，是其长姐何妙龄的丈夫伍廷芳（又名伍才），他与何启一样在何福堂遗产及人脉支持下得以赴英深造（1874年），而他则较何启早十年（1880年）获港英政府委为立法局议员，成为香港开设外贸港口近四十年后首名进入议事堂的华人代表。可惜，伍廷芳因"炒卖"地产而于1882年被迫放弃立法局议席，黯然离港，任期短促。

但是，伍廷芳的仕途并没因此画上句号，而是在内地找到了更加可以一展身手的大舞台。原因是他北上之后，投靠李鸿章门下，成为其参谋，并凭其精通中英双语的能力，和对国际形势的充分掌握，于1897年任大清驻美国大使，赴美时曾轰动一时。清室覆亡后，伍廷芳曾出任北洋政府外交总长及代总理等职，其子伍朝枢（即何福堂外孙）也曾出任民国政府的驻美大使职务。

---

① 何启另一为人津津乐道的，是他曾在西医书院教过孙中山，成为影响孙中山革命思想的重要人物之一。

何福堂另一女儿（何晚贵）则嫁给曾笃恭，曾氏家族也属早期海外华人后裔，他与周寿臣一样，是大清留美幼童的一员，早年留学美国，接受西式现代化教育。返国后，曾笃恭在清政府服务一段时间，之后转到南洋，在出版业界颇有名气，可惜后来与何晚贵离异。[①]

何福堂的其他多名儿子如何渭臣（又名何神保）、何神泰及何神佑等，同样学有所成，日后在法律及传译等专业发光发热，其中何神佑，曾在姐夫伍廷芳的推荐下出任中国驻旧金山总领事一职，而何渭臣则一直在港执业，在法律界的名声虽没兄大，但也属一时翘楚，不容小觑。唯一屡遇挫折、事业坎坷的，则是何神添，他因投资常犯错误而以破产收场。尽管如此，我们也可毫不夸张地说，何福堂家族是香港开设外贸港口后的第一显赫家族，无论对当时香港地区或国家的发展，均曾发挥巨大影响，是中国历史上不容忽略的家族之一。

◆ **参考文献**

1 King, A.Y.C., "*Administrative absorption of politics in Hong Kong: Emphasis on the grass roots level*", in King A.Y.C. and Lee

---

[①] 从残缺不全的文献中看，何晚贵可能是华人妇女中第一位可以自主决定个人婚姻的女性，原因是她主动提出与丈夫离婚。这在妇女被视为丈夫附属品的年代，是极大突破。相关讨论请参考郑宏泰、黄绍伦，2014，《女争》，香港：三联书店（香港）有限公司。

R.P.L, eds.*Social Life and Development in Hong Kong*. Hong Kong: The Chinese University Press，1981.127～146

2 Lau, S.K., *Society and Politics in Hong Kong*. Hong Kong: The Chinese University of Hong Kong, 1983

3 Wong, S.L., *Emigrant Entrepreneurs: Shanghai Industrialists in Hong Kong*, Hong Kong: Oxford University Press, 1988

4 司马迁. 史记，冯诚. 田晓娜（主编）. 西宁：青海人民出版社，2000

5 郑宏泰、黄绍伦. 香港将军：何世礼. 香港：三联书店（香港）有限公司，2008

6 司马迁. 史记. 冯诚、田晓娜（主编）. 西宁：青海人民出版社，2000

7 冯邦彦. 香港华资财团1841–1997. 香港：三联书店（香港）有限公司，1997；香港英资财团1841–1996. 香港：三联书店（香港）有限公司，1996

8 冯邦彦. 香港英资财团1841–1996. 香港：三联书店（香港）有限公司，1996

9 Endacott, G.B., *A Biographical Sketch-Book of Early Hong Kong*, Singapore：D. Moore Eastern Universities Press, 1962

10 冯邦彦. 香港英资财团1841–1996. 香港：三联书店（香港）有限公司，1996

11 丁新豹. 历史的转折：殖民体系的建立和演进见：王赓武

（编）. 香港史新编（上册）. 香港：三联书店（香港）有限公司，1997. 59～130

12 Endacott, G.B., *A Biographical Sketch-Book of Early Hong Kong*, Singapore: D. Moore Eastern Universities Press, 1962

13 Steuart, J. Jardine, Matheson & Co.: *An Outline of the History of a China House for Hundred Years*, 1832－1932, Hong Kong: Privately printed, 1934

14 林友兰. 香港史话. 香港：芭蕉书房，1975

15 Lim, P., *Forgotten Souls: A Social History of the Hong Kong Cemetery*, Hong Kong: Hong Kong University Press, 2011

16 曾锐生. 管治香港：政务官与良好管治的建立. 香港：香港大学出版社，2007

17 Lethbridge, H. J., *Hong Kong: Stability and Change: A Collection of Essay*, Hong Kong: Oxford University Press, 1978

可儿弘明. "猪花"：被贩卖海外的妇女，孙国群、赵宗颇（译）. 陈家麟、陈秋峰（校）. 河南：河南人民出版社，1989

18 黄仁宇. 资本主义与廿一世纪. 台北：联经出版事业公司，1991

19 Smith, C.T., *Chinese Christians: Elites, Middlemen, and the Church in Hong Kong*, Hong Kong: Hong Kong University Press, 2005

20 Tiedemann, R.G, ed., *Handbook of Christianity in China: 1800 to the Present*（*Vol. 2*）, Leiden: Brill, 2009

21 Smith, C.T., *Chinese Christians: Elites, Middlemen, and the Church in Hong Kong*, Hong Kong: Hong Kong University Press, 2005

22 Choa, G. H., *The Life and Times of Sir Kai Ho Kai: A Prominent Figure in Nineteenth-Century Hong Kong*, Hong Kong: The Chinese University Press, 2000

23 李志刚. 基督教与香港早期社会. 香港：三联书店（香港）有限公司，2012

第二章

移民涌入后的
开荒与经营

创办这些洋行的家族，日后叱咤香港商场，部分名字甚至成为香港街道或建筑物的名称，深深镌刻在香港历史中，也有不少至今仍十分显赫，对香港的政治、商业及社会颇有影响。

开设外贸港口之初的原住民与移民家族

在第一章中粗略介绍了香港开设外贸港口初期部分具有影响力的家族发展历程后，让我们回过头来，谈谈早期的香港社会到底有何独特之处，而不同家族又如何在那个独特的环境中各师其法、各展所长。简单而言，开设外贸港口之初的香港可谓风高浪急，巨大机遇与巨大挑战繁衍相生、相互依附。

一个简单的说法是，开设外贸港口之时较有实力或较有地位的家族，只是寥寥可数，因全岛总人口只有约五千六百五十名华人①，当中约45.1%为农民，属于"原住民"；另有约14.2%为小商户、5.3%为劳工，这些居民很可能是来自对岸的九龙半岛，且很可能是开设外贸港口之初才涌入的首批"新移民"；余下的35.4%，则是那些"以舟楫为家、漂泊无定"，并被传统社会视

---

① 据曾任港英政府官员的欧基里（E.J Eitel）在*Europe in China*一书中引述，1841年5月15日刊登于《香港宪报》（*The Hong Kong Gazette*）的首个人口调查显示，港岛的华人总人口达七千四百五十人。但据不同历史学者如蔡荣芳等人的考证，该数字应该是错的，原因是统计人员误将一个当时只有数百人口的赤柱乡村写成两千人所致。

为"贱民"阶层（学术界称之为"边缘族群"）的水上人。1851年的人口统计数字更显示，男性人口占总人口的七成多，女性则只占二成多而已，可见男女性别极不平衡，这说明大多数人口应是移民。换言之，当时的社会可谓单身男性极多，拥有家室并且妻妾子女成群者并不多见。

自英军在水坑口（Possession Point，有占据之意）登陆，插上英国国旗——米字旗（Union Jack），并宣布占领香港后，慕利而来、背景复杂，并且各有所图的洋人商贾及传教士一拥而上。除了军人及港英政府官员，最突出的一群，非商贾莫属，他们登岸后纷纷成立公司（当时称为洋行）、设立据点，希望先人一步发展业务。

在众多洋行中，除了早前提及的渣甸洋行，还有同样属于英资背景的林赛洋行（Lindsay & Co.）、宝顺洋行（Dent & Co.另译颠地洋行）、太平洋行（Gilman & Co.）、端纳洋行（Turner & Co.）和连卡佛洋行（Lane Crawford & Co.），其次则有美资的布殊洋行（Bush & Co.）、罗丹斯公司（Rawle, Duns & Co.）和旗昌洋行（Russell & Co.），巴斯资本的巴仑治洋行（C. Pallanjee & Co.）、佩斯敦治洋行（C. Pestonjee & Co.）、贾塞治洋行（F. Jawsetjee & Co.）、律敦治洋行（D. Ruttonjee & Co.），印度资本的依巴拉谦洋行（A. Ebrahim & Co.）、阿杜拉利洋行（A. Abdoolally & Co.）和拿打巴洋行（C. Nathabha & Co.），以及犹太资本的沙逊洋行（Sassoon & Co.）等。

　　创办这些洋行的家族，日后叱咤香港商场，部分名字甚至成为香港街道或建筑物的名称，深深镌刻在香港历史中，也有不少至今仍十分显赫，对香港的政治、商业及社会颇有影响。当然，更多的洋行家族，则因急功近利，只顾投机倒把，最终失败离场。而他们的故事所折射出来的历史背后，是由于初期香港社会的制度尚未建立、道德与价值观念出现扭曲，以及经商环境的风高浪急等因素造成的。

　　当然，与唯利是图的商人相比，传教士的到来，则为开设外贸港口初期的香港做出不少抚慰人心、教化人民的贡献。最初来港的基督教会马儒翰牧师（John R. Morrison，早期传教士马礼逊之子）及郭士立牧师（Karl Gutzlaff），浸信会的叔末士牧师（John L. Shuck）及罗孝全牧师（Issachar J. Roberts），天主教会的若瑟神父（Theodorus Joset）、西班牙方济会的纳神父（Michael Navarro，另译陆怀仁）及斐神父（Antonius Feliciani，另译傅安当）等，便是开设外贸港口之初涌入的较著名的传教士。他们在那个纲纪未张、人心未定的时期踏进香港，利用本身教会的资源及人脉，在港办学兴教，并承担一些社会救济工作，对社会建设颇有贡献，但他们毕竟只占全港人口极小的部分。

　　相对而言，在英军控制大局，并宣布将香港开辟为自由港后，华人移民才大量涌入。由于香港只属偏南一隅的小岛，英国人又掀起第一次鸦片战争后占领该岛，所以有识之士或富有人家对开设外贸港口之初的香港的印象其实十分负面，甚至有"闻港色变"、摇头却步的情况。反而那些在第一次鸦片战争前曾为英军提供粮食及原料补给又不容于乡里的"贱民"（主要是那些边缘族群），则成为华人移民踏足香港岛的"先锋"军。举例说，在1842年，便有多达两千名疍家人（水上人）大举来港。他们选择来港是因为他们在中国内地难以容身，而香港则能给予较大生存空间。

接着涌入的，则是那些为香港进行基础建设的石匠、三行工人、苦力、仆役及小贩等。也有不少诸如海盗、罪犯、赌徒、三合会①成员、走私者及无业游民等。他们趁着社会仍处混沌状态之际涌到香港，碰碰运气。简单而言，这些早期移民大多居于社会的底层，目不识丁，来港谋生时更是形单影只，身无长物，目的也如其他移民一样，只求发达致富，对香港没有什么归属感，也很少打算在香港扎根。统计数字显示，由于移民的不断涌入，开设外贸港口十年后的1851年，香港人口已由原来的五千六百五十人上升至三万两千九百人，其中九成半是华人，而移民人口又属整体人口的绝大多数，他们又对香港缺乏认同及归属感，社会人心虚浮可想而知。

由于华人移民多为传统社会边缘族群及社会底层人，教育与文化水平较低，洋人及港英政府官员武断地以为所有华人皆如此，对他们的蔑视转变为歧视。由于语言及文化等方面的差异，

---

① 三合会：现在一般用来泛指由华人组成的黑社会犯罪组织。

普通华人所接触的，又大多是警察、海员或层次较低的洋人，这些人大部分举止粗鲁，加上常醉酒闹事，以自身的种族优越感自居，对华人经常骚扰、欺凌，令华人对洋人的印象也十分恶劣，并强化了传统上"非我族类，其心必异"的感受。正因如此，开设外贸港口之初的香港，"华洋"之间可谓壁垒分明，互视对方为野蛮败类，矛盾不少，种族隔阂及冲突极大，而像早前提及的高三贵那样的洋人，既通本地语言，又能与华人打成一片的，真是少之又少。

概括而言，开设外贸港口之初的香港实在并非我们今天所想象般浪漫。一方面是移民众多，且男多女少，性别严重失衡；另一方面则是三教九流聚集，社会矛盾尖锐，加上人心不稳、目光短浅，治安状况一直十分恶劣，不但经常发生集体打斗、无故杀人的事件，还时有偷窃、拐骗、抢劫的事情，连门禁森严的港督寓所，据说也曾在1843年4月26日晚上遭盗窃。

另有一说法尤其严重，指当时华人人口中，有多达四分之三的比率是三合会成员。比率之高，可谓十分夸张，所以犯罪率高得令人咂舌。说实在的，在那样波涛汹涌的社会环境下，不但人身安全不能获得保障，礼教道德难以伸张，不少家族也像怒海小舟般无从安稳健康地成长。

开设外贸港口最初十年的社会一直处于混沌纷乱的状况，使香港难以吸引来自较有素质及实力的家族的移民，以拜上帝会教义为号召的太平天国运动，于1850年前后在广东及广西地区爆

发，之后又迅速蔓延至华南，引发政局不稳、治安欠佳，而这
成为两广与福建一带富有人家来港避乱的一个重要因素，令香港
社会的人口素质结构出现了微妙转变。1856年第二次鸦片战争爆
发，虽然战争曾令香港社会一度变得气氛紧张，"华洋"之间的
猜忌日深，但紧接着（1860年）九龙半岛被割让，这既扩大了香
港社会综合经济的发展舞台，也进一步提升了香港人口的多样
性，同时提升了驻港家族的社会层次。

众所周知，安土重迁是古代社会人群的普遍心理，世家大族
尤其重视。他们对家族的祖坟、祖居及故乡山水等，总有一种崇
敬依恋之情。若非身不由己或迫不得已，例如遭遇饥荒、战乱，
或是被发配充军、流放边疆，也或是为了做官、经商等缘故，他
们实在不会选择离乡背井、远走他方。

开设外贸港口之初涌入的移民绝大部分属于单身男性，主要
来自社会底层或边缘群体，而1850年之后来港的移民中，有不少
是举家同来的，也有一些家族颇有家财，文化水平较高，他们当
中更有部分打算在港长期居住，甚至扎下根来。部分家族在来港
之前甚至已经与洋人有了初步接触，并对香港的发展前景抱有一
定信心。

统计数据显示，在1851年时，香港人口虽已上升至三万两
千九百人，但男女比例仍然严重不均，在每百名人口中，男性占
了75.4%，女性则占24.6%，儿童更只占整体人口中的17.7%。到
了1861年，香港人口已大幅上升至11.93万人，但男女性别比率

及儿童比率只有微小改变。在每百名人口中，男性占73.7%，女性则占26.3%，儿童只占整体人口中的17.3%而已。可以这样说，1851至1861年这十年间，香港人口的结构与模式表面看来变化不大，但其中的社会内涵及经济关系则开始变化，这些与当时抵港的移民中，已出现一批略有财富、较有文化，并拥有一定商业及社会网的家族有关。

1851年之前，由于驻港华人大部分是属于文盲的社会底层人士，其中部分更是被传统主流社会排挤的边缘群体，所以就算他们偶然能从生意或投资中获利，也多是靠运气。早前提及的卢亚贵家族便是一例，他们甚少因个人见识与才干突出重围。反观洋人家族（例如渣甸、连卡佛、太古、沙逊等）则在不同层面占尽优势。他们不但拥有一定资本，商业网较为宽阔，商业触角较多，而整体教育水平与国际视野也较高，加上他们与港英政府同声同气，利益同沾，而华人家族只能仰人鼻息，依附在洋人家族身边以图生存。

华南一带较有家财、学识及社会网的家族于1851年起陆续来港经商谋生后，香港商业舞台上你争我夺、各展所长的力量逐渐均衡，开始发生微妙变化。虽然洋人家族的实力与华人家族的实力相比仍然存在强弱悬殊，政治力量或后台更是高低立见，但后者立足于自己的土地上，又较集中于中小规模的生意，在从事与中国土特产及制品相关的货物采购及买卖时，占有不少优势。加上这些家族往往较能吃苦、肯捱敢搏，又懂灵活变通，因而日渐壮大起来。

第一次鸦片战争之后，由于中国经济日趋衰落、民生困顿，而海外地区的欧美列强积极开拓各自的殖民地，因而对廉价劳工需求殷切。这两股一推一拉的力量产生了一浪接一浪的华工漂洋出海大潮。这些漂洋海外的华工，就如"猪仔"般被卖或被拐送到海外谋生，他们如牛马一般生活，遭受十分凄酸及不人道的待遇，有不少人更客死异邦。但他们人数众多，并几乎散布在世界各地的情况，不久就为不少华人家族带来了连串的生意机会，大大扩展了他们的经商及贸易网，令他们无论在财富积累或生意规模上都取得了突飞猛进的发展，日后更逐渐缩短了与洋人家族的距离，有些甚至争得了摆脱洋人家族支配的命运。

还有一点不容忽略，自1861年太平天国由盛而衰之后，部分追随者或将领见势不对，先后携同亲属家眷逃港避难，部分更带来一定数目的身家财帛。洪秀全、洪仁玕或不少太平天国追随者早前都曾在香港生活、求学，也许是接受基督教义的熏陶，他们的思想及信仰深受香港传教士的影响，而运动发展期间更一直与港英政府颇有接触，港英政府对于这些太平天国追随者到港生活也来者不拒，并在某些层面上为他们提供方便，让其隐姓埋名，日后可一心经商，在港继续发展。而由于他们属于较有背景及实力的群体，所以在香港定居，自然扩大了香港社会的多样性。

综合而言，自1861年之后，虽然华人社会的资本底子仍弱，华人资本仍与洋人家族的资本相去甚远，政治力量更是有较大差距，但不少有见识、有人脉，也肯吃苦的华人家族，已通过肯挨敢搏的精神及投资策略而初露锋芒（例如李升家族、高满华家族及陈焕荣家族等）。至于部分家族在港定居后，生育的下一代在港成长、接受教育，日后更成为叱咤一时的显赫人物，周寿臣、何东及周少岐便是他们中的突出人物。这些开设外贸港口后土生土长的第一代新香港人，在那个混沌年代先后出生，则更为实在地说明他们的父母一辈在十九世纪六十年代前后踏足香港，播下的种子是多么重要。

南北行高满华家族与金山庄李升家族

香港开设外贸港口，港英政府将其定位为国际自由贸易港，而最能反映此种定位的行业，非充当"华洋"贸易重要桥梁和中介的南北行——即经营南方与北方贸易的商行莫属。而元发行的高满华家族，是当中最突出的例子。回头看，促使这个家族能在十九世纪五十年代那个波谲云诡时刻迅速崛起的原因，一方面是该家族能够掌握当时社会的发展形势，另一方面则是其能逐步建立起沟通内外的贸易关系网。

高满华（又名高楚香或高廷楷），潮州澄海人，本属农民，但略懂文墨，脑筋灵活，早于香港开设外贸港口前已只身远赴南洋（即现在的东南亚一带）谋生，对国际形势有一定了解，并因掌握经营之道而在暹罗（即泰国）致富，后来自置帆船，从事航运及贸易生意，之后又因生意日大而被称为"满华船主"，在当时社会而言，可说是薄有名声。数据显示，高满华最初的业务，主要集中于采购南洋土特产，尤其是泰国食米，然后转销潮州，再从华南及潮州一带，采购制品与特产，转销南洋，从中取利。

潮州毗邻南海，海岸线曲折绵长，但地少人多，耕地贫瘠，粮食长期不足，故每遇台风、虫祸以及战乱等侵袭，便会发生严重粮荒等问题。据说远自宋代已有人懂得乘着季风气候的条件，漂洋出海，到南洋谋生，一来借以减少家乡粮食需求的压力，二来则可寻求粮食供应，解决长期粮食短缺、无以为继的问题。高满华则是无数潮人往外发展、寻找生机的一个例子。

虽然无数乡民外出寻找机会，但并非全部成功，吃尽苦头者实在不计其数。若遇成功个案，他们立即会将信息传播回乡，然后"以戚引戚、以乡引乡"地将乡里亲友引领到客居地，并将他们引进其行业，让他们可在行业中形成一种近乎"垄断"的局面。其中最常被引用的例子，就是潮州人在泰国扎根，并"一条龙"地垄断食米业——即由种植、采购、碾米、出口，然后利用香港的商业位置，将泰国稻米输到香港，再转至潮州及华南等地，构筑起一道无边无际的民间食米供应网，成为这一时期特殊的社会现象。

香港开设外贸港口并辟为自由贸易港后，高满华也注意到这有利发展业务的优势，并计划在港设立据点、拓展生意。那个时期据说有一位名叫高元盛的潮州同乡，他经营的生意正面对困难，正在寻求援手，而高满华此时在港进一步发展业务的计划与他一拍即合。高元盛早于1850年便已在港岛设立元发行商号，经营南北行生意。所谓南北行，是指自己办理或代办南方与北方货物交易的聚集地。商行的地理位置处文咸街近三角码头，在香港开设港口初期属于商业贸易的心脏地带。一般而言，北方货物泛指出产于华北及日本等地的特产，南方货物则指来自南洋一带的特产，香港则是北货南输与南货北调的中转站。可见南北行业务的兴起，与香港进出口贸易地位的奠定相辅相成。

也许是受早前谈及的十九世纪四十年代末经济环境欠佳的影响，元发行的业务在初期并不理想，加上高元盛本人已年老，体力不支，其子又没兴趣接手其业务，于是考虑将商行转手他人。他的意兴阑珊，与高满华的在港设立据点、开拓生意的打算可谓一推一拉，因而成就了高满华的事业。

自元发行由高元盛转给高满华经营后，业务随即发生了积极变化。一方面是高满华悉心打理的结果，另一方面则是他注入了资本，加上结合了家族的航运生意以及贸易网，生意出现了一番新景象。刚巧这时爆发第二次鸦片战争，英军对各种日常货物需求殷切，元发行的业务在内外各种因素下迅速发展起来，不但声名鹊起，身家财富也节节上扬。

九龙半岛被割让后，香港的人口急增，经济实力也随之提升，而海外华人数目在一浪接一浪华工漂洋大潮刺激下也大量急增，① 又令香港的进出口贸易与日俱增。元发行则因属于行业翘楚而独领风骚，业务不断发展。除了自办南北百货，元发行又开辟代办百货服务的生意——即客户将货物寄存在元发行代为销售，这使元发行可不花分文投资即能从中赚取利润。按照行规，代办货物虽然只收取百分之二的雇佣金，但因货物交易总额不少，加上不用额外增加成本，也不用承担额外的投资风险，其业务一直成为不少公司争夺的目标。元发行因本身信誉好、关系网健全、运气佳而成为不少客户争相将货物寄存代售的对象。

对于元发行的发展，高满华孙子高贞白有如下的一段回忆，这多少可以作为元发行生意畅旺的一个有趣注脚：

> 元发行的生意非常旺，凡是托元发行买卖货物的，无不顺利而且获利三倍，于是来委托买卖办货的人越来越多。也许是迷信人所说的"行运"吧，有些客人（委）托元发行卖货，元发行太忙，实在人手不敷（应用），未能顾及，或有什么问题，不便接纳，把客人婉拒了，客人不得已另托别家，往往赚不到好价，下一次还是来托元发行，说了不知多少好话。接纳了，客人又赚钱了。因此一班客人认为元发"旺"，非委托它不可。于是元发行其门如市。②

----

① 据说，到了1858年前后，单是旅居泰国的华侨已达158万人，其中的绝大部分则来自潮州，此数字一方面间接说明漂洋海外的华人日多，另一方面则反映了潮州人与泰国的关系深厚，也间接说明"以乡引乡"的效应。

② 引文来自高贞白. 从元发行的盛衰看南北行的发展. 信报财经月刊. 第1卷第8期，1997. 57

以上"好运"之说，听起来有点言过其实，但多少可以说明元发行的生意随着香港进出口贸易的日趋活跃而不断壮大起来，令高满华家族的财富水涨船高，在香港的影响力也有增无减。至于南北行店面及东华医院（即东华三院的前身）在1869年筹建时，高满华是其中一位牵头的华人领袖，日后更曾捐款支持这两个组织的发展，并参与其管理及领导的工作，这些多少印证了该家族在早期香港社会中显赫的地位及巨大贡献。

不可不知的是，像高满华般自香港开设外贸港口即前来发展贸易的潮州家族，其实为数不少，干泰隆的陈焕荣家族及荣发行的陈春泉家族等，便是其中潮州家族在港发展而常被提及的例子。至于他们自香港开设外贸港口不久即选择扎下根来，日后又"以乡引乡"，互通声气，吸引更多潮州同乡移居香港，在南北行、食米贸易，乃至其他行业中发光发热，因而更让潮州人日后成为香港经济及社会发展中一股不容低估的力量，时至今日仍极为重要。

香港岛中西区除了有一家李升小学，还有一条李升街，以及一个李升街游乐场。[1] 不少香港人猜测，这应该与李升家族有关。以李升名字作称谓的，虽然有不少，但对此人及其家族在香港发展与扎根的故事有所了解者其实不多，绝大多数市民可能觉

---

[1] 除此之外，与皇后街及德辅道西交界的高升街，其实也与李升有关，该街道旁原本建有高升戏院（即现时侨发大厦位置），该房产由李升家族拥有。至于湾仔的李升大坑学校，也是为了纪念李升，但那已是二十世纪五十年代之后的事了。

得非常陌生。毕竟，李升生活的年代，与我们现今生活的年代，
已相去一个多世纪了。认识有限也不难理解。

李升（又名李玉衡或李璇），祖籍广东新会七堡，1854年受
太平天国运动影响，与胞兄（另一说为堂兄）李良和胞弟李节
等，一同举家迁港，创立和兴号，主要从事贸易及银钱生意。由
于二人在新会时已拥有一定家财与经商关系，到港另起炉灶时自
然驾轻就熟，并不困难。

事实上，香港开设外贸港口不久，美国旧金山（即现在的旧
金山，San Francisco）即传出发现金矿的消息，因而掀起大量华
工赴该地谋生的浪潮，而香港则成为华工出洋的"中转站"，和
兴号的生意，也与华工出洋数量的增多而同步成长。

除了"寻金浪潮"，美国不久又下决心兴建铁路，贯通西
东，因而急需大量廉价劳工，而欧洲列强在中南美洲殖民地的急
需开发，同样对廉价劳工有很大需求。至于经济状况凄凉、人口
众多的中国，则成为输出大量低廉劳工的地方。于是，一批批华
工持续不断地从香港及澳门地区前往秘鲁、古巴等。后来，澳洲
的悉尼及墨尔本等地也先后发现金矿（俗称新金山，与旧金山作
区别），① 而南洋（即东南亚诸国）等地也因推出多项大型种植

---

① 由于旧金山于1848年前后发现金矿，掀起了世界各地人民涌往该地寻金
的浪潮，早期华工乃称之金山。约1851，悉尼及墨尔本等地也陆续发现金矿，并
兴起另一股寻金热潮，那时的华工乃称之为新金山，并将原来的金山称之旧金
山。以上的称呼，年长一代的海外华人今日仍习以为常。

及采矿工程，对廉价劳工需求日增。换言之，自十九世纪中叶开始，受内外力量的驱使，大量华工取道香港及澳门出洋，形成一浪接一浪的移民潮，这个前所未见的历史现象，大大强化了香港与世界各地的往来和接触——包括贸易、汇款、讯息及客旅等，令香港日后可以发展成国际枢纽。

正因香港连接中西贸易的地位随着华工大举出洋而日见显著，和兴号的生意也不断壮大及兴旺起来，业务除了原来的一般日常百货贸易、客栈、航运及银钱兑换，还扩展至安排华工出洋，以及经营鸦片贸易与赌馆等，①令李氏兄弟的名声一时无两，在金山庄（即专门经营对旧金山贸易的行业）的行内无人不知，何东②的生父何仕文便曾与和兴号颇有生意往来。

一方面是家财日丰、名声日隆，另一方面则是生意遍及"华洋"，李升家族据说曾招来家乡人民及政府的一些批评。其中一个说法指李升"曾资助英军组织华人参与第二次鸦片战争，当时他（李升）向英军捐资十万元，受港英政府所赏识，为他在香港

---

① 英国因向华输入鸦片被禁而发动战争，占据香港实行殖民统治后，鸦片贸易自然被视为合法，并征收专利税。此贸易直至第二次世界大战后才被定为非法，全面禁止。在1867年至1872年间，经营赌馆乃合法生意，其他时间虽立法禁止，但一直禁而不绝。

② 何东（Robert HoTung Bosman，1862—1956），香港著名买办、企业家、慈善家。原名何启东，字晓生，生于香港，籍贯广东宝安（跟随母系），是香港开设外贸港口后的首富。何启东的父亲是荷兰裔犹太人Charles Henry Maurice Bosman（粤语音译何仕文），他母亲是广东宝安人施娣，所以他本身是欧亚混血儿。由于头脑精明，何东很快成为香港的超级富豪，其创立的何启东家族是英属香港时期的香港第一望族。

的经营创造了有利条件"。另一说法则指家族曾暗中支持法国侵占当时仍属清政府藩属的越南，使越南最终脱离清政府管控，落入了法国之手。

和兴号生意蒸蒸日上之际，作为企业灵魂人物之一的李良于1864年不幸去世，其领导大权因而落到李升一人身上。虽然失去了胞兄的助力，但和兴号在李升独力主持下生意并没走下坡路，反而是节节上扬、不断壮大。以下是多项有力的证明：

①1869年，华人社会筹建东华医院（即东华三院的前身），李升已因财富及声名大噪成为主要牵头人之一。

②1876年，在主要大户（企业）向港英政府缴纳税款的名单中，和兴号排第十一位，到了1881年已跃升为第一位，冠绝香港，令时任港督的轩尼诗（Pope J. Hennessy）大感意外。

③1877年，李升牵头创立安泰保险有限公司，该公司当时的集资额高达四十万元之巨，一方面显示李升可以将业务扩展至保险业，另一方面则显示他已从洋商中学懂了利用公众资金发展业务的窍门，能够充分利用股票市场的机制了。①

④1882年，李升与何亚美等华商在广州创立华合电报商，借以开拓电信业务，该公司日后改组成广州电报公司。

---

① 自十九世纪六十年代中出现"有限公司"制度之后，以这种模式成立的公司，其股份可以在市场上自由转让，即类似今日的上市公司般，因而被视作"公众公司"。郑宏泰、黄绍伦，2006，《香港股史：1841–1997》，香港：三联书店（香港）有限公司。

⑤1883年，李升斥资十万两白银于广东省中山的大屿山铅矿和儋州银矿，六年后（1889年），又斥巨资与唐廷枢等人创立广州城南地基公司，购买土地，兴筑码头及堆栈^①，连串举动说明其投资及生意不断扩大。

⑥同样在1889年，李升获渣甸洋行老板占士·凯瑟克（James J. Keswick）及遮打（Paul C. Chater）之邀请，成为香港置地及投资公司的创建董事，另外，李升还获邀出任粤港澳轮船公司的董事，其地位获得掌握香港经济命脉的英资商人的肯定。

综合而言，趁着华工出外谋生浪潮兴起和香港连结国际网的逐步建立之际，金山庄生意不断壮大起来。而李升则如早期不少其他身家急涨的"华洋"商人一样，将经商获利一方面大量投放到香港的土地房产之中，另一方面则以附股方式投资到各种规模较大、投资前景较佳的"公众公司"^②之中，因而令其家族的财富能与香港经济的发展步伐同时前进。

1900年，李升去世，其名下可计的遗产多达六百万元，数量比港英政府该年的总收入（约四百二十万元）还要多出约一百八十万元，财富之丰、身家之厚，可想而知。李升死后，其家族后代在香港仍深具影响力，其中尤其以李纪堂及李宝椿最为著名，上一代香港人可谓无人不知。

---

① 堆栈：临时寄存货物的地方
② 公众公司：公众公司是指向不特定对象公开转让股票，或向特定对象发行或转让股票使股东人数超过200人的股份有限公司。

金山归侨利良奕家族与莫仕扬买办家族

在探讨家族企业发展的问题时，我们更多时候将焦点投放到创业者的身上，因而忽略了很多在他身旁的人。事实上，虽然不少家族企业由创业者单枪匹马、独力开辟而成，但更多的是集众人之力的"团队打拼"的结果——有些是父子兵，有些是兄弟帮，有些是夫妻档，有些是一家人的上下一心、休戚相关、同居共财，还有一些是一帮朋友或志同道合的生意伙伴，而创业者只是其中一位牵头人，或者说是内外形势转变时突出重围的"幸运者"而已。上文谈及的李升家族，与本文谈论的家族——利良奕家族（利良奕是利希慎①的父亲），其崛起之初也属"兄弟帮"的类别。

在查阅英文档案及记录研究李升家族及利良奕家族时，有一点很容易令人混乱或造成误解：李升及李良两兄弟的名字，与利良奕及利文奕两兄弟的名字很容易混在一起，因为大家的英文拼音十分相似，而那个年代的人往往采用多个名字，英文拼音又没统一规格，加上两个家族又同时从事过与旧金山相关的生意，随后又都在香港谋生、致富及扎根。

① 利希慎：香港和澳门的鸦片大王。

综合各方数据，我们推断，利良奕与利文奕早年居住在广东开平市水井坑村（后来移居新会），十九世纪四十年代末美国传出发现金矿后，两兄弟可能是较早一批踏足旧金山的华工。由于先人一步，兄弟二人在旧金山的谋生经历明显较好于后去者，没有受到美国政府的严苛对待，并且能够赚得一定收入，积聚一定财富，[1] 之后可能因应环境转变而选择创业，从事起生意买卖来。[2] 由于利良奕有"行船"（当船员）的经验或背景，其生意看来与金山庄有关——即经营对北美洲地区的进出口贸易。

在旧金山生活及经营一段时间后，于十九世纪六十年代起，利氏兄弟像大多数经营金山庄生意的商人一样，碰到了逐渐汹涌的排华浪潮。受此浪潮的影响，旧金山的经商环境变得日渐不利。由于觉得生意难做，利氏兄弟决定于十九世纪七十年代末、八十年代初结束美国业务，打道回乡。

自返华后，利文奕回到家乡开平生活，买田买地，利良奕则

---

[1] 也有说法指他们应是首批因挖到黄金而致富的"幸运儿"。相关讨论，请参阅Haffner, C., 1983. "Eulogy", delivered in Memorial Services for Richard Charles Lee, unpublished, Hong Kong: Private Circulation.

[2] 利良奕曾孙女利德蕙（Vivienne Poy）在1995年出版的《利氏源流》（加拿大：Calyan Publishing Ltd.）一书中，指利良奕兄弟曾在"位于旧金山Dupont街17号的旧金山联合烟草公司（Union Cigar Company）觅得工作"，又指该公司"在1876年（已）名列旧金山《华人工商名录》（The Chinese Business Directory）"之内。但此说并没找到确实证据，似不可信，反而说利氏兄弟与之有生意往来，则可能性较大，而赖际熙（1974）在《荔垞文存》（香港：没列明出版社）一书中，则提及利良奕"始游美洲，经商致富"。有关此点，日后将会再作说明。

选择搬到新会嘉寮村，并在该村兴建大宅，作为祖屋。兄弟两人
分地而居的决定，虽然耐人寻味，原因不明，但生意上却合作无
间，且目标一致。据说在家乡居住不久后，利氏兄弟静极思动，
深入盘算及考虑后，洞悉到家乡不利经营贸易和发展事业，而香
港因中西商贾云集，生意贸易自由无阻，有利一展所长，而决定
移居香港，再谋发展。

必须指出的是，无论是早年出洋赴美，或是经营金山庄生意
期间，甚至是"行船"期间，利氏兄弟与香港的接触应该是相当
密切的，对香港的了解也十分透彻，所以能够在评估过后，得出
这个影响家族日后发展的重要决定。回看，由于当时的香港被英
国殖民统治，拥有像西方资本主义世界般便利经营贸易的制度与
条件，又没有西方世界般限制华人进出的移民政策，加上与家乡
近在咫尺，一衣带水，因而成为华商心目中的理想居住地，吸引
很多"海外回流华人家族"涌到香港，如上文谈及的和兴号李升
家族和之后将谈及的二十世纪初发迹的先施公司的马应彪家族及
永安公司的郭氏家族、余仁生药业的余东旋家族、虎标万金油的
胡文虎家族，再之后的在嘉里建设的郭鹤年家族、信和置业的黄
廷芳家族及三林集团的林绍良家族等，这些都是很好的例子。

顺带一提，当我们在深入探讨那些来自内地的移民家族如何
推动香港社会与经济发展的同时，也应注意那些数量相对较少，
却极富传奇色彩的海外回流华人家族所做出的巨大贡献。由于这
些海外回流华人家族曾在西方生活多年，对西方的事物与经营颇

有了解，也拥有一定资金、经验与人脉，他们在香港定居下来之后，能较为有效地引入（或吸收）西化的经营与管理模式，提升华资企业的综合竞争力。至于他们早年曾在西方生活、经商与工作的背景，又有利于他们充当中介者的角色，拓展海外贸易，日后成为促进香港崛起为国际贸易中心，商业网遍布世界的其中一股重要力量。

回到利良奕兄弟二人移居香港的问题上。既然选择由家乡转赴（或移居）香港，兄弟二人又在香港从事何种生意呢？曾孙女利德蕙有如下介绍，"日后，兄弟二人赴港……于皇后大道中202号成立礼昌隆公司，曾祖父与曾叔祖经常往返香港与家乡之间"，至于该公司的主要业务，据说是"由上海进口蓝布，销售给香港华人"，而所谓"蓝布"（blue cotton），则是指"阴丹士林布"①，并指该种布料"乃普罗市民用作缝制衣服的主要布料"，销售情况颇佳。

虽然利良奕兄弟早年有赴美及从事金山庄生意的经历，与早前谈及的李升家族颇有相似之处，但论生意规模及身家财富，利良奕与利文奕兄弟明显与李良李升兄弟相去甚远。可到了他们的子孙后代掌管生意的时期，情况则明显发生了变化，不但生意规模及身家财富后来居上，在社会上的影响力也有过之而无不及，其后代子孙如利希慎、利铭泽、利孝和及利国伟等人，更曾叱咤

---

① 阴丹士林布：阴丹士林蓝是我国出产的一种布料，初产于民国早期，历史悠久。布为单纯的青蓝色，鲜嫩而素雅。

一时。

殖民地开辟、华工大举出洋与"华洋"贸易兴起之后，不但南北行及金山庄等生意如雨后春笋般迅速而充满活力地发展起来，洋商巨贾东来"挖金寻梦"的也络绎不绝，他们急欲打开中国的贸易大门，从中取利，自不待言。然而，由于大家在种族、文化、语言、宗教，乃至商业制度上的不同，为商贸往来及接触添加了障碍。而一群能够掌握中英双语、了解各方文化及商业制度，同时又可在不同社会中往来奔走的人士出现，则成为"华洋"贸易与交往的桥梁，这个群体被称为"买办群体"——即我们常说的中间人或中介人。正因他们在沟通各方占据着极为重要的位置（用今天的话是占据了"垄断"地位），他们成了"华洋"贸易往来中不可或缺的连接点，所扮演的角色十分重要。

如果我们细看中国历代商业史，无论是元朝、明朝，乃至清朝，朝廷均划出特定的城市或港口，并给予某些人群"特殊经营权"用来管理这些对外贸易事务。第一次鸦片战争前的广州十三行，则是"特殊经营权"的最突出例子。简单而言，十三行是"华洋"贸易的中介组织，肩负着沟通内外的角色。[①]

第一次鸦片战争前夕，清政府取消了十三行的"特殊经营权"（垄断地位），"华洋"商人为了争取这个突然"开放"的贸易机会和空间，各施其法，早前谈及的渣甸洋行，正是在那个

---

① 有关十三行在管理"华洋"贸易方面的角色与特质，可参考梁嘉彬.广东十三行考.广州：广东人民出版社，1999

时代背景下崛起的。至于那些曾经在十三行任事，或是曾经与洋人有深入接触，掌握中英双语的人士，自然可以突出重围，成为洋行老板急欲延揽的对象。由于受聘于洋行老板，肩负起在华采购货物（或在华销售洋货）、沟通官府的事宜，同时又负责管理所有华人员工大小事务。他们的身份，很多时候被形容为"既仆又主"，甚至指他们对内对外的角色与嘴脸不同，关系复杂。①

撇除那些对买办的负面印象或误解不谈，在那个"华洋"之间相互敌对与歧视的年代，他们奔走各方，争取突破，为促进中西方贸易与交流发挥积极的作用。至于他们在这些贸易沟通过程中赚取的巨大财富，更令他们在身处的社会中声誉日隆、地位日显，令买办工作变得炙手可热，成为不少人热切渴望加入的职业。在这个新崛起的群体中，莫仕扬家族可以说先人一步，备受瞩目，而且常被引述为突出的例子。

莫仕扬（又名莫彦臣，1820年–1879年）祖籍广东香山，祖父和父亲据说因"富而不骄，好义忘利"而闻名乡里，莫家不但家境富裕，也有一定商业网。其中一个说法指青年时期的莫仕扬曾经任事于广州十三行之一的同顺行，因而不但有了经商的"实战"经验，也学懂了与洋人打交道的窍门。而同顺行行商（老板）吴健彰本是莫仕扬同乡，他在清政府取消十三行制度后转到

---

① 各种对买办的误解或批评，可参考王远明、胡波（2010）及林有能在《被误读的群体：香山买办与近代中国》（广州：广东人民出版社）一书中《序一》及《序二》的介绍。

上海，出任美资旗昌洋行（Russell & Co.）的买办，之后更获政府委任为苏松太道（即上海道），莫仕扬据说因为与吴健彰关系密切并得到其信赖，获对方推荐为同属美资琼记洋行（Heard & Co.）的买办，掌管该洋行在香港的大小"对内地"（政府、客户及员工）事务，于十九世纪五十年代跻身令人艳羡的买办阶层。

由于买办需要独当一面地处理各种"对内地"事务，其权力无疑极为巨大，洋人老板对之既忌惮三分，又十分倚重，矛盾的心情不难想象。正因如此，洋人老板在挑选买办时除了强调人选的才干及对英语的掌握外，还极为重视他们的可靠性与诚信。针对后者的条件，洋行老板不但要求出任买办者缴交巨额担保金，更十分重视他们在华人社会的名声与人脉关系。很简单，如果买办在华人社会中拥有较高声誉及人脉，他们在面对危机，如债务问题时选择"赖债"（债务违约）的机会成本便会极高。因此就当时社会而言，能够获选为买办者，不但暗示本身家财不薄，还代表着属于"牙齿当金使"的极有信誉群体。

恰恰正是买办本身须承担为洋人老板工作的各种风险，他们平时工作须十分小心，在挑选自己的助手时，同样也极为重视那些人的诚信。他们将家族成员、姻亲、亲戚、同乡，乃至同窗书友等（这些人在传统伦理中可以按不同标准界定为"自己人"，并被视为较可靠）介绍到洋行（买办部）任职，或是推荐到其他相熟洋行当买办，甚至充当其担保人（即今日的"人事担保"），这一行为成为一时风气，并因而形成一个以家族（血缘）为主体的买办网。[1]

　　数据显示，自莫仕扬出任香港琼记洋行买办后，由于工作表现出色，并且深得老板的赏识和信赖，当该洋行扩展业务，在其他中国城市或港口开创业务时，均是由莫仕扬介绍及推荐他认为可信赖的人物出任该洋行的买办，而莫仕扬也如其他买办一样，"以亲引亲，以戚引戚"，将其堂兄莫仕阶推荐到上海琼记洋行任买办，之后又将莫仕阶之子莫冠照推荐到汉口琼记洋行当买办，令家族在买办行业中日渐壮大，身家财富也与日俱增。

　　正因个人及家族在社会上的声誉日隆，当华人民众在十九世纪六十年代末倡议创立东华医院，作为扶危济困的机构时，莫仕扬也获邀成为创办人之一，其后更两次获推担任该院主席之职。然而，据丁新豹分析，令莫氏家族名声更显、财富更丰的，并非莫仕扬出任琼记洋行买办之时（该洋行于1875年倒闭，四年后莫仕扬去世），而是其子莫藻泉日后凭着父亲的人脉关系及社会资本，出任香港英资龙头大行之一的太古洋行总买办之职，带领家族走上更高的台阶。[2]

---

　　[1]　除了莫仕扬家族，其他著名买办家族还有何东家族、唐廷枢家族、郑观应家族及徐润家族等。有关这方面的更多讨论，请参阅前文提及的《被误读的群体：香山买办与近代中国》一书。

　　[2]　参考上注。

汇丰银行与东华三院: "华洋"显赫家族俱乐部

十九世纪六十年代,在人口渐增,社会结构日趋复杂之时,两间分别由"华洋"富家大族做牵头人的重要机构先后创立。到了今日,经历一个多世纪的挑战、考验和发展,虽然性质不同,但这两间机构仍然充满活力,不但没有在香港的历史上消失,还持续壮大,并且仍在香港社会中扮演着举足轻重的角色,发挥着巨大的影响力,这两个机构即为香港上海汇丰银行(简称汇丰银行)和东华医院(即东华三院的前身)。

香港开设外贸港口后,无论修筑道路楼房、兴建码头货仓,乃至购置轮船、引入煤气等,无不急需大量资本,但当时借贷、融资的机构及平台极为缺乏。虽然不少外资银行如阿格拉银行(Agra Bank)、联盟银行(Alliance Bank)、亚洲银行(Asiatic Bank Corporation)、印度银行(Bank of India)、孟买银行(Bombay Bank)、标准印度澳洲及中国银行(Chartered Bank of India, Australia and China)等,在香港开设外贸港口后陆续前来设立分行、发展业务。但不少在港扎根的洋行逐渐发现,这些外资银行所提供的金融服务或产品,不能切合他们拓展中国贸易的需要。

早于1864年7月,那些当时在香港商界叱咤一时的洋人商业精英,例如颠地洋行(Dent & Co. 另译宝顺洋行)老板宋利（F. Chomley）、琼记洋行（Augustine Heard & Co.）的赫特（A.F. Heard）、铁行轮船公司（P & O SN Co.）总监督修打兰（T. Sutherland）、太平洋行（Gilman & Co.）的李文（H. B. Lemann）、老沙逊洋行（D. Sassoon, Sons & Co.）的阿瑟·沙逊（A. Sassoon）及禅臣洋行（Siemssen & Co.）的聂逊（W. Nissen）等，聚首一堂，商议组织一家立足香港，并可为他们提供更适合他们开拓业务的本地银行，那家汇集一众洋人家族精英创立的银行，即今日的汇丰银行。

筹组过程中，港英政府鉴于香港进出口贸易日渐繁盛，决定仿效英国的做法，在1865年1月就企业的组成、运作和清盘等问题进行立法，借以规范商业行为。该条例名为《贸易公司及相关组织的成立、规管与清盘条例》，简称《1865年第一条例》（Ordinance No. 1 of 1865）或俗称《公司条例》（Company Ordinance），此条例可说是日后香港商业条例发展的楷模，也为股票市场的发展奠定重要基石。

不知是刻意还是巧合，《公司条例》通过之时，筹组工作也告完成，那些老板因而在1865年3月3日（日后恒生银行也选择在3月3日的日子注册）正式注册成立，令汇丰银行成为该条例实施后首家成立的企业（有限公司）。银行开幕之时，一众洋行老板与政府高官云集，场面极为热闹。银行设于皇后大道中1号（即域多利大厦，后来改建为今日的汇丰银行大厦），注册资本为两百五十万元，发行股份为两万股，每股作价一百二十五元。银行创立翌年，随即取得港英政府的货币发行权，此权利日后为银行奠定了它在香港银行界的龙头地位。

值得指出的是，汇丰银行虽是由一批洋行老板的家族牵头创立，但这些家族或代表只进入董事局，一切营运大权交给了非家族却拥有丰富银行管理经验的人士负责，性质上已粗略出现了现代管理学所说的"控股权与管理权分离"的情况。在董事局中，成员的继任，出现了父死子继或兄退弟接的现象。

大约半个世纪之后，一班华人商业精英以汇丰银行为榜样，筹划一家同样以促进进出口贸易为主的华资银行（因觉得洋资银行未能切合华资商人的金融需要），此银行的多项设计及体制例如会计制度、管理规章及银行组织架构等，虽与汇丰银行差别不大，但牵头创立银行的家族或代表，则并不只是出任董事局成员而已，而是兼任银行日常运作和管理，将行政大权紧紧地控制在主要家族手中，此银行便是今天仍发展蓬勃的东亚银行。

回到汇丰银行创立初期的发展轨迹上。银行真正运作约一年后的1866年年中，公布上半年的业绩，据报共录得盈利二十五万八千二百二十七点零四三元，表现相当不俗，因此董事局提出每股分发红利五元，相等于每股的年利率8%。可惜，好景不长，接着的数年间，经验丰富的专业管理人顾沙雅（Victor Kresser，曾在Commercial Bank of India and the East担任高职）似乎先后碰到不少问题，其中尤以"不良投资及不良货币兑换"令银行一度出现了严重亏损，董事局内欠缺有才干及有影响力的人士

加入（创行的老板不少先后离港归国）为管理层开路护航，也令
银行业务难以有效展开。

由于顾沙雅没法带领汇丰银行踏上发展之路，甚至令业务每
况愈下，董事局最终选择与之解聘，不再聘用，改由经验同样丰
富的格雷格（James Greig，曾任职Asiatic Bank Corp.）扛起汇丰大
旗。然而，格雷格在任的六年间（1870-1876），香港经济一直
十分低迷，银行发展不但没有重拾生机，反而更为呆滞，投资亏
损加剧而陷入"创立以来最艰苦的时期"。在那个关键时刻，董
事局最后将格雷格辞退，改由昃臣（Thomas Jackson，曾任职Agra
and Masterman's Bank）出任，银行从此走出阴霾，随后更逐步壮
大起来。

对汇丰银行的发展而言，昃臣无疑是最重要且最具影响力的
人物。而昃臣能够带领银行走出困境的最主要原因，是他认清发
展方向及业务重点，将大量贷款发放给清政府，配合其洋务运
动，并集中发展与内地有关的进出口贸易。正因这个重大而正确
的策略调整，银行盈利额逐步攀升。据估计，单是其中三批借给
清政府的巨额贷款（总值约三百二十万英镑），便为银行1876至
1882年的纯盈利带来约六成的贡献。

日后，汇丰银行加紧在这方面的业务发展，因而成为一家清
政府十分倚重的银行，深得信赖，而汇丰银行也在这些贷款及中
国贸易中不断汲取养分，迅速壮大起来，在十九世纪末崛起成为
地区的龙头银行。作为银行最高领导，昃臣于1886年获清政府授

予三品顶戴官衔，此情况极为罕见，而他日后退休时，银行更为他竖立铜像以作纪念，此铜像今日仍屹立于旧立法会大楼的皇后广场上，与汇丰银行大厦（总行）相对，他好像变成了银行的守护者。汇丰银行虽由一班洋行老板创立，但在银行历史上极为显赫，影响力极大的，则并非那些创办银行的家族，而是专业的银行管理人，其特质可谓耐人寻味，也很值得华人家族企业参考。

香港开设外贸港口后，港英政府高举的旗帜除了自由贸易，让各地商人、家族各施其法、尽展所长，不作任何干预；还有对华人社会推行所谓"乡约俗例，一如旧观"政策。如果前者意味着政府不会提供任何社会救济与福利扶助，后者则表明华人群体必须自食其力，助人自助，不能祈求政府的任何援手。至于今日仍在香港社会举足轻重的助弱扶伤、安老援寡的慈善组织——东华三院——正是在华人群体自救自助的信念及原则下创立的。对于那个年代而言，属于管理华人群体的重要组成部分，在缓解社会矛盾，消除社会怨怼，促进社会稳定方面发挥了巨大作用，而出任该组织董事局成员之职，则属社会地位显赫的象征，令不少富家大族趋之若鹜。

正如前文曾粗略提及的，十九世纪五十年代前的香港社会，可谓弥漫着强烈的弱肉强食、道德扭曲的风气。香港历史爱好者林友兰曾不无感慨地指出："不是崇洋，就是拜金……华人社会依然笼罩在酒色财气，骄奢淫逸的乌烟瘴气下，嗅不到清新而进步的气息。"受太平天国运动的影响，自十九世纪五十年代中开始，渐有华南富家大户及一些有识之士来港定居，社会风气随后才逐渐转变，社会结构也变得层层叠叠，较为复杂。

或者可以这样说，在那个竞争激烈的社会环境中，那些白手兴家，有幸致富者，看到那些不幸者贫病交加，无依无靠，甚至在死亡的边缘挣扎，而港英政府又不闻不问，便动了恻隐之心，并秉持传统社会文化中"富则兼善天下"的理念，在十九世纪六十年代后期计划创立一所专为那些社会底层民众提供医疗服务的医院——东华医院。

对于华人富商巨贾愿意捐款创立医院，自救自助的举动，港英政府乐观其成。当时的港督麦当奴（Richard MacDonnell，任期1865年–1872年）除了答应在政策上给予配合，拨出土地兴建医院，还象征式地捐出善款，支持该院的创建。为了让该院日后运作及管理有法可依、有理可循，政府还在1870年通过了《东华医院条例》，使该院获得了法定机构组织的地位（或法律保护）。

由于东华医院是华商巨贾捐资创立，并获得了港英政府的肯定和支持，该院又属当时社会独一无二专为贫苦大众赠医送药、施棺助葬的机构组织，因此在社会上享有极高地位。正因如此，无论是港英政府或是市民大众，对于该机构及其机构组织者（当时称为"值理"，后来改称总理，即曾捐出巨款并获推举进入董事会的人士）十分重视。至于富商巨贾，不问出身、莫道出处，只要愿意慷慨解囊、共襄善举、捐出巨款，便能获推举为总理，从而能够提升个人在社会上的名声与地位，东华医院也因此被视作华人显赫家族的"俱乐部",是精英云集之所。

如果我们细看该院计划创办以及创办初期的总理名单,则不难发现,主导早期香港商业及经济力量的,首先是买办阶层,其次是南北行商人,再其次是经营金山庄、米行、鸦片及布匹的商人。举例说,1869年至1871年的筹办时期,在十三名总理中,五名报称为买办,两名来自南北行,而金山庄、银号、米行商、鸦片商(那时称作公白行)及布商则各有一人,余下一人来自教育界,此人是早年曾与容闳留学美国的黄胜,他日后与王韬创立香港首份中文报纸《循环日报》,并曾被港英政府委任为立法局议员,接替伍廷芳,其女婿为韦玉(即韦宝珊)——韦玉日后也成为东华医院主席及总理,并像岳父般获委任为立法局议员。

如果说那时绝大多数企业是家族经营和主导,男性为首、家族主义与重视血缘等成为企业组织管理和运作的核心,那么东华医院的组织结构、治理及运行机制,看来也脱离不了此种父权传统的束缚。虽然这个机构是法定组织,总理的任期只限一年一任,^①并且仿效西方协商选举模式,规定总理的席位必须以推举形式产生,借以限制个别总理"扩张个人势力"。但是只要我们细心一点儿看看东华医院董事会历年的名单,则不难发现,其组

---

①　1869年至1871年间,由于乃筹建阶段,主席一职一直由仁记洋行(俗称劫洋行,即Gibb, Livingston & Co.)的梁云汉(又名梁安,字鹤巢)出任(他日后仍多次出任主席及总理等职,对东华医院的影响极深),首任总理则由李升出任。

织呈现了极为鲜明的男性主导、大家长制、父子（或兄弟）继承
职位的特质。

就以东华医院于1872年正式投入服务后的董事会名单为例，
早前提及的莫仕扬获推举为主席，到了1878年又再任主席，而来
自该家族的莫汉章、莫藻泉及莫干生等，日后也曾出任东华医院
的总理之职，可见该家族在东华医院内颇有影响力；至于早前提
及的南北行高满华家族，不仅在倡建时期由高满华担任总理，而
且随后高学能（舜琴）、高学溢（铎琴）也先后担任过总理及主
席之职。

除此之外，在东华医院曾出任主席或总理职位的人中有血缘
关系的，还包括何东家族（包括何东、何福、何甘棠、何世光、
何世奇、何世文，以及姻亲罗长业、罗长肇、罗文锦、黄金福、
谢家宝、蔡紫薇等）、周少岐家族（周少岐、周卓凡、周埈年
等）、邓志昂家族（邓志昂和邓肇坚）、马聚朝家族（马聚朝、
马持隆）、永安郭氏家族（郭乐、郭泉、郭琳爽、郭琳弼），以
及蔡兴家族（蔡兴和蔡昌两兄弟）等，可见组织规章上的白纸黑
字，并未彻底限制个别家族"扩张影响力"的倾向。

事实上，相对于血缘关系的较易察觉，以同乡、同行或人脉
关系为连接，进而"扩张影响力"的情况也不容忽略，同样在东
华医院的早期发展中发挥了巨大作用，只是这些社会网和关系相
对"隐秘"，不易察觉，我们因而未能全面了解而已，例如买办
群体在二十世纪三十年代前，便一直掌控着东华医院的运作大

权。总而言之，如果说东华医院是早期华人精英的"俱乐部"，那么这个"俱乐部"不但具有家族色彩，同时也属社会脉络的综合体，对香港社会发展影响深远，值得重视。

◆参考文献

1 Chow, S., An Octogenarian remembers Hong Kong's progress and prosperity. In Hong Kong Centenary Commemorative Talks. Hong Kong: World News Services,1941. 68～69

2 丁新豹. 历史的转折：殖民体系的建立和演进. 载王赓武（编）. 香港史新编（上册）. 香港：三联书店（香港）有限公司，1997. 59～130

3 可儿弘明. "猪花"：被贩卖海外的妇女. 孙国群、赵宗颇（译），陈家麟、陈秋峰（校）. 河南：河南人民出版社，1989. 108～109

4 Norton-Kyshe, J.W., *The History of the Laws and Courts of Hong Kong from the Earliest Period to 1898*, Hong Kong: Vetch and Lee, 1971

5 冯尔康、阎爱民. 中国宗族. 广州：广东人民出版社，1996

6 余绳武、刘存宽主编. 十九世纪的香港. 北京：中华书局，1994

7 丁新豹. 香港早期华人社会：1841-1870（博士论文），香港：香港大学，1988

8 可儿弘明. "猪花":被贩卖海外的妇女,孙国群、赵宗颇(译),陈家麟、陈秋峰(校). 河南:河南人民出版社,1989

9 Ng K.Y., *Interaction between Hong Kong and Mainland China: The Tai Ping Tian Guo Movement as a Case Study,* Ph.D. Dissertation, The Chinese University of Hong Kong, 2004

10 郑良树. 新马华族史料文献汇目. 新加坡:南洋学会,1984

11 黄绮文、郭伟川编. 潮人的开拓与国际潮团联谊会. 香港:第八届国际潮团联谊年会出版,1995

12 详见陈树森. 祖籍潮州的泰国华人对泰国米业发展的贡献浅析,载郑良树(编). 潮州学国际研讨会论文集. 广州:暨南大学出版社,1994. 667~684

13 冯邦彦. 香港华资财团1841-1997. 香港:三联书店(香港)有限公司,1997. 25

14 *The Hong Kong Directory and Hong List for the Far East*, n.d., Hong Kong: Fraser-Smith.

15 刘智鹏. 香港早期华人菁英. 香港:中华书局(香港)有限公司,2011;允成堂. 云步李氏宗谱. 香港:李太白印书馆,1928

16 郑宏泰、黄绍伦. 香港赤子:利铭泽. 香港:三联书店(香港)有限公司,2012

17 利德蕙. 利氏源流. 加拿大：Calyan Publishing Ltd，1995

18 利德蕙. 利氏源流. 加拿大：Calyan Publishing Ltd，1995

19 丁新豹. 香港莫仕扬买办家族初探. 载香港中文大学中国文化研究所文物馆等（编）. 买办与近代中国. 香港：三联书店（香港）有限公司，2009. 170~193

20 King, F.H.H., *The History of the Hong Kong and Shanghai Banking Corporation, vol.1. Cambridge*, Cambridge University Press, 1987. 281~282

21 林友兰. 香港史话. 香港：芭蕉书房，1975. 77

22 考冼玉仪、刘润和. 益善行道：东华三院135周年纪念专题文集. 香港：三联书店（香港）有限公司，2006

23 Sinn, E., *Power and Charity: The Early History of Tung Wah Hospital*. Hong Kong. Hong Kong: Oxford University Press, 1989

24 何佩然. 源与流：东华医院的创立与演进. 香港：三联书店（香港）有限公司，2009

25 资料来自东华三院百年发展史略编委会. 香港东华三院百年史略. 香港：东华三院庚戌年董事局，1970

第三章

土生一代崭露头角，
楼股先抑后扬

诚然，英雄可以不问出处，而应该询问他们何以能够在困顿匮乏的环境中突出重围，干出一番令人艳羡的事业。到底令周寿臣日后可以叱咤一时，并以其名字作为一座山丘的命名，借以纪念其功绩的原因何在呢？

青年时期的周寿臣、何东、周少岐和李石朋

　　香港岛黄竹坑有一座山丘，名叫寿臣山（Shouson Hill），此山虽较周围的聂高信山、紫罗兰山、南朗山及金马伦高原矮小，与更远一点儿的渣甸山、毕拿山、柏架山、歌赋山及奇力山等相比更是相形见绌，但却别具意义。原因是此山所纪念的人，是香港开设外贸港口后第一代土生土长且日后又极为显赫的人物，他的名字叫周寿臣（又名周长龄）。

　　正如早前章节中谈及的，香港开设外贸港口时，港岛的总人口约有五千六百五十名，其中一大部分是散居于黄竹坑及赤柱一带的原住民，而周寿臣父母就在其中。据《香港周氏简谱》的记载，周寿臣家族繁衍于北宋名儒周濂溪，其子孙在金人南侵时逃难南迁，初时落脚广东南雄珠玑巷，到了清朝康熙年间，则有旁枝选择移居新界及九龙地区，部分血裔后来转抵香港岛，落户于黄竹坑新围村，其中一脉即是周寿臣的祖父周英邦。

　　由于新围村靠近深水湾，那时的村民不少以捕鱼为业，周寿臣的祖先可能也是以此为生。据二十世纪四十年代末五十年代

初任香港总督的葛量洪（Alexander Grantham，任期1947年–1958年）记述，其继父文迪将军早年曾与周寿臣一同在韩国釜山任事，而周寿臣生前更曾半开玩笑地向葛量洪表示，在黄竹坑生活的周氏祖先，曾经充当海盗。此一说法虽有点儿夸张，但正如葛量洪指出"海盗是贫苦渔民的一种兼职"[1]，说明周寿臣其实像不少同时代的香港人一般，只是来自十分平凡的家族而已。

虽然英雄可以不问出处，而应该询问他们为何能够在困顿匮乏的环境中突出重围，干出一番令人艳羡的事业。到底是什么让周寿臣日后可以叱咤一时，以其名字命名山丘呢？如果细看其人生不同阶段的转折点，则不难发现，西式教育所发挥的巨大作用。

深入研究的数据显示，香港开设外贸港口二十年后的1861年，周寿臣于黄竹坑新围村出生。到了1871年，年满十岁的周寿臣在父亲周保兴的安排下，入读创校不久并以现代化办学为宗旨的中央书院（Central School，即现在的皇仁书院Queen's College），接受西式教育，这在"寒窗苦读以求考取功名光耀门楣"的年代，实在不简单，而其父母这种在今天看来极为平常的决定，则改变了周寿臣及其家族的命运。

值得指出的是，西式教育早于香港开设外贸港口前已引入中国，主要落脚点则在与香港只有一水相隔的澳门，其中尤以宣扬基督教义的马礼逊学校最为著名，耶鲁大学第一位中国籍大学毕

---

[1] 引自葛量洪. 葛量洪回忆录. 曾景安（译）. 赵佐荣（编）. 香港：广角镜出版社，1984. 166.

业生，并享有"中国留学生之父"雅号的容闳，便曾在该校就读。他日后曾在香港短暂工作，并曾在洋务运动中扮演一定角色，而正是他的一项划时代公费（即由政府出资支持）留学计划——大清留美幼童教育计划（Chinese Education Mission），不但改变了周寿臣的人生，还影响了日后中西方之间的交流活动，并左右了近代中国历史的发展。

香港开设外贸港口不久，马礼逊学校即由澳门迁到香港，并在传播基督教福音方面充当先导者角色。可惜，该校不久即停办，使其对本地教育的贡献戛然而止。幸好，中央书院在那时宣布创立，并因表现出色成了"后起之秀"，填补了马礼逊书院停办而存在的教育空间。可以毫不夸张地说，中央书院的创立对本地教育的影响，几乎可与当时的港英政府在1865年通过《贸易公司及相关组织的成立规管及清盘条例》（俗称《公司法》）奠定了香港经商环境相提并论。因为该校采取西式方法办学，在教授中英双语的同时，引入了诸如算术、地理、地图绘制及科学等学科，并十分重视体育竞技等。此举不但吸引了本地家族的子弟，也招来了内地及东南亚等地一些向往西式教育的家族子弟。

因此，该校日后发展为东西文化交流、学术思想汇合的重镇，这里的学生则因掌握中英双语，并有国际视野及知识，成为带领其家族崛起的中坚力量，在不同层面上独领风骚。当中不少人士如孙中山、唐绍仪、廖仲恺、谢缵泰、王宠惠、何启、李孝式、黄文山及苏曼殊等，均在中国及东南亚国家的历史上赫赫有名、叱咤一时。

接着说青年时期的周寿臣。也许是受"西式办学"模式的吸引，父母将他送到中央书院读书，由于在那个年代学懂中英双语及实用科目被视为是拥有"一技之长"，有助日后谋生。而周寿臣在中央书院求学期间，又碰到人生的另一次重大抉择，并再次改变了他的人生发展轨迹。

此时容闳在清政府的支持下推行了留美幼童教育计划，但推行过程并没预期般顺利。原因是那时的父母们仍沉醉于考取功名的梦想中，视遣送年幼儿子远赴千里之外的美国留学为畏途，加上政府规定任何留美幼童的父母必须立下"甘结"（即合约），同意"如疾病生死，各安天命"，意思是政府不承担任何责任，此令使不少父母却步。因此，在派遣第一批及第二批幼童（每批三十人，计划分四批，即一百二十名幼童）后，容闳发现无法在中国内地找到足够数额的幼童赴美留学。

虽然那时的香港割让给英国已近三十年，但居民仍与内地血脉相连，认为自己的根仍在内地。容闳看到了这点，因此来港"招生"（因为获选学生必须对英文有一定掌握，年龄也须在十至十五岁），在中央书院求学的学生，则成为其首选，而当时已在该校就读一段时间的周寿臣，因表现突出获得录取。

对于儿子获得录取，周寿臣的父母并没像不少仍然沉醉于考取功名的父母般断然拒绝，因此周寿臣在1873年前后离港北赴上海，在那里接受一年左右的预备教育之后，于1874年9月19日在吴淞港乘坐一艘名叫"矮而寡南号"的远洋轮船，踏上了赴美留学的征途。正因参加了留美幼童教育计划，周寿臣不仅在美国接受了长达七年的教育，日后更在清政府担任官职，为国家贡献力量，直至年过半百之时才急流勇退，辞官归故里，在其家乡——香港——发光发热，服务社会。

1861年生于黄竹坑新围村的周寿臣是香港原住民家族的代表人物，而在1862年生于中环德忌笠街（现称德己立街）的何东（又名何启东），应可视作香港"混合血裔"家族的代表人物。这种家族的独特之处，是它与香港的命运一脉相承——即香港虽是中国领土，却被英国管治，并且发展出一种与中华文化、体制及生活模式等颇为不同，但同时又糅合了"华洋"两种文化、涵养及基因的状况——而且极为相似。

说何东为混合血裔家族，是因为何东的父亲何仕文（C.H.M. Bosman）是荷兰人，母亲施娣是华人。而父母均是香港开设外贸港口不久，由四面八方涌来谋求生计、寻找机会的一群人。档案数据显示，何东生父何仕文约在十九世纪五十年代来港，初时主要从事进出口贸易生意，后来安排华工出洋的贸易，主要业务是从华南一带招揽华工到港，再将他们运往旧金山出售谋利，在这方面的生意，与李升家族颇有往来。生意刚开始时似乎发展不

错，后来则碰到不少困难，公司更因债务问题被迫破产，[①] 何仕
文因而于十九世纪七十年代初被迫黯然离开香港，初期转赴旧金
山，但不久即转到英国，并在伦敦终老。

何东生母施氏也约在十九世纪五十年代前后到港，一说她是
水上人，另一说则指她来自上海崇明岛，父亲早逝，因而被叔父
卖掉，辗转来到香港，后来则与不同洋人及华人一起生活，并诞
下了何东等多名子女。

说来有趣，何东父亲的中文名字"何仕文"，可能是何东成
名后才改的。早期的商业文件显示，C.H.M. Bosman在港经商期
间，曾采用"波时文公司"（Bosman & Co.）的中文名号。虽然
何东为何不采用生父原译名姓"波"或跟母亲姓"施"，而选用
"何"的问题已不可考，但何东既已姓"何"，将"波时文"改
为较文雅的"何仕文"，语音相若，则不难理解。

由于那时社会对"华洋"之间的交往禁忌及限制极多，并各
自视对方为"次等民族"，何东父母之间的往来接触，自然遭到
"华洋"社会的共同歧视与排挤，而二人在没名没分的情况下诞
下孩子，[②] 则让何东自小成为社会弃儿，遭到"华洋"社会的歧

---

① 有关波时文公司及何仕文在港经商期间的遭遇，可参阅如下报纸在不
同日子的不同报道：（1）"Bosman & Co. v Tam-a-foo"一文，见The Hong Kong
Daily Press（16 April 1869）；（2）"Public auction"一文，见The Hong Kong
Daily Press, 3 September 1869等。

② 与早前文章提及的高三贵正式迎娶华人女子为妻不同，何仕文与施氏并
没正式结婚，何东出生之后，不但没有得到父亲承认、照顾，也极少来往。

视，童年时据说曾经吃了不少苦头。而这正是磨炼何东意志，日后促使他积极打拼的动力来源。

本来，按父权社会的传统，何东应采用父亲的姓氏，并应与父亲一起居住及生活。但父母之间其实并没婚姻关系，因而并没获得生父照料，至于生父在何东出生不久后生意每况愈下，最后更陷入困境，被迫破产，更逼使其抛下何东不顾，远走旧金山（后来在英国终老）。正因如此，何东与其生父甚少有接触或交往，关系极差。由于与生父之间"老死不相往来"，近乎全无接触，何东一直由母亲照顾，母子相依为命。

正因无论是抚养或教导等方面都由母亲一人承担，何东的生活习惯、衣着打扮、行为举止及传统价值等均十分华化，他自己也公开表示自己是华人。著名香港历史学家施其乐（Carl Smith）将那些像何东般选择华人身份的混合血裔族群，称为"没有宗族乡里网"，和被传统社会视为"无根一族"的人群，意指他们生下来便失了宗族乡亲的纽带，没有传统社会资本可作依靠或支持。

虽然何东的行为举止与普通华人无异，有时甚至"比华人还要华人"（何东的外孙罗德丞常说这点，意指对华人传统更为执着），但其欧亚混合血裔的外貌，在那个迂腐的年代，很难避免在人前人后受到不礼貌的对待或排挤。只是何东天生聪敏、才智过人，加上志坚意毅，对追寻理想怀有锲而不舍的精神，因而不被歧视排挤的环境所阻，反能从逆境中成长，化负面世俗目光为正能量。

与周寿臣一样，改变何东一生命运的关键，应是年纪稍长之时被母亲送到以西式办学，并强调中英双语的中央书院读书。出于现实考虑，也因本身经济实力有限，何东母亲同样没像周寿臣父母般，渴望儿子以"考取功名、光耀门楣"为求学目标，而是意识到香港环境对中英双语人才需求十分殷切，本着儿子若能掌握这种语言技能，将来较易谋得一工半职，生活便会较有保障的观念，将儿子送往中央书院读书。事实证明，何东母亲与周寿臣父母的决定同样正确，现代化教育及中英双语的能力，不但让两人有了谋生技能，更成为日后沟通"华洋"，并迈出了通往事业高峰的重要一步。

在中央书院求学期间，何东虽没像周寿臣般获容闳垂青，挑选为"留美幼童"，但他凭着个人聪明才智，加上努力用功而获得校长史钊域（Frederick Stewart）的赏识。在同一时期，除了何东，其年龄相差不远的胞弟何福、何甘棠及何启佳等，[1]也先后入读该校，备受瞩目，日后更在不同层面上各展所长、各领风骚。

可以这样说，在中央书院求学，不但让何东学习了中英双语的技能，更让他对人文地理、科学技术及世界发展格局等获得一定了解，而他在学校中结识的一批同窗书友更有不少与他一样属

---

[1]　与其胞兄们不同，何启佳一直选择采用Walter Bosman的名字，他日后以优异成绩在中央书院毕业，并留学英国，取得工程学位后转赴南非工作，曾任南非政府工务局（Department of Public Work）的局长一职。

于欧亚混血族群——这既让他可以奔走"华洋"、沟通内外，尤其在他担任买办工作方面充当极为重要的角色，而他日后无论在自立门户之时，或是在政商之间游走时，其中央书院的旧生人脉也曾在不同层面上发挥了不容低估的作用。

若从家族背景而言，1863年出生的周少岐（即现时的周湛燊、周湛煌家族，另一旁枝为周启邦家族），又与周寿臣及何东略有不同，因而可被视作香港华人世家大族中的第三种代表。在过去的一段时期，周寿臣家族常被误会与周少岐家族同属一系。[①] 当然，若从较广义的"五百年前是一家"的笼统观念，两个家族应是同根同源的，因为大家的族谱都指北宋大儒周濂溪乃其始祖，而两个家族在二十世纪六十年代前也的确往来频密、关系匪浅。

据《石龙周氏家谱》记载，周少岐（又名周祥发，字文辉）父亲周永泰"有大志，不甘久居乡曲，困守一隅，时思远游四方，以图发展其骥足。"这段赞美之词的介绍，虽有一些言过其实，却反映周永泰不甘于（或不愿意）"困守"乡里，希望向外寻求发展的一面。而他更为重要的举止，则是"偕元配李太恭人同游香港"，意思是说，大约在十八世纪五十年代后期，周永泰

---

① 民间对此有误解，其一是他们颇有交往，平时常有接触；其二是某些政府公职常出现"一周去、一周来"的情况，例如立法局议员一职，在二十世纪二三十年代初，便曾出现周寿臣因外游时周少岐暂代其职，或是周寿臣退休后由周少岐儿子周埈年接任的情况，因而令社会有了"周来周去"的印象（《华侨日报》，1931年12月4日）。有关此一现象及关系，日后仍会深入讨论。

因为应内外局势及社会环境的转变，与妻子一同离乡赴港谋生。这种携妻移民的举止，在当时社会而言，其实是十分罕见的。

为什么呢？正如前文述及，在那个年代，在华人社会，离乡别井、外出谋生本是一般人所不愿见的；就算真的要到别处谋生，寻求发展，绝大多数只会只身前往、孤身上路——就算早已结婚，也大多会将妻子留在乡间，宁愿自己远走他方；而赚了钱之后，则会在扣除必要日常开支后汇寄回乡，养妻活儿；若有余钱，则会在家乡买田买地，作为养老之用。

与周寿臣家族一样，周少岐家族据说也衍生于北宋大儒周濂溪，先祖在金人南侵时辗转南迁，先抵南雄珠玑巷，后来落户东莞南边围。香港开设外贸港口后，据说周少岐父亲周永泰已从不同渠道了解香港充满机会，之后更因借太平天国运动爆发后治安不佳而决计动身，与妻子结伴南下香港，而非像其他移民般丈夫只身前往，将妻子留在乡间。

周永泰夫妇抵港谋生初期，以"筹办冠婚丧祭所用之器具、卤簿①"为业，但生意似乎并不理想，"经营商务，颇觉困难"。虽然如此，二人没有退缩或是打道回府的想法，而是坚持继续留在香港，营营役役地打拼下去。经过一段时间的努力，生意似乎渐见起色，到周少岐及其多名胞弟相继出生后，生意更渐入佳境，因而让周永泰夫妇有了"留下来"的打算。

---

① 卤簿：册簿，把车架次第和人员、装备规模、数量、等级形成文字的典籍。

　　与大多数父母一样，周永泰夫妇也十分重视儿子们的教育。
初时，周氏夫妇只是在家中亲自教导诸子读书识字。但随着儿子
们年龄稍长，夫妇二人逐渐意识到，单凭一己的知识传递和教育
是有局限的，因而有意要将诸子送往学校接受正规教育。值得指
出的是，在那个民智未开的年代，作为一介女流的周少岐母亲李
氏，竟提出了"现今世界中外交通商务日盛，西国语言文字最
为重要……令文辉（长子，即周少岐）与日辉（次子，即周荫
乔）学习西文，以应时势之需；而德辉（三子，即周卓凡）仍
从事中学"。如此，"诸子学问分途并进，他日学成皆可适用"
的观念，令人刮目相看。而李氏此想法更得到了丈夫的认同和
支持，最后可以付诸行动，并成了改变家族命运的关键一环。

　　与周寿臣及何东一样，年纪稍长的周少岐及二弟周荫乔在
父母的安排下，入读以西式办学为号召的中央书院，"学习西
学"，而他们在学校数年间不但学懂了中英双语，还对现代社会
及科技有了深刻的认识和掌握，并能洞悉世界发展的形势，因而
让他像获取重要"专业资历"般，毕业后成为各方争相聘用的对
象。周少岐兄弟与何东兄弟一样，日后既有相互合作，也能在商
界某些层面上各自发光发热。

　　值得指出的是，虽然不同资料均指周少岐及胞弟等曾就读于
中央书院，但他们可能属于"插班生"，在年纪较大时才入学。
在一份1878年刊登于政府宪报上的有关中央书院学生英语能力的
评估报告中，我们找不到周少岐及胞弟的名字，这表明在该年

份之前，周少岐也许尚未入学。该份报告显示，1878年的皇仁书
院，共有四百五十三名学生，不少日后成为显赫一时的人物，例
如何东、何福、何甘棠、陈启明及洪金城等。在全校学生中，
除了八名学生的名字因印刷问题无法看清楚外，其他均可识别
出来，当中只有五名学生姓"周"，他们分别是编号133的Chau
Yuk、编号161的Chau Shau、编号175的Chau Kap-fu、编号386的
Chau Ming-cho以及编号443的Chau Hing-ki，而这五人当时的年龄
除Chau Shau 十七岁外，其他四人均为十六岁。他们在中央书院
读书的年期分别是三年、两年、一年、七个月及一个月。英语能
力方面，除了Chau Kap-fu"能说流畅英语"（Speaks English with
considerable fluency）外，其他各人均"根本不能说懂得英语"
（Cannot be said to speak English at all）。简单而言，在1878年时，
周少岐应该不在该校求学，他极有可能在该年之后，即年纪已超
过十五岁时才入读中央书院。[1]

　　与今日不少出类拔萃的大学毕业生一样，那时在中央书院完
成学业后的周少岐，也碰上经济不景，事业受阻，在不同行业中
尝试立足，后来加入工作较有保障的政府（船政署），充当文书
及翻译工作才稳定下来。此职位既让他赚取稳定的工资，也使他
学懂不少与船务、保险及港口管理有关的知识，为周少岐日后从

――――――――

　　[1]　周少岐在中央书院求学的时间应该不长，甚至可能并不突出，因前皇仁
书院校长John Stokes在Queen's College: Its History, 1862-1987一书中多次提及他当
时只十分简单地指他是"皇仁旧生"而已。这一现象，反映周少岐可能在年纪较
长之时才以"插班"形式入读中央书院。

商议政——尤其参与船务保险生意以及出任立法局议员方面打下
坚实基础。

顺带一提，周少岐事业上崭露头角之际，其年事已高的父亲
周永泰选择于1886年离港返乡，安享晚年，但其母亲李氏则仍留
在香港，没有随同。虽然周永泰的举止在那个年代属于十分平常
之事，但李氏这次反而没有像三十年前般"夫唱妇随"，一同返
乡，则较为特别。因为当时社会的绝大多数移民，只视自己为
"过客"，香港只是他们的临时居所，他们最终必然会返回家
乡，落叶归根。不幸的是，李氏留港生活的决定，最后却遭来不
测之祸，悲剧告终，虽然那已是约三十年后的事了。

与周少岐一样生于1863年，日后又带领家族在香港奠下重要
基础的人物，还有李石朋（又名李佩材或李兴伟，即现在李国
宝、李国能祖父，香港仔兴伟工业中心便是以之命名，作为纪
念）。不过，无论是家庭背景、出生、成长、教育，乃至致富的
过程，李石朋与周少岐相比均有颇大不同。

据秦家骢（2002）在《香港名门：李氏家族传奇》一书中介
绍，李石朋父亲名叫李家成，祖籍鹤山维墩，生于1808年，家境
虽不富裕，但也并非一穷二白。而李家成在二十多岁时，父母已
按传统为他娶妻，到李家成约二十六岁时（即1834年前后），妻
子为他诞下长子李英材——即李石朋同父异母的长兄。

十九世纪五十年代初，可能受太平天国运动的影响，年近半
百的李家成毅然决定离开家乡，前往开设外贸港口十多年的香港

另辟天地。与周少岐父亲周永泰不同，李家成选择孤身上路，将太太及年近二十岁的儿子留在乡间。

在港期间，李家成曾与友人合创瑞成行，主要从事航运生意（轮船包租公司），并取得一定成绩，而存得一定财富的李家成，不但将之汇寄回乡、养妻活儿、买田买地，并为自己纳妾。妾侍于1859年和1863年分别为他再诞下两名儿子，年长的为李建材，年幼的是李佩材（即李石朋）。单从年龄上看，李英材较李建材及李石朋分别年长接近二十五岁和三十岁，差距甚大，而兄弟间又嫡庶有别，彼此感情不深，不难想象，就算是李石朋与同母胞兄李建材的关系，看来也没何东兄弟或周少岐兄弟般紧密，而这则是李石朋日后走上一条截然不同的人生道路，并遭遇不同家族问题的重点所在。

值得指出的是，在港经商期间的李家成，经常在鹤山与香港之间往来，家乡是他落叶归根之地，香港只被看作谋生暂住之所，"过客"心态强烈。到了十九世纪六十年代，李家成在某次回乡之时，感染风寒，之后一病不起，于1868年去世，并按其所愿葬于家乡。

李家成的丧礼过后，长兄李英材即把庶出的李建材和李石朋送到香港，交由在港的亲戚朋友抚养。当时二人年纪仍幼，只有约十岁和五岁。李英材将稚弟送走的背后原因不明，却颇有分家意味。在港生活十年之后，年约十五岁的李石朋被安排到瑞成行工作，职位称为"学徒"，算是开始踏足社会。

据说，在李石朋进入瑞成行当"学徒"前，其胞兄李建材早已"先行先试"，在五年前加入了瑞成行，工作职位同样是"学徒"，而李石朋兄弟进入父亲参与创办的公司，由低做起，表明了二人一方面与父亲生前生意伙伴仍有联系，二来则有继承父亲股份或位置的意味。在那个年代，对穷家孩子来说，年纪轻轻即被安排到店铺当学徒，贴补家计，并可学习一技之长，以便日后谋生，是十分普遍之事。

虽然有关少年时期李石朋生活的记录不多，但较常被引述的，则是他年幼时思想已相当成熟，头脑灵活，对社会形势有一定了解和分析。当"学徒"期间，李石朋常争取时间自学，增加知识，尤其曾表示要学好英文，因他知道"除非学好英语，否则无法进入由西方人主导的商业圈子"。可见他深刻了解学好英语以便利日后在香港开拓业务的关键意义。到了1880年，在瑞成行当了两年"学徒"的李石朋毅然选择暂停工作，入读刚允许录取华人学生的圣何塞书院（St Joseph's College），接受西式正规教育，学习英文。此时李石朋年约十七岁，竟然舍易从难，其眼光可谓十分独到。

姑且不论李石朋暂停工作，全心求学的真正原因何在，其"学好英文以便利生意发展"的看法，在日后便证明了他的正确，现在更是香港社会绝大多数家长们的共同选择。由于李石朋是在成年之时才进入圣何塞书院读书的，机会难得，因而十分珍惜，废寝忘食，自不待言。而他从学习所得的新知识及英语能力，则让他可以学以致用，在商场上更加可以自由驰骋、得心应手。

完成学习课程并掌握中英双语的李石朋，并没像周少岐般加入有铁饭碗保障的政府，也没像何东般成为买办，而是重返瑞成行。当然，由于那时的李石朋已非昔日的吴下阿蒙[①]，他的职位也不再是"学徒"，而是出任更重要的管理层角色。但是，李石朋重投瑞成行之初，由于香港经济处于低谷，需面对不少挑战。幸好，李石朋凭着个人聪敏才干，加上事业心强，以及早年在瑞成行当"学徒"期间从基层工作中磨炼的一身本领，对不同层面的生意运作了如指掌，因而能带领公司逐步走出困境。

随着香港经济复苏，瑞成行的业务也迅速反弹，公司生意盈利渐增，业务蒸蒸日上，其发展势头一直维持至十九世纪八十年代末期，之后受经济再次进入低迷期（当时香港正值开设外贸港口以来首次股灾）影响才逐步回落。其间，与他一直互相扶持的胞兄李建材，竟因病去世，终年只有约二十九岁。[②] 此一突如其来的重大打击，不但令李石朋感到伤悲，同时也明显改变了他人生的前进轨迹及生意的发展策略。

办理完胞兄的丧礼并将之送回家乡安葬后，据说李石朋做了多项重大生意或投资决定。一方面，李石朋出售家乡父亲留

①　吴下阿蒙：指三国吴之名将吕蒙，后用来讥缺少学识、文才者。
②　数据显示，李建材离世时，已娶有一妻一妾，并育有子女，反映他那时已拥有一定家财及地位。参考郑宏泰、黄绍伦. 女争. 香港：三联书店（香港）有限公司，2014

下的田产，另一方面则正值瑞成行业务走下坡之时，毅然退出
该公司，之后将手上所有资本投放到一家名叫南和行的公司
上。但新公司同样从事轮船包租的业务，只是其规模较细，并
没有本身的船队。转投新公司后，李石朋获聘为经理，据说业
务蒸蒸日上。

　　连串重大投资举动虽令李石朋的身家财富与日俱增，生意也
不断壮大，但家族内部同时却发生某些微妙变化——尤其是李石
朋与其兄长的儿子李作熊之间，后来演变成香港历史上第一宗因
为家族财产分配出现的纠纷，在无法私下达成令各方满意的解决
方案后，最终告上法庭，成为轰动一时的"争产案"，引起当时
社会的热烈讨论。

首次"楼灾"，"华洋"家族"大洗牌"

　　周寿臣、何东、周少岐及李石朋等人完成学业，走出校门投
身社会不久，香港社会即发生首次牵连甚广的地产泡沫破裂事件
（即今日俗称的"楼灾"），令经济环境一度十分沉寂，投资者
的信心疲不能兴。在此次"楼灾"中直接受到冲击，并蒙受巨大
亏损的，当然是泡沫破裂前以高价购入房产地皮的一群人，而避
过一劫，或者说有所得益的，应该是泡沫破裂前出货套现的一群
人。日后的数据显示，泡沫破裂前大举入货的主要是华人家族，

而出货的主要是洋人家族，洋人家族早获"先机"的传闻不胫而走，其清晰的结果则是"华洋"家族之间的财富在这次"楼灾"中进行了一次"大洗牌"。

地少山多、缺乏天然资源可说是香港人所共知的基本背景与局限。开设外贸港口后，一方面受大量"华洋"移民持续涌入的刺激，另一方面则受港英政府惜土如金、限制土地供应（即日后常说的"高地价"）政策的影响，香港地价及租金只升不跌几乎成为人尽皆知之事，而华人地区居住空间狭窄，人口稠密，更成为"街知巷闻"的"香港特色"。与黄胜（华人第二位立法局议员）在十九世纪六十年代一同在香港创立首份中文报纸《循环日报》的王韬，对香港的居住环境及生活空间有如下简洁而形象鲜明的介绍：

> 华民所居者率多小如蜗舍、密若蜂房。计一椽之赁，月必费十余金，故一屋中多者常至七八家，少亦二三家，同居异爨。寻丈之地，而一家之男妇老稚，眠食盥浴，咸聚处其中，有若蚕之于茧，蝼之蛰穴，非复人类所居。盖寸地寸金，其贵莫名，地球中当首推及之矣。①

正因"寸地寸金，其贵莫名"，不少"华洋"商贾均曾参与

---

① 引自王韬. 弢园文录外编. 上海：上海书店出版社，2002. 148

地产买卖，不但一般自住、投资络绎不绝，投机炒卖也异常活
跃。据历史爱好者鲁言的粗略推算，自轩尼诗上任到1881年的四
年内，租金升幅近六成。在上环永乐街的一栋楼宇，八年的租金
总收入，已等同该房地产的市值。换言之，如果有人愿意"置业
收租……八年便可以翻本（回本）"①。房地产投资回报率之
高，可想而知。

值得指出的是，自开设外贸港口始，土地买卖即被"华洋"
商贾认定是极具吸引力的投资，争相入市。但是，有两个重点与
今日不同：其一是那时的土地买卖，绝大多数不能利用银行贷款
的杠杆，"以小搏大"，而需一次全数付款（或分二至三次付
款，但时间差距只约数个月）；其二是那时的买卖不能像今天般
只买一两个单位，而是必须整片地皮或整栋楼宇做交易。因此，
在那个年代，无论是一般投资，或是投机炒卖，基本上只有那些
富商巨贾家族才能参与。

一方面是自十九世纪六十年代华南一带较有经济实力及有识
之士陆续移居香港，令香港华人人口素质改变，另一方面则是漂
洋海外的华工日众，带动了香港进出口贸易的不断发展，令华人
商贾的商业网及生意规模日渐扩大，身家财富随之水涨船高自不
待言。一如过去的"华洋"商贾一样，这些新致富者也将大部分
生意获利投放到房地产市场上，令其价格在七十年代末、八十年

---

① 鲁言. 香港掌故（第三集）. 香港：广角镜出版社，1981. 52～53

代初大幅上扬。

值得指出的是，这时期的房地产买卖，有一个十分突出的地方。卖方大多是洋人家族，而买方则多为华人家族。对于这个现象，《中国邮报》也这样描述："很多投资在物业上的资本，来自中国（华人）。但是，大家似乎认为本殖民地的高级官员们，很少会将资金花费在永久性的物业上。"① 也即是说，从这个一买一卖的过程中，土地迅速地由洋人家族之手转到华人家族之手，而资金则由华人家族之手流向洋人家族之手。

对于当时社会这个特殊的财富转移现象，轩尼诗在1881年6月的立法局会议上曾列举过去一年半的交易数字作说明，指由于华人经济实力日渐壮大，土地也很自然地流入他们的手里。他透露，在1880年1月1日至1881年5月11日期间，华人家族从洋人家族手中购入土地房产的金额高达一百七十一万零三十六元，从政府购入的有一万七千七百零五元，显示在上述时间内，华人合共购入价值一百七十二万七千七百四十一元的土地房产，而洋人在这段时期购入房产的总额则只有二十二万一千八百一十元而已。

一位读者曾在报刊上介绍"炒楼故事"，指楼市炽热之时，有三至二十位华人自组公司，再以公司名义进行房产买卖。就以一个价值三万元的房产为例，"小订"（签署意向书时的订金）约为四百元，"大订"（签署正式买卖合约时的订金）也只是

---

① 引文来自The China Mail（23 May 1881）

三千六百元左右。换言之，"首期"订金约为四千元，而正式成
交期则往往有六十天至九十天。如果在成交期结束之前，仍没法
转售房产，"买主订金"会被没收，他们虽有一些损失，但却不
用承担其他责任和债务。若在正式成交期内有买家承接，他们则
可轻易获得利润。[①] 在那个楼市"牛气冲天"的时候，华商们或
多或少地参与了这场"接火棒"的投资游戏，"炒"个不亦乐乎。

　　然而，这场"地产泡沫"最后终因市场出现"投资危机"而
迅速破裂，触发点则是1881年10月中，港英政府在军方和英商的
多番要求下，决定深入调查香港的公共卫生情况，并派出资深水
利专家翟域（O. Chadwick）来港，着手研究。当时，社会上有传
言指为了改善公共卫生的问题，政府计划取缔华人的楼宇。很多
华人闻讯，甚为惶恐。为怕手上的房产遭政府强行收回时变得一
文不值，投资血本无归，大家便一窝蜂地争相把房产抛售。这种
盲目的行为，使楼宇的价格如被推倒的骨牌般，一发不可收拾，
最终爆发了1882年的巨大"楼灾"。

　　这次华商败阵的最主要原因，明显是他们的政治后台不足。
由于少数欧商巨贾的影响力能深入港英政府，甚至英国伦敦的决
策核心，他们除了对政府的施政有很大影响力外，在信息掌握
上，当然也会"早人一步、占尽先机"。由于这些西商巨贾能

---

　　① 报道来自The China Mail（28 May 1881）。这种投资手法，与今日俗称
"摸货"的买卖如出一辙。巧妙之处是投资者利用草签协议至正式完成交易期间
的一段日子，低买高卖，从中获利。

掌握政府内部的消息，他们便能见风使舵、推波助澜，甚至化危为机。换言之，华商的失败，[①] 并不在于财力的弱强或经营的优劣，最重要的关键，在于政治后台的薄弱。作为香港的次等公民，华商实在很难跟那些与统治者有千丝万缕关系的洋商巨贾精英做正面交锋。

1882年"楼灾"导致的经济萧条、商业凋零，对不少市民打击巨大，有些企业甚至因此出现资金周转不灵，被迫关门。但是，这样的经济环境对于某些人而言，则反而成为磨炼意志、考验投资洞察力与测试能力的试金石。如果我们深入一点儿看看这时期在香港商场崛起的年轻一代，则不难发现，他们除了具备敢拼敢搏、积极进取及刻苦耐劳等性格外，还精通中英双语，对现代经济及国际商业环境有一定掌握。前文提及的周寿臣、何东、周少岐及李石朋，那时可谓风华正茂，此时的经历和见识，让他们一开眼界，了解了经济与投资规律或变量，日后也有助他们把握时代机遇、迎难而上，从而可以打下事业的重要基础。

先说周寿臣，他于十九世纪七十年代初获选拔为"大清留美幼童"，赴美学习，在1881年被指"举止洋化、囿于异学"（即指他们生活及举止变得太洋化），突然被清政府召唤回国。那时

---

① 在这次"楼灾"中，不少投机炒卖者因资不抵债而被迫破产，甚至被迫出走，早前提及的何福堂女婿（何启姐夫）——香港首位华人立法局议员伍廷芳，据说便是在这次"楼灾"中"亏损"，被迫离开香港这块"伤心地"，北上投于李鸿章门下，并在因缘际会下写下人生另一辉煌篇章。

周寿臣刚获得哥伦比亚大学录取，正踌躇满志，准备入学。面对清政府这一无法逆转的决定，他只好和其他大多数幼童一样，黯然回国①。回国后，他和一众留美幼童并没得到清政府的重视，只被安排到天津某部门的一个无关痛痒的工作岗位上，失落之情，不难理解。有鉴于工作岗位的投闲置散②，在"呆等"一段时间后，周寿臣决定离开天津，打道回府，计划回家乡另谋出路。

然而，由于他是"官费"留美的学生，出国前曾签下协议，答应学成后需归国报效清政府。他擅自离开，自然惊动了官府。清政府知悉周寿臣离开天津后取道上海，并仍身在上海，于是通知当地道台将他捉拿。结果，周寿臣与另一名同行留美幼童（林沛泉）一同被捕，在上海被拘留了几个月，饱受牢狱之灾，这成为初出茅庐时的重大打击。幸好，他生于香港，拥有"英国属土公民"的身份，因而可以寻求租界英国领事的协助，减少一些折磨或不人道对待。至于其他留美幼童（尤其是日后成为中华民国首任内阁总理的唐绍仪）给予的援手（留美幼童已形成了"旧生网"，彼此扶持），不但让他最终能够走出牢房，恢复自由，更获清政府派往朝鲜工作，参与在当地创立及管理海关的事务。

在朝鲜任职的数十年间，周寿臣既与同样获清政府派往当地任事的留美幼童如唐绍仪及梁如浩等合作无间，也结识了被清政

---

① 虽然那时的"留美幼童"已长大成人，并非幼童了，但学术界及社会仍称之"幼童"，我们也以此称之。
② 投闲置散：不被重视或不被任用。

府派驻朝鲜担任总指挥的袁世凯，彼此间不但建立起深厚的友谊，也因工作表现突出（尤其在处理清政府对外事务方面），令各人的仕途逐级而上，周寿臣更成为首位香港出生、国外受教育，然后服务清政府、担任官职的香港人。这一独特背景，成为他日后（1911年前后）辞官归故里后，获港英政府聘用出任要职的重要因素。

周寿臣在十九世纪八十年代初几经风雨却能排除各种困难的过程，与何东的遭遇可谓异曲同工。1879年，何东在中央书院完成学业。由于掌握中英双语，何东决定报考广东海关。虽然年纪是接受面试应聘人士中最年轻的，但他是唯一一位获得录用的。若论薪酬，海关的待遇无疑不错，但政府工作的因循呆板，又令何东觉得发展前景有限。因此，在海关工作一年多后，何东毅然辞去职务，转为出任渣甸洋行的助理买办，此一改变扭转了他个人及家族的命运。

不可不察的是，买办工作极为重视社会网、人脉关系及个人诚信。由于属于欧亚混血儿，样貌让人一看便知不是纯种华人，本身又与生父没往来，何东如何取得突破，建立个人及家族的社会网与人脉关系，从而踏上买办之路呢？姻亲关系看来是最主要的突破口，此关系日后更让家族不断壮大，形成一个跨越政商、涵盖"华洋"，且无边无际的买办家族网。

原来，何东胞姐（据说名叫何柏颜）在十九世纪末嫁作渣甸洋行买办蔡星南做侍妾，而蔡星南本身年纪已老，加上英语不太

灵光，洋行已计划将之撤换，他因而顺水推舟，推荐小舅子何东
到渣甸洋行的买办部门任职，并获得了洋行老板的接纳，令本来
"没有乡里纽带"的何东，获得了进入买办行列的机会。由于才
华出众，工作卖力，何东渐获老板信任，并于1882年获擢升为洋
行旗下香港火险及广东水险两家公司的助理买办，有了更多一展
所长的机会。但是，令何东事业能够更上层楼，成为渣甸洋行买
办，日后甚至担任总买办一职的，仍是依靠姻亲关系。何东在
十九世纪八十年代初娶了同属混血儿的麦秀英为妻，而麦秀英的
生父麦奇廉（Hector C. Maclean），则是渣甸洋行的高级职员（另
说是合伙人或管理人员），岳父的协助或担保，为何东打通更上
层楼的任督二脉，令其日后事业大放异彩。①

　　相对于周寿臣及何东在十九世纪八十年代初的逆境中锲而不
舍，最终崭露头角，周少岐和李石朋在那个年代的沉着踏实，对
目标毫不动摇的意志，似乎成为他们日后走上成功道路的关键。
综合各方资料，香港经济十分低迷之时，年约十九岁（1882年）
的周少岐刚毕业，初时加入Wootton and Deacon Solicitors（胡顿的
近律师楼），担任初级文员。今天看来，这职位很低，待遇也不
佳，但周少岐明显并没沮丧，而是保持不断学习与拼搏精神。

----

　　①　《政府宪报》（*Government Gazette*）公布的"陪审员名单"（jurors
list）显示，何东于1884-1886年被任命为陪审员，其登记的身份为"渣甸洋行
文员"（Clerk of Jardine Matheson & Co.）。到了1887年，何东晋升为"特别陪审
员"（special juror），登记职位则是"渣甸洋行助理买办"（Assistant comprador
of Jardine Matheson & Co.）。

不久，香港经济渐好，周少岐转投国家医院（Government Civil Hospital，即现时的赞育医院），担任通信文员一职，再之后则转投船政署，接触船务及进出口贸易事务，并从这个工作岗位中积累贸易及船务知识，以及建立个人社会人脉，日后可以利用这些人脉关系与其他华人商业精英如招雨田、卢佐臣、陈春泉等合股创立船务、银行及保险公司等，在香港商界发光发热。

周少岐刚毕业时碰到的经济低迷，李石朋同样也遇上。在圣何塞书院完成英语训练课程后，李石朋并没加入政府或到外资大行工作，而是重投瑞成行。由于学历提升，重投瑞成行时的李石朋，获擢升到管理层。但他需面对经济萧条这重大考验，要在节省开支、开拓业务方面绞尽脑汁。对于种种挑战，精明干练的李石朋看来能够沉着应战，尤其能在开拓瑞成行航线及服务方面取得突破。一方面，他将瑞成行提供的航线由原来只集中于港穗（珠三角）一带服务扩展到南洋一带——尤其是越南西贡；另一方面则扩大运载货物的种类。这两项扩展策略，日后更成为李石朋重点发展的业务，为其带来巨大利润。

扼要地说，正因李石朋面对逆境时不退缩、懂应变，甚至懂得把握时机，趁股票或土地价格低沉时大举吸纳，令家族财富日后可随着经济逐步走出谷底而上升，至于企业挨过低潮后的重展升浪，又进一步强化家族的实力。所以到了十九世纪八十年代中，李石朋便可成家立室，买田置业，走上了人生与事业的另一重要台阶。

股市兴旺与金融家族的诞生

香港成为华人社会的特殊发展个案，走上了与中国内地不同的资本主义道路，更发展成国际性区域金融中心，其核心所在，虽带有浓烈的历史偶遇和巧合意味，但无数"华洋"家族从跌跌碰碰的道路上爬起，努力完善相关法规及制度的举动，同样不容抹煞。至于股票市场有助家族积聚及壮大财富的特点，则使香港变成了孕育富豪的摇篮。

如前文提及，香港被英国殖民统治后不久，洋行老板即兴建货仓码头、轮船燃气，以及发展银行保险等业务，将早已在欧美流行的借发行公司股份（即今天的股票）以筹集资金的方法移植进来。至于1865年颁布的首套公司法例（简称《1865年公司条例》），便为公司股份的买卖与流通扫除障碍。汇丰银行、香港火烛保险、香港黄埔船坞、粤港澳轮船及香港大酒店等，便是十九世纪六七十年代"上市"（当时无须像今天般需通过"上市"程序，只是须注册登记为有限公司或称"合股公司"）的著名企业。

由于利用发行公司股份以筹集资金的现代资本主义金融制度，在欧美已发展了不短的时间，洋商巨贾对此已相当熟识，自不待言。因此，在引入香港之初，占据着主导地位，充当股票经纪人一职的，更清一色全是洋人，华人华商则只能依附其上，追随其后，向其取经学习。今日我们仍不感陌生的遮打（Chater）

家族、砵士（Potts）家族以及施文（Zimmern）家族等，便是其中一些经纪人世家（参考本书其他章节之讨论）。其家族财富随着股票市场的不断发展而日见丰裕，在社会的影响力也日增。

开设外贸港口之初，英资商人虽然已迫不及待地引入借发行公司股票以筹集资金的方式，但因当时投资环境诡异多变、风险极高而未能获得预期效果，而经济底子薄弱及银行服务不多等，也窒碍了股票的买卖和交易。经过近四十年的不断发展，到了十九世纪八十年代，一方面是人口及民间财富持续累积，另一方面则是银行服务渐多，各种投资机遇不断涌现，因而利用发行股票以筹集资金的方法再次受到重视。当有消息指个别企业集资成功，其业绩表现理想又令投资者获利丰厚时，不但企业"上市"成风，急欲将手上资金投放到股票买卖之中者也日众。

一些今日我们或者已经并不认识的公司，例如香港雪厂（Hong Kong Ice & Cold Storage，1880年成立）、吕宋糖厂（Luzon Sugar Refinery，1882年成立）、中华马尼拉气船（China Manila Steamship，1883年成立）、香港制绳有限公司（Hong Kong Rope Manufacturing，1884年成立）、霹雳采矿（Perak Tin Mining，1883年成立）、雪兰莪采矿（Selangor Tin Mining，1884年成立）、彭湛采矿（Punjom & Sunghie Mining，1886年成立）等，是先后以有限公司形式注册为"公众公司"，为香港经济注入强劲的发展动力。至于这些公司的控股家族，除了极为显赫的渣甸及麦地臣家族、太古家族，还有沙逊（Sassoon）家族、么地

（Mody）家族、嘉道理（Kadoorie）家族、比理罗士（Belillois）家族及史云（Shewan）家族等，他们的身家财富便因公司股价不断攀升而水涨船高。

就以几家较具代表性的企业为例，在1877年12月31日，汇丰银行的股票为每股溢价58%，香港火烛保险为每股六百八十五元，香港黄埔船坞为每股折让4%，粤港澳轮船为每股折让16%，而香港大酒店为每股五十八元。企业之间的股份既有溢价也有折让，显示企业有盈有亏，表现仍不算理想。到了1882年12月26日，汇丰银行每股溢价为163%，香港火烛保险每股溢价为一千一百二十五元，香港黄埔船坞每股溢价为53%，而粤港澳轮船公司则早已摆脱折让局面，每股作价一百零七元，香港大酒店的股价也上升至每股一百二十五元的水平。[1]

四年后的1886年12月31日，汇丰银行除了发行股份由1882年的四万股上升至六万股外，股价仍可保留在165%的溢价水平；香港火烛保险的发行股份由1882年的两千股增加至八千股，股价虽跌至四百二十七点五元，但整体股价则上升了；香港黄埔船坞的股份由1882年的一万股增加至一万两千五百股，股份仍有123%的溢价；粤港澳轮船公司反而表现没有其他公司出色，在发行股份没有增减的情况下（仍为八千股），股价只轻微上升至溢价83%；至于香港大酒店的发行股份则由1882年的两千股上升至

---

[1]　资料引自The China Mail（26 December 1882）的股价行情报道。

三千股，每股收市价为一百九十五元。

十九世纪八十年代香港经济由低迷走向兴旺，股票市场的推动作用明显不容低估。不少家族将企业注册成有限公司，让企业运作接受政府及公众更严格的监管，以换取股票在市场上更自由的买卖，这意味着本来只属"私领域"的私人企业，开始走向"公领域"成为公众监管下的公司。这种发展格局，一方面反映出个别家族的命运已经全面地与香港经济融为一体，另一方面则表示他们已经可以利用他人口袋的钱筹划更长远、规模也更大的生意项目。至于股票市场能够集结零散公众资金，从而支持企业及经济建设的特点，则成为日后香港经济长期保持活力的重要原因。

股票市场发展之初，华人和华商明显对股票市场的运作，尤其出任经纪人之职一知半解，因而难以参与其中。之后，随着接触日多、认识增加，部分"先富起来"并与洋人有较多接触的华人家族，逐渐以"附股"方式投资其中，李升家族、莫仕扬家族及梁安家族等，因购入不少洋行股票曾获任为董事。在董事会中，虽然他们的影响力有限，但他们日后每每从生意中获利后，即以部分资本购入股票，此举不但使他们的持股量不断增加、影响力日大，身家财富也随着企业发展不断壮大。

同样需要注意的是，部分华商不久便能掌握上市集资的窍门，并依葫芦画瓢地组织有限公司，筹集资本、拓展商机。其行动不但为家族自身带来更多财富，还让他们在金融资本的支

持下得以不断壮大，日后更能与洋人家族平分秋色，较一日之
长短。部分财力日壮的华人家族，之后更效仿洋人举措，创办
证券经纪行、保险公司及现代银行等，一步一个脚印地走向金
融业的核心。

历史经验告诉我们，经济发展总是跟随一定规律与周期，有
兴必有衰，有升便有跌。香港经济自开设外贸港口后的起替兴
落、不断发展，周而复始地沿着生长、兴起、成熟、衰退，然后
复苏的轨迹前进。十九世纪七十年代末的经济一片兴旺、楼市炽
热，最终引发了八十年代初的"楼灾"，之后则是经济低迷、百
业萧条。到了八十年代末，在进出口贸易持续增长的带动下，经
济重拾升浪，并再次显得欣欣向荣，其中的股票市场更出现了前
所未见的良好发展势头，既刺激了经济的增长，也孕育了不少金
融家族和投资人才，使他们跃升为香港商业的核心力量。

港英政府呈报立法局的数据显示，在1879年9月底，全港注
册公司的总值有三千九百三十八万元，十年后的1889年9月底，
总值上升至六千三百九十二万一千七百元，升幅达62.3%。这个
亮丽的数据，既说明企业市值的节节上升，也反映了公众公司数
目的同步急增。进一步的数据则显示，在十九世纪八十年代末，
不少"华洋"家族趁着股票市场的繁荣态势呼朋引友，创立合股
公司，开拓业务。

其中的重要例子包括1887年创立的牛奶公司（Dairy Farm）、
香港九龙货仓（Hong Kong & Kowloon Wharf & Godown），1888

年创立的东京法商煤矿（Societe Francaise des Charbonnages du
Tonkin）、堪富利士产业（Humphrey's Estate & Finance）、蒸
汽航运（Steam Launch），以及1889年创立的香港置地及代理
（Hong Kong Land Investment）、宝莫路金矿（Balmoral Gold
Mining）、林墨种植（Lamag Planting）、山顶酒店（Peak Hotel）
及香港电灯（Hong Kong Electric）等。

对于这时期企业纷纷上市集资的情况，港督德辅（George W.
Des Voeux，任期1887年–1891年）在1889年致函英国政府大臣诺
士佛伯爵（Lord Knutsford）的文件中也有提及。由于描述可加深
我们对当时股票市场急速发展和"华洋"家族实力转变的粗略认
识，引述如下：

> 近年来……本地资金组成的合股公司数目，正在不断增
> 加。在此，值得我们注意的，是华人首次与欧人一样大举认
> 购股票。从1888年起，香港已有35家公众公司成立，他们的
> 总资本额高达9 508 475元，这些投资散布于本港的地产、制
> 造业、贸易以及马来半岛、婆罗洲和东京（越南）等采矿和
> 种植企业上。由于需求强大，很多大型公众公司股票的数
> 量，根本不足应付。[①]

综合而言，这段时期股票市场的蓬勃发展，带出如下三个重

---

① 引自Endacott. G.B，1964. 153.

要课题：

其一是香港经济结构由过往的进出口贸易独大逐渐转为多元多面：地产投资与制造业等开始发展起来。

其二是金融力量与资本的逐渐凝聚，并逐步迈向作为区域金融中心的目标，因不少种植及采矿等企业，其实来自南洋及印度一带。

其三是富裕华人家族（那些掌握中英双语并与洋人有较多接触者）利用股票市场进行投资的买卖渐兴，一方面显示他们已经掌握了股票市场的操作方法，另一方面则说明他们能够利用金融力量壮大本身力量。

毫无疑问，股票市场的健康发展确实有助于推动经济前进、社会建设和民间财富有效积聚，但那时的交易，却因制度尚未完善和欠缺监管而产生连串不规则的行为，最终因市场势态逆转触发了巨大"股灾"。到底股票市场是如何产生财富积聚及转移的效果呢？对不同家族的发展又带来何种影响呢？

深入研究发现，十九世纪八十年代后期的股票市场虽已开始升温，但仍未形成巨大泡沫。进入1889年1月，市场流传着印度商人么地（Hormusjee N. Mody，尖沙咀的么地道就是以他命名）因买卖股票得法获巨利达十二万元的消息，这在社会中极为轰动，不少投资者因而一窝蜂似地涌进股票市场。其间，各种有利刺激股价上扬的消息又接踵而来，包括采矿公司的矿场发现含金量高的矿产、航运公司盈利丰厚等。

受到这些消息的刺激，不少公众公司的股价大幅飙升。比如东京法商煤矿，1889年1月底为溢价100%，3月底则急速升至315%，增幅达三倍多；4月底，改为实质报价（报价），每股作价六百七十五元；5月底，上升至七百五十元。蒸汽航运业务开启后，股价反复下滑，1888年12月底的股价为每股折让20%，1889年1月初，股价由折让转为溢价，同月中和月底，分别飙升至溢价50%和75%。[1] 随着股价倍升，不少控股家族的财富迅速暴增。

由于受到各种消息的左右，相关股票价格暴升急跌可谓意料中事。但重要的问题是，由于香港高举自由贸易旗帜，对市场监管不多，这样便使部分股票经纪人与企业管理层的人员有机可乘，利用公司内部数据进行炒作，甚至操控交易，像赌博一样买卖，与买卖股票作为投资的原则相违背。举例说，早前提及的史云家族，[2] 便因操纵股票交易而被法庭审讯指控。

法庭的数据显示，家族的核心成员（罗拔及威廉两兄弟），原来共持有香港制绳有限公司四成股份，而他们又身处旗昌洋行的管理层，而旗昌洋行则是制绳有限公司的母公司，因而被指对制绳有限公司的发展了如指掌。进一步的资料还揭露，制绳有限

---

[1] 详细股价变动，请参阅1889年至1890年The Hong Kong Telegraph的报道。

[2] 家族灵魂人物为罗拔·史云（Robert G. Shewan），1860年生，苏格兰人，1881年来港，加入旗昌洋行，参与创立香港麻缆厂。后与友人创立Shewan, Tomes & Co.，再以该洋行为主力，牵头创立青洲英坭、中华电力及山打根电力等公司，并曾获委任为立法局议员，在政商界显赫一时。

公司于1884年创立时，每股股价只是五十元，其间表现一直不理想，1888年3月公布的业绩更显示公司存在亏损，令股价下跌至四十九元的水平。但到了6月份，股价则突然飙升至六十三元，年底更达七十七元。1889年2月11日，股价升至一百二十元，而翌日更惊人地升至两百五十元的水平，令人咂舌。

接着，市场传出制绳有限公司的原料（麻草）大幅上涨，但相关公司早前已经以低廉成本大量购入麻草的消息。因此，史云家族被指控利用麻缆厂内部数据炒卖股票以获厚利、积聚财富。以下让我们引述一段对史云家族操控股价的评论，作为股票市场容易受到有心人操控的注脚：

> 从法庭的审问中，我们看到罗拔·史云每天均大量出售股票，然后又在同一日内以同样价钱购入相同数量的股票，这种交易很自然地会使人联想到有人在制造虚假成交纪录的印象，这种手法很难说是没有目的的⋯⋯也很难让人在法庭上不得不想象这种行为的企图。[1]

首次"股灾"，家族财富大转移

十九世纪八十年代后期香港股票市场的一片繁荣，吸引了不

---

[1]　引自The Hong Kong Telegraph（12 July 1889）的社论。

少"华洋"家族争相创立公众公司，借筹集公众资本以拓展业务，而公众投资者则因受股票价格日涨所诱，纷纷将手中储蓄投放到股票市场。一时间，社会出现一股"炒股为业"的风气。然而，过于炽热的股票炒卖，不久即形成了泡沫，部分投资大户及股票经纪人更暗中勾结，最后导致了香港开设外贸港口以来的首次"股灾"，小投资者蒙受了巨大损失，连带商业制度也备受冲击。事件后的制度重建，加强监察，以及业界为着自保自律而创立了股票交易所等，则成为香港发展为区域金融中心的开端。

股市泡沫由膨胀至破裂期间，股票价格的变动到底有多疯狂呢？以下让我们列举一些例子作说明。香港火烛保险在1888年底的股价为三百八十五元，之后逐年下滑至1892年的两百六十元。中华糖厂在1889年6月底的股价为二百九十五元，1892年6月下降至一百二十元，之后才略为上升至同年年底的一百五十元。香港九龙货仓在1889年12月底的价格为九十九元，之后逐步回落至1892年的四十五元。山顶缆车在高峰期溢价为250%，即三百五十元，之后逐步下降至1889年底的两百元及1890年的八十五元，到1891年及1892年，股价更分别跌至六十五元及五十六元。彭湛采矿在1889年6月底为三十三元，1892年下降至零点八元，同年年底才略为回升至五元。香港大酒店在1889年6月底为两百四十元，之后逐步下滑至两百元（1890年6月）、六十元（1891年6月底）及二十五元（1892年6月底）。香港置地在1889年6月底时为一百三十三元，1892年12月底则为五十八元。至于香港电灯在1889年12月为八点五元，到1892年12月底则下降至只有二点二五元。

股市泡沫破裂后出现了连串因为交易违约而产生的法律诉讼案件，例如轰动一时的"砵士控卢斯唐治案"（G.F. Potts vs S. Rustomjee）和"彭德控林宝案"（C. Brandt vs F. Grimble）等，其中的"何添控戴奎诺案"（Ho Tim vs J. d'Aquino）及"彭德控黄丽胜案"（C. Brandt vs Wong Lai-shing）则与新崛起的华人精英有关。这里的何添是何福堂次子（何启胞兄）何神添，而黄丽胜应该是香港第二位华人立法局议员黄胜。黄胜有否在股市中"失手"？我们难以获得进一步资料作说明，但何添的情况则有一些佐证。

据蔡永业介绍，何添原在政府任职翻译（因掌握中英双语），后转为房地产经纪人，并形容他为"一位大投机者"（a big speculator），在1881年的地产泡沫中失手，破产后转到广州生活，日后才回到香港，1907年或1908年去世。但若从"何添控戴奎诺案"的内情看，何添在股市一片繁荣时再次投身于炒卖浪潮中，但结果却因泡沫破裂打回原形，据说何添去世时一贫如洗。

由于那个年代没有防止内幕交易及操控股价等法例，所以即使不少案件的审讯牵扯出有人垄断市场、操控股价，可执法部门只能无可奈何，不能执行检控。如果我们撇除法律争拗不谈，只从股市急速回落导致的账面财富收缩及转移角度入手，则不难发现，事件确实令香港社会的整体财富锐减，但不同家族财富的此消彼长，则明显影响了他们日后的发展。

简单而言，有些家族或投资者因为"高价接货"亏损严重，其在社会上的影响力日渐式微。但有些家族或投资者则因"高价出货"赚取巨利，并可利用这些资金在经济低迷、股价低沉时"执平货"（购得廉价货），在随后的年代甚至可以更上一层楼，在社会上发挥更大的影响力。撇开洋人家族的财富在这次"股灾"中的影响不大，只集中谈谈在十九世纪七八十年代刚刚踏足社会的何东、周少岐及李石朋等人，研究他们在八九十年代股票市场暴升急跌之后的情况，更可以粗略地看到他们在投资方面的过人之处。

纵使我们花了很大力气以搜集"股灾"期间"华洋"家族投资买卖股票的资料，但仍无法全面掌握当中的来龙去脉和转变。虽然如此，某些零散的数据和记录，多少可作为间接说明和反映。就以何东为例，他在八十年代末九十年代中期之间，出现了职位与财富同步开升的情况，显示"股灾"不但没有削弱其实力，反而令其更为壮大。两项指标可以作为说明：其一是职位方面，其二是家族财富方面。前者反映在何东由原来是渣甸洋行"文员"（1884–1886），于1887年晋升为助理买办，然后在1895年擢升为买办，成为香港龙头洋行里一位十分重要的人物。后者则反映何东本人在1892年前后担任香港酒店的董事，其胞弟何福则出任蒸汽航运的董事及更高职位。粗略而言，何东家族的实力在十年间的不断壮大，可能与他们能在股票市场一片火热之时乘时而起，并洞悉市场先机，在股灾爆发前"散货离场"有关。

相对于何东家族，李石朋家族在"股灾"前后又有何种重大发展呢？据秦家骢记述，李石朋曾在1888年离港返回家乡鹤山，原因是办理胞兄李建材的丧礼，并指"李建材死时已经破产，还向李石朋和其他人举贷。李石朋不仅帮兄长偿还了债务，承担丧礼的花费……（还）每月寄钱回去维持兄长全家人的生活"①。在家乡办理好胞兄的丧礼回到香港后，李石朋"离开了瑞成公司，其时瑞成正陷于财政困境之中。1891年，他将自己的资金投资到一间名叫'南和'的租船公司，并当上经理"。为了说明李石朋在八十年代末九十年代初的身家财富日丰，秦家骢还做出了如下补充：

1899年，李石朋纳了一房妾。当时，纳妾在某种程度上是男人成功的象征，因为这表明他可以养活多名妻子和成群的孩子……纳妾意味着扩大了家庭的规模。李石朋在离文咸街不远的永乐街115号找到间大公寓，李家在那里住了6年……几年后，李石朋纳了第二房妾侍……又一次纳妾意味着又一次搬家，这次搬到了永乐街81号。

单从这些资料看，当胞兄乃至瑞成行均陷于财政困窘之时，李石朋本身的生意及投资不但丝毫无损，还更趋壮大，因而才能接二连三地纳妾和置业，这种转变，同样可以作为李石朋能在波

① 引自秦家骢. 香港名门：李氏家族传奇. 蒙宪、蒙钢（译）. 香港：明窗出版社有限公司，2002. 21

谲云诡的投资环境中破浪前进的注脚。

相对于何东和李石朋，在政府部门任职的周少岐，属于"打工仔"一族，身家财富明显并没太大变化。虽然如此，其人生和事业却同样发生了重大变化。数据显示，在船政署任职数年的周少岐，大约在1890年前后被私人公司"挖角"，并最终选择放弃了船政署的安稳工作，加入了万安保险有限公司，担任公司秘书的职位。由于拥有多年政府工作处理与船务及保险等方面的经验，周少岐在私人公司的工作显然取得了不错的进展。这种情况，一方面反映了其担任的公司业务不断发展壮大，另一方面则反映在周少岐不久便获得华人商业精英如招雨田、陈春泉和卢佐臣等赏识，获邀成为合伙人，共同创立其他航运和保险等公司。[1]

概括而言，香港股票市场在十九世纪八十年代末九十年代初的风起云涌，令不少企业和家族的财富暴升急跌，同时也令社会财富分配发生变化。部分"看错市"的投资者在"股灾"中蒙受巨大亏损，甚至承受灭顶之灾；而部分能够洞悉市场发展脉搏的投资者则能大显身手，利用其"高沽低汲"的投资技巧积聚巨大

---

[1]　1899年，周少岐获选为陪审员（其时的名字为周祥发，英文名字为Chau Tseung Fat），所报的职业则是全安火险有限公司秘书，公司地址为皇后大道西8号。其他各种数据更显示，元安轮船有限公司的地址也在皇后大道西8号，万安保险有限公司则在皇后大道西2号，而周少岐则一直持有这三家公司的股份，并由他出任公司秘书及经理等职位。相关数据可参考郑紫灿（编）. 香港中华商业交通人名指南录. 香港：编者自刊，1915. 另外，也可参考周德辉. 石龙周氏家谱. 香港：商务印书馆，1926

财富，这使他们日后能在香港的商业舞台上发光发亮，书写传奇。

值得注意的是，十九世纪八九十年代之交，在股票市场暴升急跌期间，部分像何东或李石朋般投资目光极为独到的投资者，虽能在巨风急浪中大显身手，施展才能，但社会上的绝大多数人士则明显没有那种能耐，因而只能被巨浪吞噬（例如何启胞兄何神添），在股海中沉溺，在香港市场的投资信心被削弱。至于随后的经济低迷，投资气氛疲不能兴，更令不少市民被迫承受失业与生活质量下降的煎熬。

针对股市热火朝天时期部分股票经纪人与公众公司管理层为了一己私利兴风作浪，漠视小投资者利益，削弱市场投资信心，影响金融市场发展的情况，社会上部分具有良知和正义感的商业精英自然感到厌恶，因而希望政府能收紧股票交易的法例，堵塞漏洞，防止事件重演，让投资者可重拾信心，企业得以健康发展。其中的关键人物，则是身兼立法局非官守议员（即并非政府官员而由港督委任进入立法局的议员）的渣甸洋行老板占士·凯瑟克（James J. Keswick），他是继威廉·渣甸和占士·麦地臣创业一代之后渣甸洋行的第二代领导人，是香港扎根较久的世家大族之中最重要的代表。

数据显示，股灾之时，占士·凯瑟克已于1890年7月在立法局内提出私人草案，借以收紧股票交易，尤其是针对"议价时间"（出现买空卖空行为）的手续，其举动不但获得了港英政府的默许，更获得立法局内另一名非官守议员遮打（Catchick Paul

Chater）的支持。后者尤其值得重视，是因为他的出身是股票经纪人，家族在行内颇具影响力，而他则在占士·凯瑟克提议修改法例时以和议人身份为修改法例提供支持。

虽然如此，草案提出后，即引起连串激烈辩论和异议。更为耐人寻味的是，遮打虽然属草案的和议人，但他在多场辩论场合和审议法例过程中缺席，反而在另一场合中若隐若现地出现，与倡议修改法例者唱反调，认为法例的修改，确实有违香港利伯维尔场的原则，甚至支持从业者以抗争手段维护权益，显示一直让人觉得高度团结、利益一致的洋人家族，其实并非铁板一块，而是各为利益，各有盘算。①

这次修改法例的事件如何在洋人圈子中闹得沸沸扬扬呢？过程又是怎样峰回路转呢？又牵扯出洋人家族之间何种纠缠复杂的关系呢？之后又产生了何种社会效果呢？经抽丝剥茧后，我们可以较为清晰地看到，支持收紧法例的，属于在香港扎根较久，在各个层面占据主导地位的洋人旧家族，而反对收紧法例的，则属新崛起的洋人家族。简单来说，扎根已久的洋人大家族，希望抑压投机行为，以免家族控股的公司在股价遭到"舞高弄低"的过程中成为最后的"买单者"，影响公司长远发展。但新

---

① 洋人之间存在矛盾虽非什么新鲜事物，但以这次尤为激烈。数据显示，在此之前，港督戴维斯（John F. Davis，任期1844年–1848年）曾与部分洋人家族发生冲突，闹得极不愉快，最后导致港督本人的黯然离职。这次的情况则不同，港英政府原则上持中立态度，矛盾双方乃利益各有不同的洋人新旧家族。

崛起的洋人家族——尤其那些在做买卖过程中获利的股票经纪人，则表示反对，指责新法例违反香港利伯维尔场的原则。

对于双方各执一词，港英政府在处理时明显不敢掉以轻心，因而曾多次致函英国政府，一来报告情况，二来咨询意见及指示。英国政府初期的回复是"非官守议员必须同意"（the unofficial members should agree to it），令港英政府一度失去推动立法的意志和信心。但不久再收到英国政府的通知，表示"不再坚持一致同意"（did not insist upon absolute unanimity），[1] 港英政府于是着手安排法例二读程序。

注意到立法行动如箭在弦，反对者于是着手策划应对之道，其中的重要举动，是于1891年3月2日宣布联合大部分股票经纪行，成立香港股票经纪协会（The Sharebrokers' Association of Hong Kong，即今日香港交易所的前身。此交易所的成长其实经历多次重大转变，有关此点，往后将会详谈），集合力量与倡议立法者抗衡。值得指出的重点是，在那批签署（发起）总数高达二十一家的经纪行中，遮打华尔浓经纪行（Chater & Vernon, Share & General Broker）排名居首，而遮打本人则被推举为首任主席，这

---

[1] 当时立法局中有5名非官守议员，分别是占士·凯瑟克、遮打、何启、赖理（Phineas Ryrie）及韦黑德（Thomas H. Whitehead）。对于这五人的投票意向，港英政府的评估是，提议人及和议人当然不会反对，何启代表华人社会，也不会反对，赖理是端纳洋行代表，属于旧家族势力，也应支持修紧法例，只有韦黑德较没把握，因他代表香港总商会（本身任职渣打银行），而该会会员则由新崛起洋人商业精英主导，所以港英政府认为韦黑德应持反对立场。

便令其早前和议占士·凯瑟克提倡收紧法例的举止前后矛盾。

在1891年6月19日的草案进入二读之前，遮打离港赴英，这既意味着他既缺席于立法局的多场辩论，也表明他并没直接参与香港股票经纪协会的连串抗争，其举动令事件的发展显得更加扑朔迷离。为了表达协会对立法的异议，该会不惜重金礼聘资深大律师法兰斯（J.J. Francis）到立法局，申明立场，力陈反对理据，指斥相关的法例修改，有违香港利伯维尔场的传统，会影响经营环境。但坚持立法的一方则指，新法例不会窒碍正当交易，它只是针对买空卖空的赌博行为，因为新法例只要求买卖时加入买卖者的姓名及数目，也即确认身份，防止有人以假乱真而已。由于大部分议员认同所修改的并没违背自由交易的传统及精神，二读获得通过。

接着的7月24日，草案进入三读。虽然仍有不同声音提出，尤其是韦黑德，他曾表示新法案争议太大，影响深远，希望政府可再给三个月时间，重新咨询社会和业界，但提议并没得到接纳。由于议会对法案有不同声音，主席要求全体议员投票表决法例去留，并在九票支持、一票反对（韦黑德）的情况下通过，成为正式法律，是为《1891年第15条》（No. 15 of 1891），并随即宣布在同年10月1日生效。

对于抗议行动落败告终，新崛起的洋人家族当然感到失望，但仍锲而不舍地反对到底。1891年9月2日，股票经纪人协会与香港总商会发起联署，收集了约一百五十个机构或个人（当中一百一十五家机构或独立人士来自洋人社会，三十三家机构或个人来自华人社会）的签名，交给港英政府转呈英女王，要求她运用宪法给予的权力，禁止生效（按英国律法，所有殖民法例在立法局通过后，需形式上得到王室的批准，才能生效）。当然，一如所料，英女王并没接纳请求，而是按惯例宣布法律如期生效。

毫无疑问，股票市场的发展，为社会制造更多发财致富的机会，不少人从中获利崛起，但不少人却因之"失手"。获利者希望维持原来的游戏规则，再下一城，"失手"者希望将规则修改，以免继续处于下风，两者实在不难理解。有趣的问题是，十九世纪九十年代之初的那次修改法例争议，一方面揭露了洋人新旧家族之间其实并非团结一致，而是各为利益、各有盘算的；另一方面则反映了作为新崛起的家族，但同时又已走进洋人社会核心的遮打，其行为举止既有多方押注的色彩，又有左右逢源的意味，因而能够做到面面俱到，不得罪任何一方。这或者正是他能在那个年代白手兴家、迅速崛起，并且显赫一时的核心所在。

◆ 参考文献

1 考容闳. 西学东渐记. 载钟叔河（编）. 走向世界丛书. 长沙：岳麓书社，1985. 9～182

2 郑宏泰、周振威. 香港大老：周寿臣. 香港：三联书店（香港）有限公司，2006

3 郑宏泰、黄绍伦. 何家女子：三代妇女传奇. 香港：三联书店（香港）有限公司，2010；Ho, E.P., *Tracing My Children's Lineage*, Hong Kong: Hong Kong Institute for the Humanities and Social Sciences, University of Hong Kong，2010

4 郑宏泰、黄绍伦. 香港大老：何东. 香港：三联书店（香港）有限公司，2007

5 Smith, C.T., *Compradores of the Hong Kong Bank*. In Frank H.H. King（ed.）*Eastern Banking Essays in the History of the Hong Kong & Shanghai Banking Corporation*. London: Athlone Press，1983. 93~111

6 周德辉. 石龙周氏家谱. 香港：商务印书馆，1926

7 *The Hong Kong Government Gazette*. Hong Kong: Hong Kong Government Printer，4 May 1978. 231~236

8 秦家骢. 香港名门：李氏家族传奇. 蒙宪、蒙钢（译），香港：明窗出版社有限公司，2002

9 Ernest J. Eitel, *Europe in China*, Hong Kong: Oxford University Press，1983

10 黄仁宇. 资本主义与廿一世纪. 台北：联经出版事业公司，1991

11 郑宏泰、黄绍伦. 香港股史：1841–1997. 香港：三联书店（香港）有限公司，2006

12 Endacott,G.B., *An Eastern Entrepot: A Collection of Documents Illustrating the History of Hong Kong*. London: Her

Majesty's Stationery Office，1964. 153

13 郑宏泰、黄绍伦. 香港股史：1841-1997. 香港：三联书店（香港）有限公司，2006

14 *The Hong Kong Telegraph*（23 January 1889）有关股市行情的报道

15 1889至1892年间*The Hong Kong Telegraph*内的《股市行情》栏目

16 郑宏泰、黄绍伦. 香港股史：1841-1997. 香港：三联书店（香港）有限公司，2006

17 Choa, G.H., *The Life and Times of Sir Kai Ho Kai*（*2nd edition*），Hong Kong: The Chinese University Press，2000

18 *The Hongkong Directory and Hong List for the Far East for 1893*. Hong Kong: Fraser-Smith.

19 秦家骢. 香港名门：李氏家族传奇. 蒙宪、蒙钢（译）. 香港：明窗出版社有限公司，2002. 12~13

20 Barrie, R. and Tricker, G., *Shares in Hong Kong: One Hundred Years of Stock Exchange Trading*, Hong Kong: The Stock Exchange of Hong Kong Limited，1991

21 郑宏泰、黄绍伦. 香港股史：1841-1997. 香港：三联书店（香港）有限公司，2006

第四章

『华洋』家族开拓
港九和新界

为了纪念爱妻，何启捐出名下财产，创立雅丽氏医院，在那个医疗资源匮乏的年代造福社会。由于该医院附设西医书院，训练医科学生，何启既参与其行政管理，又兼任教学工作，而日后发起革命推翻清政权的孙中山曾在该书院求学，因而与何启结下了师徒之缘。

遮打与何启家族各领风骚

在第三章中，当我们谈论香港股票市场的孕育与前进问题时，曾多次提及的遮打（Catchick P. Chater）需要被正视，也需要再做深入介绍和分析，原因是他对于香港早期的发展，尤其在开疆辟土方面，影响极为巨大。

对于今日不少香港人而言，尽管距离遮打去世已近一个世纪，但对他的名字，至今仍不会太陌生，因为中环的遮打道（Chater Road）、遮打花园（Chater Garden），以及吉席街（Catchick Street）等，便是以其姓氏及名字命名的。虽然如此，我们对于遮打家族与香港的关系，以及为香港做出的贡献等较详细的事迹，了解者甚少。

对于香港股票市场的发展，遮打到底扮演过什么样的角色呢？在回答这个问题之前，让我们先介绍其家庭背景与人生经历。数据显示，遮打在1846年9月8日生于印度加尔各答一个亚美尼亚家族，父亲是公务员，生活尚算小康稳定。可惜在他未满九周岁时，父亲突然因病辞世，一家大小的生活，全由母亲独力支撑。在印度完成中小学教育之后的1864年，刚满十八岁的遮打毅然离开加尔各答，前往开设外贸港口不久的香港以图闯出一片天地。[①]

到港初时，遮打在英资的Bank of Hindustan, China & Japan（新金山银行）中工作。两年后，遮打辞去银行职务，转入汇票与贵金属买卖的行业，并开设了以自己的名字命名的遮打汇票及贵金属经纪行（Chater Bill & Bullion Broker），开始了他在股票投资方面的事业。凭着个人的努力和敏锐的商业嗅觉，遮打在股票市场上收获丰厚，不出数年便跃升为商业巨子。

一帆风顺而又长袖善舞的遮打，曾多次与么地（Hormusjee N. Mody）———一位同样精明，又属股市与楼市投资高手的香港开设外贸港口后的商业巨子———一同向港英政府提出移山填海的计划，并最终获得准许，改变了港岛和九龙的土地使用、城市规划和经济发展，而遮打也因持有填海地皮使其财富大幅膨胀；至于么地，同样从填海造地中获得巨大利润，而这正说明了早期的香港商人，绝大多数是用了投资香港地产获得巨利的"致富方程式"。

值得指出的是，当股票市场热火朝天之际，他又伙同中外商贾，先后创立（或与人合创）香港电灯、香港置地、香港电车、中华电力、天星小轮及九龙货仓等在香港以至国际商业社会上举足轻重的大企业，个人才干和胆识广受赞誉。1886年，立法局非

[①] 遮打有一弟弟，名叫约瑟夫·西奥菲勒斯·遮打（Joseph Theophilus Chater），他生于1851年，可能与遮打一同来港。他曾任职于Mercantile Bank（有利银行），之后则与胞兄及友人华尔浓（J.V.Y Vernon）等一同开办股票经纪行，从事金融投资服务。可惜他于1886年突染急病，医治无效去世，葬于香港坟场，其墓在何东前方，与其兄之墓也相隔不远。

官守议员沙宣（Frederick Sassoon）因假外游，遮打在港督宝云（George F. Bowen，任期1883年-1887年）邀请下暂代其缺，开始了他的议政论政生涯。之后的1888年，沙宣以私人理由辞去立法局职位，遮打便名正言顺地获吸纳入议事堂，不久即跃升为政商两界炙手可热的人物。

事实上，名利双收的遮打并没有因此而停下来，相反，他巧妙地运用他政商间的资本和关系，积极参与香港政治、商业和社会活动，进一步拓展个人事业，使财富和社会地位如日中天。数据显示，1895年中国清政府与日本明治政府签订《马关条约》时，遮打曾向英国建议，乘机扩大香港版图，强行租借（占领）新界，并最终促成其事，因而更加获得港英政府器重。正因如此，遮打在1902年被英女王赐封为爵士。

四年后的1906年，他更被港督弥敦（Mathew Nathan，任期1904年-1907年）挑选为行政局议员，攀上了个人事业的最高峰。至于遮打生平中另一令人津津乐道的事，则是他年近半百之时才娶妻，他的妻子玛利亚·克里斯蒂娜·遮打（Maria Christine Chater，1879-1935）比他年轻三十三岁，可以说是当时洋人社会中首宗最受关注的老夫少妻婚姻。可惜，婚后妻子并无所出。可能与没有子嗣以延续香火有关，遮打在离世前订立遗嘱，除了留下足够财产照顾妻子，大部分财产则捐给教会，其中最令人印象深刻的，则是他将个人生前珍藏的名画，悉捐港英政府，就连他生活多年的干德道宝石堂（Marble Hall），也指明在妻子去世后赠予港英政府。[1]

1926年5月26日，遮打在宝石堂大宅逝世，享年八十岁，家人根据他生前的指示和宗教习俗，在他死后的十二小时内急忙下葬。在翌日的立法局会议上，当时的港督金文泰（Cecil Clementi，任期1925年–1931年）对遮打的逝世表示惋惜，并列举了他一生的重大建树作为说明，例如创立公众公司、推动填海计划和慷慨捐赠等。但是，悼词却只字没有提及他创立香港股票交易会和股票市场上的角色。从这个用词小心、内容含义微妙的悼词上看，港英政府对遮打在股票市场规范化过程中的举措，显然态度模糊。

港英政府为何对遮打在打造香港金融中心方面的贡献不给予肯定呢？如果我们回到早前谈及的计划收紧股票买卖法例问题上，则不难找到一些端倪。简单而言，遮打在此事的立场和手法，明显让人有摇摆不定的印象。虽然如此，但他看起来表现得圆滑世故，面面俱到，既不得罪任何一方，又能让各方各取所需，这是他政商两界左右逢源的主要原因。

数据显示，当占士·凯瑟克在1890年7月21日的立法局会议上提出草案时，他看似事先没有向别人透露。由于事出仓促，占

---

[1]　遮打去世后，有人称之为"殖民地之父"（father of the Colony），相关讨论请参考Terchonian, H. Life & Times of Sir Catchick Paul Chater, 1846–1926, Kolkata, India: Armenian Holy Church of Nazareth，2005。虽然遮打确曾为香港的发展做出贡献，但说是"殖民地之父"，则未免过誉，不少举止其实存在不少争议，股票市场立法便是一例。

士·凯瑟克需要请求当时的署理港督暂时取消会议常规——即任何草案必须在两天前向立法局提出才能在会议上提出动议的规定。当动议提出时，遮打立即表示同意，并自动提出为和议人。表面看，遮打可能不知道占士·凯瑟克提案的内容，他提出附和，可能只是因为两人私交甚好，又是生意长期伙伴之故。到后来，当他了解到草案的利害时，则为时已晚了，所以他只好团结业界，成立协会，为他们出谋献策，争取权益，但这样却让人觉得他立场摇摆，尤其是在嗣后的草案二读、三读时，更"旅居在外（伦敦）"，全程缺席。

若用逆向思维看问题，则不难发现，如果遮打不这样做，他所能得到的结果应该更差。作为非官守议员，立法行动又冲着他的主要业务而来，股票经纪人的上下其手在当时社会而言，无疑备受责难，他的处境实在十分不利。简单来说，无论他站在哪方（以经纪人为主力的新崛起家族一方，或是以港英政府及旧家族为主的一方），均会"顺得哥情失嫂意"，付出的代价应十分沉重。虽然，他所采取的方法不能尽如人意，却可立于不败。这方法——即主动作为草案的和议人，然后帮助经纪人创立协会与政府周旋，自己再借故外游，缺席立法局所有讨论——现在看来仍充满智慧，显示遮打的老谋深算、心思细密。

更直截了当地说，遮打虽不能令港英政府及洋人旧家族对之心怀感激，但他们也不能否定其支持立法的立场，更应对他没出面直接阻挠立法感到庆幸。至于新崛起洋人家族也应体谅他"在未完全明白草案的情况下，出于友情和议立法"的难处，而遮打牵头创立经纪人协会，出任主席，甚至为其出谋献策，当然也获得他们的信任与尊敬，这也间接反映遮打为何能在经纪人界享有崇高地位，进而说明他为何能白手兴家，在不同层面上发光发热，表现卓越。

1890年因"股灾"引起的收紧股票交易手续立法争议，在社会上闹得沸沸扬扬，其中一位在议事堂内雄辩滔滔，与遮打和占士·凯瑟克等舌剑唇枪的议员，尤其令人侧目，因为他既是议事堂内最年轻的一位，也是唯一的"华人代表"，他的名字叫何启。那年，刚满三十一岁的何启获委任为立法局议员，接替任期届满的华人议员黄胜。当时，他虽只是议会"初哥"（新人），但却因文思敏捷、口才了得而令其他官守或非官守议员刮目相看。

正如前文提及，何启乃何福堂的儿子，他生于1859年，约1870年入读中央书院（皇仁书院）。1873年，年方十三的何启游学英伦，高中两年后考入阿伯丁大学（University of Aberdeen），攻读医学，大学毕业并取得执业资格后，并没立即行医，而是转攻法律，考入英国首屈一指的法学学府林肯律师学院（Lincoln's Inn），并以优异成绩毕业，取得法学资格，成为香港历史上第一位（可能也是唯一一位）拥有法律与医学双学位的人，难怪有人以香港"最大学问及最令人爱戴"[①]的人形容他。留英期间，

---

① 引自吴醒濂. 香港华人名人史略. 香港：五洲书局，1937

何启与英人雅丽氏（Alice Walkden）恋爱，并共结连理。[1] 1882年，何启携同妻子返港，决心服务社会。

何启在港刚开始事业不久，其妻雅丽氏却不幸染病，并于1884年去世，令何启大受打击。为了纪念爱妻，何启捐出名下财产，创立雅丽氏医院，[2] 在那个医疗资源匮乏的年代造福社会。由于该医院附设西医书院，训练医科学生，何启既参与其行政管理，又兼任教学工作，而日后发起革命推翻清政府的孙中山曾在该书院求学，因而与何启结下了师徒之缘。

无论是纪念亡妻创立医院，还是捐出家财以改善香港医疗及教育，何启均展示出个人的高尚情操和仁义风骨，加上学识渊博、关心社会，其举止不但深得"华洋"社会赞赏，也获得了港英政府垂青。1888年，何启获委任为洁净局（即日后的区议会）议员，参与管理小区公共卫生事务。两年后，他接替黄胜，出任立法局议员，在更高层次上为港英政府出谋献策。

由于本身是专业医生和西医书院教授，加上兼任洁净局及立法局议员，作为"华人代表"，当1894年香港爆发严重瘟疫时（参考本书另文讨论），何启自然也承担起重要责任。值得注意

---

[1] 在那个种族主义高涨的年代，何启是第一个有正式记录的华人娶洋人女子为妻的例子，他更可能是第一位华人共济会（freemason）成员。相关资料参阅 Choa, G. The Life and Times of Sir Kai Ho Kai, Hong Kong: Chinese University Press, 2000

[2] 日后，雅丽氏医院与何启胞姐何妙龄（伍廷芳妻）创立的何妙龄医院及那打素医院合并，即今日的雅丽氏何妙龄那打素医院。

的是，早期华人社会对西医颇为抗拒，瘟疫爆发后一般不敢寻求西医协助，只以中医方法治疗，或留在家中医治，但那时华人集中的太平山一带人口极为稠密，加上公共卫生条件恶劣，令疫症迅速蔓延，死伤惨重。港英政府初步调查后，将矛头直指中式楼宇结构及中医治疗方法，并认为东华医院（东华三院前身）管理不善，以及采用中医治疗不合时宜，要求将之解散。

为此，当时的港督罗便臣（William Robinson，任期1891年-1898年）委派骆克（James S. Lockhart）、何启和遮打等进行深入调查，了解情况。结果，在提交港督的报告中，委员会指出东华医院采用华人方法治疗病人，只是适应华人的特别需求而已，并无不妥，并指出相关安排可弥补政府医院的不足，功能和角色不容抹杀。为了提升东华医院的管理和服务，委员会建议港英政府委派一位曾习西医的华人，承担东华医院的管理工作，并加强对病人病情与死亡数据的分析和报告。值得指出的是，报告大部分内容和建议，均属何启的观点与观察，而他强调东华医院对社会的正面贡献，则既肯定了该机构的工作，也令其避过了被解散的厄运。

香港逐步走出瘟疫阴霾不久，英国趁清政府在甲午战争败于日本的弱势，不但攫取了威海卫，还于1898年强租新界，令港英政府的管治版图大幅扩大。在接收及管治新界的问题上，何启曾充当桥梁作用，尤其代表乡民向港英政府表达意愿，希望港英政府可按过往政策："乡约律例，一如旧观"，维持新界传统与生活方式，有关的建议最终算是得到了准许。

二十世纪初期，应中国的时局急速转变，何启曾在报纸发表多篇文章，例如 *"A Critical Essay on China: The Sleep and Awakening"*（译为半梦半醒：中国记述的批评）以及那篇常被引述的 *"Foundation of Reformation in China"*（译为：中国改革的基础金）等，借批驳包括曾纪泽、张之洞或康有为等清政府官员在内的言论，同时阐述个人的政治主张，表明他对中国应走的发展道路颇为关心。可惜，这些文章并没收到当头棒喝的效果，无法力挽清政府于狂澜之既倒。反而促使在西医书院求学的学生孙中山，最终以革命手段将统治中国近三百年的清政府推翻。

何启另一值得重视的贡献，是积极响应港督卢押（Frederick Lugard，任期1907年–1912年）在任期间倡建一所本地大学的计划。为了表示对卢押的支持，何启提出将自己参与创立的西医书院与当时的香港工学院合并，再增加文学院，作为香港大学的主要组成部分。由于构思具体可行，又符合当时社会的实际情况，甚合卢押心意，因而使卢押可以迅速进入筹建程序。1909年，何启获委任为筹建香港大学的捐款委员会主席，向"华洋"社会贤达募捐，并取得了"华洋"社会的大力支持，最后促成了香港大学的创立。香港大学正式创立（也是中华民国创立）之时，何启获大英王室赐封爵士荣衔，表彰其过去对社会做出的各种重大努力和贡献。

同样是1912年，何启与亲家欧德合组启德投资公司，计划在九龙城海旁填海，然后兴建规模庞大的启德滨花园洋房（像今天的大型私人住宅）。[①] 启德滨填海计划进行得如火如荼之际的1913年2月，何启以健康不佳为由辞任立法局议员一职，[②] 结束长达二十四年的议事堂议政论政生涯。翌年7月，何启去世，享年五十五岁，留下继室黎玉卿及十六名子女。

令人意外的是，何启去世后，曾经富足的家庭竟然出现生活问题。同属立法局华人议员的韦玉，在写给港督梅轩利（Francis May，任期1912年–1919年）的信件中透露，曾捐出名下所有财产兴建雅丽氏医院的何启，虽然身兼多职，但并没留下多少遗产（与启德投资出现亏损和破产有关），令家人生活在他身故后陷入困境。因此，韦玉要求政府念及何启一生为香港社会做出的巨大贡献，照顾其家人，尤其让其子女可以获得充分教育的机会。对于韦玉的请求，港英政府似乎同意，所以在1915年的季度开支账目中出现了两百八十四点四元"作为何启爵士部分家人的教育费用"的项目。

----

① 可惜，填海计划进行不久，何启去世，加上经济环境逆转，资金不继等众多因素打击，令项目"烂尾"收场，启德投资有限公司被迫破产，地皮也被政府收回。这个例子让人进一步发现，何福堂家族的投资运气欠佳，早有伍廷芳因炒卖地皮"亏损"，继有何神添失意股票市场，最后更有何启的地产滑铁卢。幸好，港英政府在启德滨的地皮上兴建机场后，将之命名为启德机场，算是对何启与欧德所作出努力的表彰。

② 值得注意的是，该年港英政府颁布废除了非本地货币在港流通的条例，令开设外贸港口后实行多年的中国内地货币可在香港流通的局面画上了句号。此点在某层面上反映了香港与内地的政治关系发生了巨大转变。相关讨论，参考之后其他章节。

顺带一提，何启逝世十七年后的1931年，其夫人黎玉卿六十大寿，退休居于伦敦的何启生前好友骆克，请何东为他撰写一副对联贺寿。何东最后花了七点九元找来一位书法家，写了一副阔尺半、长十五尺的对联相赠，内容如下：

何母黎太夫人开八荣庆

九陔耀嫦星多福多寿多男子

万家颂生佛一花一叶一如来

前任威海卫大臣骆克鞠躬

收到骆克的贺礼，何家附上回执，上列十子六女的名字（本有七女，其中一女何瑞华已逝，因而没有列出），他们分别为：永德、永康、永利、永干、永贞、永猷、永元、永安、永感、永谢、瑞银、瑞铁、瑞金、瑞铜、瑞锡、瑞美。

在今天社会而言，黎玉卿一生诞下多达十七名子女让人难以想象。她于1945年去世，享寿七十四岁，其子女大多能在各层面上一展所长，或组成幸福家庭，例如有女儿下嫁欧德儿子，有女儿下嫁国民政府要员傅秉常，也有儿子曾出任民国政府外交部次长兼海关监督，与"多福多寿多男子"的介绍吻合。还有一点十分有趣，何启的女儿以金、银、铜、铁、锡、华、美命名，在当时社会是一件令人津津乐道的事。

瘟疫肆虐与强租新界的冲击

自股票市场重纳正轨后，香港的家族和社会乃随着经济重拾动力而日渐壮大起来。然而，当无论"华洋"大小家族均埋头谋生赚钱之时，一场杀人无数、旷日持久，并且引起社会极大恐慌的瘟疫无声无息地降临了。1894年5月，被《循环日报》创办人王韬形容为"小如蜗舍、密若蜂房"，人口极为稠密的上环太平山华人居住区，突然发现首个因感染瘟疫（俗称鼠疫）而死亡的病例。

初时，居民不以为然，觉得只要及时医治，问题即可解决。有报纸这样报道："香港华人近得一病，得时身上发肿，不一日即毙。其病起于粤省，近始蔓延而至，每日病者约三十人，死至十七八人。说者谓天时亢旱，以致二竖为灾。若得屏医惠临，此疾庶几可免乎。"①

但是，实情并非如此，也大大超出很多人的预料，所以不但群医束手无策，失救致死者日众，病菌散播的速度更比想象中快，当接二连三"染病即死"的情况得到证实，并传扬开时，便引起社会巨大的恐慌，街头巷尾甚至出现了闻虎色变的气氛。

---

① 引自《申报》合订本，第47册，光绪二十年（1894）四月十一日，页101。

面对瘟疫的来势汹汹，港英政府明显不敢掉以轻心，一方面宣布香港为疫港，禁止染病者离港，另一方面则采取连串措施，包括强行将患者送到医院接受隔离治疗、逐家逐户搜寻病患者、为病者居住的房屋进行消毒，以及用石灰迅速处理尸体，防止病菌扩散。从今天的角度看，港英政府当时的处理手法并无不妥，但在那个时代而言，则引来了华人社会的抗议。以下则是导致华人社会强烈抗议的一些重要原因：

①染病者习惯在家中治疗，甚少到医院，死也希望死在家中；

②一般居民较相信中医，对西医抗拒颇大；

③逐家逐户搜寻病患者的行动令普通市民深受其扰，尤其是部分警员采取粗暴方式；

④对染病死者草草下葬的方式令其亲人反感，因华人极重视丧葬仪式；

⑤禁止染病居民返乡的政策，令他们容易萌生客死异乡的感受。

据估计，疫症肆虐期间，单是医院，每天便有六十至八十人死亡，高峰期的二十四小时内，共有一百零九人死亡，街上死尸无人收拾的情况随处可见，社会出现的恐慌情绪不难想象。受到这次疫症的影响，市民生活、商业贸易及工作求学等近乎停顿，社会极度不安，单是收拾细软携同子女回乡"避疫"的人数，估计便多达八万人，而全年总计有两千五百五十人因感染疫症死亡的病例。若以当年香港总人口约为二十四万六千人计算，该年有多达三成市民离开了香港，每百人即有一人死于疫症。有报纸这样描述："目下华人之避他埠者已有十万，每日尚有三四千人舍而他方，以致港中工作乏人，各局厂相率闭户云"，人心惶惶的程度可想而知，社会及经济发展可谓几乎停顿。

值得指出的是，当时的东华医院接收最多的是贫苦病人，因病去世的数字也自然较多，而该医院又擅长以传统中医治疗，因而引起部分洋人的抨击，指导致疫症不断扩散的原因或责任在于东华医院，重点则是医院管理不善，并认为中医治疗不合时代需求，要求港英政府将该医院关闭。针对部分洋人的指控，港督成立调查委员会，进行深入调查。而调查的结果则证明，东华医院在处理疫症上充当了重要角色，但同时应引入西医治疗和提升管理水平。

随着传染病的持续发展，数以千计无辜市民死于非命。从资料上看，1895年便有一千二百零四人证实染上疫症，当中的一千零七十八人因抢救无效而死亡；1896年，港英政府为抑止病菌传播，曾封闭太平山附近所有不卫生的房屋、水井及某些公共设施，进行清洁，情况似有好转。或者受到这种举动影响，在1897年，因疫症死亡的人数减少至二十一人。该年，港英政府聘来一名日本专家，就疫症进行深入研究，之后发现导致瘟疫的源头是老鼠，令"鼠疫"之名确定下来。但到了1898年，情况又再度恶化，瘟疫又起。在1898年及1899年两年间，分别有一千二百四十人及一千四百八十六人证实感染疫症，当中的一千一百一十一人及一千四百二十八人被夺去生命，染病后的死亡率极高。

1900年，疫症虽略有缓和，但社会气氛仍然凝重，人心未稳，而1901年又转趋严重。该年，共有一千六百五十一人证实受疫症感染，当中的一千五百六十二人去世。到了1903年，又有一千四百一十五人感染致命病菌，当中的一千二百五十一人死亡。针对公共卫生日差而传染病又驱之不散的问题，港英政府在1903年厉行《公共卫生及建筑条例》及《捕鼠条例》，一方面严格要求市民做好个人及公共卫生，另一方面则进行连串的灭鼠行动。

举例说，在1903年1月至6月，港英政府发起了大规模的清洁及灭鼠运动，借以改善公共卫生。为了鼓励市民灭鼠，政府发出通告，每捉获一只老鼠即可获得五仙①的奖金。结果，在运动推行的半年间，全港共捕获老鼠达八万八千八百六十二只，当中三千四百七十六只被验出带有传染病菌，数字可谓骇人听闻。②

回头看，这场旷日持久的瘟疫，不但夺去无数市民的生命，也令经济及社会发展受到巨大打击，同时也大大改变了香港的公共卫生体制、楼宇建筑标准、城市规划格局，以及大小家族的成长轨迹。

---

① 仙：粤语方言. 清朝时期，外国货币大量涌入，对低面额的铜质辅币称"仙"，指的是现在的一份。
② 在此次灭鼠运动中，何东胞弟何甘棠曾出钱出力，既捐款奖偿捕鼠者，又带头上街灭鼠，其行动获得了港英政府嘉许。相关资料来自Bubonic Plague in Hong Kong. Hong Kong: Government Printer，1903

简单而言，在公共卫生方面，除了成立病理检验所，针对传染病问题做深入研究，还强化对各级医院的管理，以及加强城市清洁，例如污水排放、垃圾清理、灭鼠灭虫等。在楼宇建筑方面，除了规定大街小巷的空间及环境配合，又严格要求所有新建楼宇须符合更高的空气流通和采光标准，并要求房屋内外墙壁必须漆上石灰水。在城市规划方面，港英政府将太平山人口极为集中的普庆坊一带楼宇清拆，辟作俗称"市肺"的公园——即卜公花园，又应洋人要求，将山顶划为"欧洲人保留区"（European Reservation），严格限制华人居住，令空气较好、景色较佳的山顶成为洋人独享的区域（华人中只有何东家族能入住），半山区则成为富豪集中地，普通市民难以逾雷池半步。

对于大小家族而言，瘟疫肆虐的最大打击，当然是人命死伤，这令不少家族痛失亲人，其次则是经济损失，当然也有一些改变了人生道路的选择，例如有人因此离港返乡，以后不敢再踏足香港，改写了家族的发展轨迹。撇除普通民众的情况不谈，若只以我们重点关注的世家大族为例，虽然未能找到确实"死于瘟疫"的病例，但某些关系似乎不能排除。

举例说，周少岐长子周玉堂于1894年瘟疫爆发那年的农历五月初五不幸染病去世，时年十六岁，而其胞弟周祥满则于同年农历六月二十二日染病去世，其时他也只有十六岁；何东胞姐据说在1895年前后在广州染病去世，其母施氏曾前往探望，据说也于1896年染病去世，何东长子何世勤于1902年瘟疫已渐消散时染病夭折，死时未满两周岁；至于李石朋，他一妻两妾，在1914年前，妻妾们共为他诞下九子六女，但只有六个儿子活下来，其他子女均早夭。

毫无疑问，自1894年爆发，之后困扰香港近三十年（约二十世纪二十年代才消散）的瘟疫，的确对经济、社会及大小家族的发展造成方方面面的巨大冲击。走过这段崎岖曲折的道路，香港的公共卫生、环境规划、城市建设等，自然变得更适合市民生活所需，也更能推动社会前进，而那些不被苦难打倒，能够保持旺盛生命力的大小家族，在灾难过后往往皆可壮大起来。

更加必须指出的是，十九世纪末叶，清政府因朝鲜问题与明治维新后实力急涨的日本矛盾日深，最后导致了1894年的甲午战争。而北洋舰队的不堪一击，大败于日军，不但被迫于1895年签下丧权辱国的《马关条约》，还触发新一轮列强在华争夺利益的竞逐。其中俄国强夺旅顺、德国霸占胶州湾、法国进据广州湾，以及英国夺取威海卫，便是最好的例子。

虽然已经占据了威海卫，但英国仍不满足，时任港督的罗便臣（William Robinson，任期1891年–1898年）与遮打立场一致，认为英国应扩张香港边界，增加香港综合力量，并曾多次致函英国外交部，要求攫取与九龙半岛相连的领土，以解决香港土地面积极小、不利长远发展的问题。结果，英国驻华公使向清政府施加外交压力，并最终于1898年6月9日成功迫使清政府租借与九龙

半岛相接的界限街以北的大片土地。该土地被统称为"新界", ^①
面积是香港岛和九龙半岛相加的十倍,租借年限为九十九年,1898
年7月1日生效。

被强逼划为英国租借地之前,新界地区隶属广东新安县管
治,人口约达十万,村民以渔农为业,而散居在新界各地的乡
民,主要来自五大家族。他们分别是:锦田屏山一带的邓氏家
族,其祖先据说在北宋年间从江西吉安辗转移居该地;河上乡
一带的侯氏家族,他们的先辈据说在南宋年间从广东番禺播迁而
至;粉岭一带的彭氏家族,祖籍据说源自江西,约于南宋时期到
粉岭一带落脚;上水一带的廖氏家族,他们据说来自福建,于元
朝年间踏足上水扎根;以及新田一带的文氏家族,其先祖据说在
元明年间随宋室自江西逃难转抵新田生活。除此之外,还有规模
较小、人口不多的众多不同氏族及村庄,散居在新界的不同角
落,过着男耕女织的平凡生活。

英国政府确定能强租新界土地之后,立即派遣当时正在英国
休假的港英政府辅政司骆克(James S. Lockhart,是港英政府少
数"中国通",懂广东话,并对中国文化有深入了解)日夜兼程
返港,先到新界考察,一来确定租借地的边界与范围,二来了解
当地民风乡情,以便各种政策配合。1898年8月中,骆克抵达新

---

① 从档案中看,"新界"一词初时用New Territory,后来改为New
Territories,原因是那时已在文件中包括了大屿山等离岛,日后则成为塞拉利昂
以北行政区的统称,而塞拉利昂以南界限街以北之间的地段,则称新九龙,后来
则与九龙半岛合称九龙,形成港岛、九龙、新界三个统称。

界，走访不少乡村，实地考察地貌物产及乡情。由于骆克懂本地语言，也不像其他港英政府官员般摆架子，村民对他非常友善。完成考察后，骆克立即撰写报告返英，讲述新界地理状况及所见所闻，并提出正式接管新界初期应尽量维持现状，让传统以乡村长老协助管治新界的主张。

其中值得指出的一点是，骆克考察新界期间，有一百四十七名新界村民向他递交了一份陈情信，请他转交港督，表达乡民在知悉新界划给英国管治后"欣幸交拜，曲踊距跃，以至黄童白叟，遮道欢迎"的感情，期望"隶入大英辖下，得慈惠之师以抚绥我众，自必食其德而饮其和"，若隐若现间似有无形之手为英国接管新界制造"民心所向、百姓欢迎"的景象。

骆克在1898年8月离开至1899年3月间，港英政府并没在新界安排接管仪式或重要行动，① 社会则传出不同谣言，包括指英国政府将增加赋税，以及没收所有私人财产等，② 引起了村民对英国接收新界后生活将受影响的恐慌，据说部分村民曾争相将手中田地以贱价出售，而那些居住在港岛的"华洋"社会贤达商人如遮打、何启、韦玉、李升、何东等更曾参与收购行动。1899年3

---

① 1899年初，骆克与负责堪定边界的清政府官员王传善举行多轮会议，确定新界的边界，并于3月19日正式签署协议，双方同意以深圳河为界，该河之北归入新安县，该河之南归入新界。详见Airlie, S. Thistle and Bamboo: The Life and Times of Sir James Stewart Lockhart, Hong Kong: Hong Kong University Press，2010

② 1900年7月23日，港英政府正式宣布将所有新界土地列为"官地"，原住民拥有者除外。

月间，港英政府派人到大埔墟运头角筑起草棚，作为临时警署，
似是为举行正式接管仪式做准备，此举让村民觉得风水遭到破
坏，引起更大民愤和抗议，以五大家族为马首是瞻的村民，因种
种担忧及愤怒而酝酿成以武力抵抗英人接收的行为。①

4月初，港英政府发出通告，定4月17日为公众假期，因为当
天下午一时将在大埔举行正式接管新界的仪式。感觉到威胁迫在
眉睫，有愤怒的村民于4月初烧毁用作临时警署的大埔草棚，并
计划袭击调派该地驻守的警司梅轩利（Francis May，日后出任港
督）。② 港英政府获知民愤高涨，担忧梅轩利的安全，立即调派
军队开往大埔，于4月14日与村民爆发正面武装冲突。

大埔村民餐以火炮，英军则还以枪弹。接着的4月15日，
英军与村民仍持续武装冲突，你攻我守。知悉事态严重，港督
卜力（Henry Blake，任期1898年–1903年）于4月16日指示从海
路（吐露港）向大埔增兵，并要求领军的加士居少将（Lt. Gen.
Gascoigne）在大埔登陆后，先举行简单的接收仪式，确立管治权
威。然后在枚平大埔墟一带抵抗村民后，于4月16至18日间向大
埔以外的粉岭、锦田、新田、屏山一带推进，意欲一鼓作气肃清

---

① 早年一些规模较大的乡村，为了抵抗土匪或盗贼，常组织一些非正规武
装自卫力量，因而拥有一些武器。

② 日后，梅轩利获任命为港督。在就任仪式上，梅轩利遭一青年刺杀未
遂。警方大为紧张，担心是有意图的报复，不过四处搜捕并无所获，只在凶徒居
住的地方找到女房东写给广州亲人一封家书中提到的简单一句"昨日我的房客开
枪射杀港督，没打中，真可惜！"而已。引自蔡荣芳. 香港人之香港史. 香港：
牛津大学出版社，2001. 90

所有反抗力量。

虽然武器配备强弱悬殊，但英军向西推进过程仍遭遇村民结队还击，令英军吃了不少苦头，林村峡及石头围的短兵相接便是例子。不过，由于村民所面对的是正规军，加上炮火力度不同，难免频频失利、节节败退，最后于4月19日宣布投降，令前后持续六天的战事宣告平息，有学者称之为"六日战争"。

对于在这场强弱悬殊战争中有多少村民被杀的数据，港英政府一直讳莫如深，没有公布，不同政府内部文件则往往以"死伤惨烈"或"数以百计"等含糊其词。

据历史学者帕特里克·哈泽（Patrick Hase）综合各方资料后估计，村民战死的人数为四百五十至六百人，他中间落墨，认为约有五百人，可见战况惨烈。在战炮中最受打击的，据说是邓氏家族，而对其他家族的打击同样不轻，他们日后在不同层面上受到港英政府严密监视，也是不难理解的。

曾任新界理民府官员①的钟逸杰（David Aker-Jones）指出，战争平息后，为了安抚新界村民，卜力宣布华人原先的权利会得到尊重，中国的法律和风俗也会保留。若政府为兴建公共办事处、改善工程或者官方用途所需土地，将以合理价钱向他们收购，算是平服了村民加税或没收土地的忧虑。

顺带一提的是，不敌英军炮火的村民，曾退守吉庆围，并关

---

① 理民府：理民府（District Office）是英国接收香港新界租借地后，最早设立的新界管治中心。

闭进入村庄大门的铁闸，以为可免受英军所害，但最终还是被攻破。其用于阻止英军的大闸，则被拆去，并像"胜利品"般交给港督卜力发落，而卜力在退休后则将大闸运回老家，用作其别墅Eire的装饰，炫耀战功，直至过了四分之一世纪后（1925年）才在村人要求和立法局华人代表周寿臣的磋商下，物归原主，重新装在吉庆围村口的大门上，但留下的破损，至今仍令不少人难以忘怀。

抢米风潮与米业家族整合

港英政府从清朝手中强租新界时，其中一个想当然的说法，自然是攫取大片农地，目的在于稳定香港的粮食供应，而当年的新界元朗平原正好盛产稻米；而另一说法，则认为有了新界的大片土地，可以扭转香港开设外贸港口以来因土地资源短缺而难以拓展的问题。然而，真正的发展却并非如此，稳定米粮供应的说法不攻自破，因为新界纳入殖民管治后农业并没什么发展，生产的米粮其实无法供应全港所需。就算是争取新界土地使实力提升发展这一点，看来也非如此——起码在二十世纪六十年代之前，因为高举高地价政策的港英政府，一直只集中于发展港岛和九龙，甚少在界限街以北地区大兴土木。

就以粮食供应为例。今日的香港人，不少已"不知米贵"了，也应该体会不了饥肠辘辘的滋味了。我们常说，香港不产粒米——哪怕是强租新界后有了大片农土，可以种植稻米，但其产量未能应付本港人口所需，所以绝大多数的粮食，一直仰赖外地供给。

尽管如此，香港却极少出现粮食荒的问题——香港日占时期（1941年12月—1945年8月）除外，这是唯一一次因为粮食不足、米价飙升，普通市民无法负担，最后导致抢米的风潮。而1919年由于外部环境风起云涌、国际粮食供应无以为续，不少底层百姓无米可食、饥寒交迫、生活困顿。事件之后，港英政府一如既往地坚持利伯维尔场，不直接干预食米市场运作，依旧将维持民食的重任交给米业商人，虽说是很不负责任的行为，但反过来则可说是彻底坚持利伯维尔场的表现。至于米商们则组织起来，成立商会，防止害群之马影响米粮供应，其行动一方面健全了香港食米供应的制度，也促使了米业家族的整合。

数据显示，一方面受第一次世界大战结束后欧洲进入重建期影响，大多数国家对粮食和原材料等需求大增，另一方面则受日本连年稻米失收，因而大举向国际米粮市场搜购所左右，令一直依赖粮食进口的香港，自1918年起已无法采购足够食米用于供应，导致米价如脱缰野马般狂升猛涨，普通民众生活十分困苦，不少底层市民甚至出现了忍饥挨饿、卖儿卖女的情况。[1]

---

① 据Hong Kong Daily Press一项调查，1914年至1920年的6年间，米价的上升幅度达一倍，较租金（增长33.5%）、衣服（增长10%）及食品（增长25%）高很多。其中一位苦力劳工，为了偿还债务，被迫贩卖他的三个女儿，第一个在1917年出卖时值八十元，第二个在1918年出卖时值二十元，第三个在1919年出卖时只值两元，可见当时的底层百姓的生活极为困苦。资料引自蔡荣芳. 香港人之香港史: 1841-1945. 香港: 牛津大学出版社, 2001. 107

1919年中，粮食缺乏的问题不但未见缓解，反而有愈趋严重之势，部分米铺甚至惜米如金，不愿大量出售库存食米，令市面米价涨幅更高，人民生活极为困苦。到了该年7月26日，香港终于爆发了历史上最严重的抢米风潮。这次抢米风潮的主要发生地点，是在湾仔码头附近，参与抢米的人数，有两百至三百人，而大多数是从事搬运的苦力工人；至于遭抢掠的米铺或杂货店，约有十五家；被抢去的米粮，为一千五百斤至两千斤。下文让我们结合《华字日报》有关抢米风潮的报道，说明其发生经过与重要背景：

> 本港连日米价飞涨，米碎卖至每元七斤（即每斤约一毫四仙左右），上米有三斤半至四斤，苦力一日只得半饱，久已跃跃欲动，加以礼拜六晨，天文台悬起风球，各货艇一律驶入避风塘，无货起落，各苦力以无（没）工（作）做，于是齐集于湾仔街市口之旷地，戚额相告，均以近日觅食维艰，甚至有家中已停炊三天者，于是有提倡往各米肆抢米者，当时一唱百和，遂先向交加街广兴油米杂货店购米两铜仙，广兴店伴（员）曰两铜仙祇得两半米耳，苦力曰米价如此昂贵，岂真欲饿死吾辈乎。店东出而理论，而苦力已愈聚愈众，一齐下手抢夺，秩序遂乱……由是而水渠街丰益、成源、祥泰，大道东干德隆一律被抢。当时多数杂货店纷纷闭门……连中环各地段，凡系米铺与杂货铺，而兼卖米

者，无不遭殃及……中环各金铺、当铺、找换店及各银号大商店，一律闭门，有如罢市，加以风雨交作，举目萧条，笔难尽述。查中环如德辅道中、大马路（即皇后大道）、惠灵顿街、士丹顿街、希利街、文咸街，均有苦力与"牛王仔"（即现时所谓"古惑仔"）联群结队，以三四十人为一队或一百五六人为一队，分头往各街米店，肆意强抢……有苦力多人在油麻地、望角（旺角）、上海街一带抢米……至于红磡，亦有抢米之举……举凡筲箕湾（筲箕湾）、深水埗均遭影响，惟九龙城，则无之，亦云幸矣。①

明显地，贫苦民众因无法负担米价日贵，饥饿多时，才被迫走上了抢米绝路。风潮自湾仔码头一带爆发后，迅速向铜锣湾、中环、上环、西环等地区扩散出去，然后延伸至维多利亚港对岸的九龙半岛，包括油麻地、旺角、红磡等。反而被视为仍属中国政府"管辖"的九龙城，则不受影响。事实上，不止九龙城不受影响，部分米铺也没被抢。《华字日报》这样报道：

　　昨日，上、中、下环各米铺，一律闭门不肯买卖，只有此家字号开门卖米耳。闻亦有人上前欲抢，各警差解明（解释）此店深明大义，因从前屯米过多，但现下愿平

---

① 引自《华字日报》，1919年7月28日及29日

卖，各家每元五斤，他卖至每元十斤，可谓热心，各人闻
言始散。①

也即是说，参与抢米的贫苦市民，并非全是盲动与非理性
的，他们参与抢米，实乃逼不得已。在饥肠辘辘的现实下无法可
想，才做出抢夺的行为。再者，从他们抢夺的对象，大多属于被
指囤积、抬高米价的无良米商，其举止似有发泄和表达不满的意
味。对于那些没有参与囤积造市的米商，他们则"过门不入"，
不加伤害。

事件发生时，警方当场拘捕了十一名参与抢米的人，当中三
人因证据不足获释，其余八人则被控"联群抢夺、扰乱治安和私
接贼赃"等罪。对此控罪，他们直认不讳，并在法庭上申诉生活
苦况："当此米贵如珠之时，余辈已停炊数天，不得已掯些少
（米）以济饥饿。"由于他们认罪，加上情况特殊，情堪怜悯，
法官最后判各人罚款五至七元及入狱十四天，算是从轻发落。

面对如此前所未见的贫苦民众因求生无门而抢米的风潮，港
英政府在1919年7月28日发出有关维持粮食供应的公告，宣布承
办及收购所有私人存米，并禁止食米出口外地，保障港内粮食供
应。与此同时，又将食米分为三等，固定米价，严防米商操纵价
格，谋取暴利，加重贫苦市民的生活负担。至于当时的社会贤达

---

① 引自《华字日报》，1919年7月28日

如何东、冯平山、周少岐和刘铸伯等，则以个人名义，四处打电报回内地，请求国民政府减收粮米的出口税，以免香港居民承受饥馑之苦。而更为重要的，还是米商在利润吸引下，前往东南亚等地区搜购食米，运回香港，令粮米进口渐多，米价也渐渐回落，令事件最终平息。

风潮平息后，港英政府对事件做出深入检讨，认为问题症结在于政府并无管制食米的法例，因而在8月25日的立法局会议上提出在紧急时期，政府可征收私人食米的法案，以补充法例上的漏洞。新法例在9月8日的立法局会议上三读通过，成为"尚方宝剑"，赋予港督权力，在重要关头征收米商存米，以廉价出售，稳定香港食米供应，避免米价波动，掀开了港英政府调控食米市场的历史。

另外，一批以茂丰行萧叔廉、义和隆杨瑞生及宝兴泰李葆葵等为首的正派米商，则于该年牵头创立米行公所（会址设于干诺道西77至78号），主要目的则是"联合正当经营米粮的批发商人，共同致力民食工作……防止不法之徒混入其中，从事浑水摸鱼，破坏民食"[1]。并借行内自我约束的制度，防止害群之马再次扰乱本地粮食供求秩序，影响社会稳定。

正因政府对食米供应有了一定监管，而米商又成立了同业商会，食米市场的门槛由而形成，令食米入口与批发日渐发展成近

---

① 引自香港米行商会六十周年特刊. 香港：香港米行商会，1979. 35.

乎垄断或半垄断的行业（参考之后的讨论）。面对这种市场环境
的转变，部分米业家族不久便被淘汰，部分则利用合并方法提升
竞争，进一步增强其在市场中的主导地位，不少如李葆葵及陈春
泉等重要米商，更一跃成为社会显赫人物，在稳定本港粮食方面
发挥巨大影响力。

开发九龙的嘉道理、曹善允和布力架家族

旺角与太子交界处有一座被高楼大厦遮挡的山丘，名叫加多
利山（Kadoorie Hill），如果不是因为名字中有一个"山"字，
今日的香港人，应该不知道那是一座小山，更应该不会相信在上
世纪初，那里荒凉一片，人迹罕至。而令那里沧海变成桑田，日
后大厦林立，发展成香港城市区域中人口稠密、商业繁盛的是第
十三任港督弥敦（Matthew Nathan，任期1904年–1907年）和嘉道
理家族（Kadoorie family）。①

正如前文粗略提及，港英政府一直奉行高地价政策，长期限
制土地供应。如果细看香港过去历史进程中的城市发展，应该不
难察觉此说法所言非虚。简单而言，由于港英政府惜土如金，长

---

① 家族成员早期用凯利（Kelly）的姓氏，1901年5月10日，家族在《中国
邮报》（The China Mail）上刊登了一则启事，表示自此以后其姓氏改为原来希
伯来文的嘉道理Kadoorie，并沿用至今。

期限制土地供应，自开设外贸港口至十九世纪末近一个甲子的时间里，香港的主要发展一直集中于港岛中上环一带，金钟至筲箕湾一带的港岛北岸发展缓慢，九龙半岛更是山陵起伏、农田处处，只有零星疏落的村庄散布于尖沙咀、大角咀及红磡湾等地，深水埗仍是一个港湾，是渔民聚居之所，反而地势较为平坦的油麻地，则吸引了较多村民居住，商业活动较多。至于尖沙咀至九龙城之间地势较高的山区更是人烟稀少，[1] 并有英军在山坡扎营，而九龙半岛西南端则有少数葡萄牙人居住，靠近海边位置则有巴斯人[2] 多拉治家族（Dorabjee family）经营的码头（即今日海运码头一带）。进一步的数据显示，1891年，香港总人口达二十一万七千九百人，其中的九龙半岛只有一万四千两百人居住，即只占总人口的6.5%而已。

英国自1898年强租新界，并于翌年完成接管后，委任了皇家工程师出身，时年只有四十二岁的弥敦为港督，这不难让人察觉英国有意开拓九龙半岛、发展新界，借以提升香港的综合实力。一如所料，弥敦上任即马不停蹄地推出两项重大工程：其一是兴建连接九龙与广州的"九广铁路"，其二是开辟贯穿九龙半岛的弥敦道。

––––––––––––––––

① 1906年，该山丘高地（即现今天文台一带）划为欧洲人居住地，情况就如将港岛山顶划为欧洲人居住区一样，明文规定不许华人居住。

② 巴斯人：巴斯人是香港一个少数族群，他们信奉琐罗亚斯德教，在中国古代称为"祆教"，而一般人称之为"拜火教"，因为他们每次崇拜都点燃火盆。但事实上他们并非拜火，而是用火作为祈祷的媒介。

原来，在1898年与清政府的谈判中，英国除了允许可以强租新界，还达成了兴建接通广州至九龙铁路的协议。弥敦上任后的首项重要工作，便是与清政府官员洽谈路轨走线及车站选址等问题，并于1906年正式动工，[①] 其中九龙的火车总站，则定于尖沙咀的最南端。

弥敦注意到，开辟路轨需移山填海，他巧妙地将红磡一带铲平山丘的沙土，运到尖沙咀东南海岸，用以铺建岸边由北向南的漆咸道，以及尖沙咀南端由东向西的梳士巴利道，而梳士巴利道的西端则是九龙火车总站。另一方面，弥敦又修筑一条由北至南、贯穿整个九龙半岛的干线公路，该公路日后命名为弥敦道，令九龙半岛梳士巴利道至界限街之间的经脉得以打通。

如果说弥敦的两项重要建设为九龙半岛打通了经脉，那么嘉道理家族——即文章开首时提及那个加多利山所要纪念的家族，则为该区注入了能量，因后者既为九龙半岛带来巨额投资，也提供了电力供应，从而拉动九龙半岛的经济发展。

嘉道理家族据说属犹太裔，原籍伊拉克巴格达，十八世纪初移居印度孟买，十八世纪中叶中英第一次鸦片战争之后转到了香港及上海等地发展。至于令家族扎根香港，并成为开辟九龙半岛的代表家族的，则是伊里·嘉道理（Elly Kadoorie, 1867年–1944年）。数据显示，伊里约于十九世纪八十年代到港，其兄长依里

---

① 该项工程于1912年完成，全面通车。其时，弥敦已离任，未能看到成果。

斯（Ellis Kadoorie, 1865–1922）较早前已踏足中国，并任职于沙宣洋行（E.D. Sassoon & Co.），常常在香港与上海之间两边走。在兄长的介绍下，伊里初时加入沙宣洋行，也常沪港两边走，但后来则因与同事间发生矛盾而离开，自立门户，与友人开办了股票经纪行。

香港发生首次大股灾后，投资目光十分锐利的伊里趁股市低迷吸纳了大量具有潜质的股份，香港大酒店及山顶缆车则是其中的重要例子，令其身家财富在经济复苏后大幅膨胀。但令家族在香港奠下极重要地位的投资，则是现时为九龙及新界提供电力供应的中华电力有限公司（简称中电）。

早于1900年4月，以施云（Robert G. Shewan，参阅早前文章）及遮打（Paul C. Chater）英商为首的投资者成立了中华电力公司，并于同年6月购入广州电力部分股权。翌年1月25日，中电在香港正式注册，大股东仍为施云家族，嘉道理家族则只属小股东而已。从中华电力的《公司组织章程》中看，公司最初的注册股本只有二十万元，分为两百股，每股一千元。

由于广州电力业务发展不理想，公司于1903年悉数出售所拥有的股权，改为将焦点集中到似乎有一番重大发展的九龙半岛之上。不久，公司更决定在红磡海边兴建发电厂，为九龙半岛居民供电（在此之前，只有香港岛才有电力供应）。然而，由于该区的发展并没预期中快（例如该区总人口在1907年只增加至一万七千八百一十二人，较十五年前增加25.4%而已），令公司营运连年亏损，有股东因而抛售股票，选择离场。伊里与兄长则因看好公司发展前景而人弃我取，令家族的持股量不断增加。到了1914年，伊利的兄长已因拥有一定比例的中电股份而进入董事局。

1918年，已经成为中电主要股东的伊里促成了公司重组。原创办人施云虽获任命为主席，但主要管理大权已紧握在嘉道理家族成员手中。由于嘉道理家族坚信九龙半岛的发展极具潜力，并认为要令中电茁壮成长的主要条件除了强化管理，更需增加投资，因而推动了股东们的注资行动，令公司股本由原来的二十万元增加至一百万元（每股作价仍为五元，发行股份则增加至二十万股），并将大部分新增资本投放到组建新发电厂的项目上。

经过这次重组和增加投资，中电终于可以摆脱过去的弱势，逐步发展起来，令九龙半岛获得源源不绝的电力供应。正因九龙半岛的电力供应自此之后能够像香港岛般稳定，不仅大小商业投资被吸引进来，居民生活条件也有了很大改善，令整个半岛从此变得生机勃勃。

1922年2月24日，伊里兄长（依里斯）去世，但家族对中电的投资仍有增无减。举例说，应电力市场的不断增加，公司于1922年12月14日、1924年1月21日及1928年4月23日的数年间，先后举行三次特别股东大会，将股本分别增加至两百万元、三百万元及三百六十万元，用以增铺输电网及兴建新发电厂，家族则因不断增加对中电的投资一直维持着单一最大股东的地位。

除了中电，由嘉道理家族控制的香港大酒店，还于1924年斥巨资于尖沙咀兴建一家顶级大酒店，即日后的半岛酒店。此投资在当时社会无疑是一项十分大胆的决定，因为虽然九龙半岛自从有了稳定的电力供应后，经济已经取得一定发展，但香港的商业中心仍在中、上环，不少人因而不看好该投资。但日后的发展则证明，嘉道理家族的决定正确，该酒店于1928年开业后即成为尖沙咀的地标，九龙半岛的经济也更加繁盛，而中电的电力市场更以几何倍数扩张。

当然，若要全面地诉说九龙的沧海桑田急速发展，另外两个家族（曹善允和布力架家族）的贡献，同样极为重要，我们因而必须提及。数据显示，有了嘉道理家族的开拓，并经历了一段时间的发展之后，九龙半岛已有一番不同景象，其前进步伐，基本上与香港社会发展的脚步一致。由于经历了1921年至1922年及1925年至1926年连续且尖锐的劳资矛盾，香港九龙与新界，均出现了人心思治①的氛围，不少市民又重拾"只求赚钱谋生、养妻活儿"的赚钱心态；至于中国内地政坛在一轮激烈斗争之后渐归一统，尤其在孙中山去世之后，蒋介石力量崛起，并大权在握挥军北伐后，香港不再成为政治斗争的焦点，因而可以恢复昔日的经济挂帅势头。

另外，自金文泰上任后，由于高举中国传统文化旗帜，并加

---

① 人心思治：民众希望国家安定

强对华人精英与世家大族的吸纳，不但赢来了既得利益集团的大
力支持，也缓解了社会的矛盾。事实上，金文泰接任港督一职
后，因为他本人对中国文化和传统的熟悉与热爱，对华人社会的
尊重，以及史无前例地委任周寿臣为行政局议员外，还突破性地
于1929年委任两名新人促进了与澳门和澳葡政府的关系，同时接
收九龙半岛的社会精英进入立法局，用行动解读了港英政府关于
城市发展的视野和精英吸纳的方向，而进一步拓展九龙半岛。此
举并非只是深耕港岛北岸，更为了扩大政治吸纳的影响力。至于
那两位有幸获得金文泰垂青的社会精英，便是曹善允和布力架
（Jose Pedro Braga）。

曹善允于1868年生于澳门一个大家族，祖籍广东中山，父亲
曹有（又名曹应贤或曹渭泉）在澳门曾经营博彩生意，致富后积
极参与澳门慈善事业，例如倡议创立镜湖医院，更是首位获得葡
萄牙国王授予勋衔的华人，清政府也曾授予二品官职，并赏赐花
翎顶戴，可说是极少数同时能够获得中葡两国政府垂青的华人
精英。

数据显示，曹善允年方十四岁（即1882年）时，被父亲安
排前往上海，[①] 攻读国学，四年后返回澳门，受到1886年已经在

---

① 早年，生活在港澳的华人富家大族，不少仍有培养子孙到清政府考取功
名的思想和举动，除了聘请有功名（如秀才、举人）的家庭老师，也会派遣有潜
质子孙亲赴内地，受教于有名气的老师门下。曹善允年纪轻轻便被父亲派到上海
学习，很可能正是考取功名思想或计划的反映。可惜，已发表的民间资料暂时未
能解答为何当年曹善允被派赴上海求学。

港英政府颇受器重的韦玉（日后获委任为立法局议员）推荐，[①]
转赴英国，入读切尔滕纳姆学院（Cheltenham College），攻读法
律，并在毕业（1890年）后留英实习数年，于1896年取得执业资
格。同年离英到港，获高等法院授予在港从事法律行业的资格，
创立独资经营的律师事务所，并逐渐参与社会事务，担任政府公
职。由于曹善允与韦玉关系深厚，因而与何启相知相交，并曾参
与何启和欧德合办的启德滨投资计划，[②]成为该庞大房地产发展
项目背后的实际执行者，其角色在何启于1914年去世后尤其显得
重要。

　　进一步的数据显示，何启凭着其雄厚政经人脉能量，最终打
通政府各种行政关卡与经络，在九龙湾沿海一带实行填海造地计
划后，他本人却突然去世，给项目经营者带来了沉重打击。虽然
如此，其他投资者仍全力以赴，一心推动九龙半岛的建设，而属
于正当年的曹善允，自然肩负较大的责任。

　　在全力投入启德滨发展项目的期间，曹善允于1918年获港英
政府赠予太平绅士头衔。到了1919年，启德滨发展项目的首批楼

---

　　① 韦玉家族其实也是生意与投资遍及港澳，与两地不少世家大族交往深
厚，例如韦玉胞弟韦朗山便曾参与澳门的博彩业，当然同时也捐款支持社会公益
慈善。

　　② 其他参与者还包括伍廷芳、周寿臣、韦玉、周少岐、莫干生，以及伍廷
芳太太（何启胞姊）何妙龄等。其中何启与欧德既是生意伙伴，也是姻亲，因
为何启女儿下嫁欧德儿子，显示两家关系极为紧密。相关数据可参考Choa, G. H.
The Life and Times of Sir Kai Ho Kai: A Prominent Figure in Nineteenth Century Hong
Kong. Hong Kong: The Chinese University Press，2000及郑宏泰、黄绍伦. 女争. 香
港：三联书店（香港）有限公司，2014

宇终于完成，而曹善允一家于1920年由港岛妙高台搬到九龙湾居
住，以便更有效地监督项目发展，因而成为早期少数由港岛转到
九龙的社会精英。启德滨投资项目仍在发展之时，连结旺角至九
龙城的道路（即日后的太子道）终于在1926年竣工，大大提升了
九龙半岛的交通效率。为了配合这一发展趋势，曹善允又与友人
创办启德巴士公司（简称"启巴"），经营九龙湾至旺角、油麻
地一带，由于后来经营欠佳而被九龙巴士有限公司（简称"九
巴"）取代。

另外，香港大学于1927年成立中文系，曹善允成为其中的支持
者。同年，他的律师楼又决定与英人学洵（Paul M. Hodgson）合并，
组成曹善允学洵律师楼（Tsao and Hodgson Solicitors），强化本身
在香港律师业界的竞争和地位，令其名字炙手可热。也就是说，
在二十世纪二十年代末，无论是专业地位、生意经营或是社会服
务，曹善允均取得了重大成绩与突破，因而吸引了港英政府的目
光，成为政治吸纳的重点对象。

接着来说葡萄牙裔的布力架，他于1871年生于香港，家族长
期扎根澳门，具有深厚影响力，并于香港开设外贸港口不久选择
转到香港另谋发展，拓展商机，因而他日后视香港为打拼事业的
舞台，并造就传奇。

在布力架的人生中，外祖父罗郎也（Delfino Noronha）因为
从事文字出版业务，尤其是曾经独家承办港英政府大小印刷的背
景，似乎给他带来不容低估的影响。数据显示，年幼时的布力

架入读与他一样诞生于1871年的意大利修堂学校（Italian Covent School，即嘉诺撒圣心书院前身），后转入圣何塞书院，其间因为成绩优异成为学生领袖。中学毕业后，布力架就读于英属印度加尔各答大学的圣芳济书院（St. Francis Xavier's College），并在留学该校期间取得奖学金，使他可以远赴英国继续深造。

学成后，布力架选择回到香港，在这块出生成长的地方打拼事业。回港初期，布力架因为外祖父的人脉关系加入了士蔑西报，成为记者，并因表现突出随即获擢升为该报司理，除了参与行政管理工作，也撰写政经评论，之后因掌握媒体力量吸引了政府的关注。到了二十世纪初叶，布力架决定离开报界，投身商界，并自立门户，创办了布力架公司（Braga & Co.），然后举家移居九龙尖沙咀（当时该区是葡萄牙人集居地），全心全意推动九龙半岛的发展，迈出人生的另一片天地。至于其中最受瞩目的，则是参与了中华电力的建设与变革，并因此赢得了不少人的称颂。

由于打拼事业之时的布力架对社会发展十分关心，也热心公益，因而不但令他获得了良好名声，港英政府也对他另眼相看，并于1919年赐赠他太平绅士头衔。此一举动既反映港英政府对其致力服务社会的行为给予肯定，也成为支持布力架继续为推动社会前进而发声献计的原动力。

也就是说，无论是曹善允或是布力架，两人一方面表现出卓越才干与热心服务社会，另一方面则在拓展九龙半岛方面做出重要贡献，至于他们同时拥有的澳门背景，并代表了两种切合港英政府口味，有助其拓展政治影响力的条件，则让他们最终可以脱颖而出。

当然，我们必须承认，港英政府的用人政策，实在有其老谋深算的一面，所以在吸纳的过程中基本上采取了"循序渐进，历经考验"的原则。简单而言，港英政府会先委任心目中打算吸纳并已有一定信任的社会精英担任"署理"（acting）职位，当发现其表现突出，通过政治考验后，才会让其"坐正"，担任正职，并会"从低做起"，而非"一步登天"。无论是早前的伍廷芳、何启、韦玉或周寿臣，或是当时的曹善允和布力架，其模式仍然一以贯之，没有例外。

可以这样说，应本身的政治需要，也注意到曹善允和布力架的专长和才干后，港英政府除了分别于1918年及1919年赠予两人太平绅士的头衔外，又先后于1921年委任曹善允进入洁净局（即日后的区议会），当然还有其他诸如香港大学校董会成员及货币流通委员会成员等。至于布力架则于1921年获委任为危地马拉驻港大使（此点应与他的葡国身份有关），然后于1925年获委任为股市调查委员会委员，接着的1926年再任命他为洁净局议员。

由于两人成功通过了港英政府的"考验"，而当时的港督金文泰又积极考虑拓展立法局的政治影响力，期望九龙半岛进入新世纪后逐步发展起来，因而造就了曹善允和布力架其力量的崛起，并于1929年获港英政府委任为立法局议员，不但使个人事业有了重大突破，也使家族名声和地位同样获得很大的提升。

正如俗语所云："机会总是留给有准备的人。"曹善允与布力架之所以能够获得港英政府青睐，在二十世纪二十年代迅速崛起，无疑与二人投身社会后积极打拼、不断努力有关，而他们做人处事面面俱到，在困难或重大挑战面前勇于承担，在社会上又广结善缘，显然也属不容忽略的因素。

◆参考文献

1 Chater, L., *A Prominent Armenian from Calcutta and the Grand Old Man of Hong Kong: Sir Catchick Paul Chater: A Brief Personal Biography*. Kolkata: Armenian Church，2005

2 Report of the meeting. *Hong Kong Legislative Council.* Hong Kong: Hong Kong Government Printer，1926.5.27.25～29

3 *The Daily Press*（22 July 1890）

4 Choa, G., *The Life and Times of Sir Kai Ho Kai*, Hong Kong: Chinese University Press，2000

5 Lau, Y.W., *A History of the Municipal Councils of Hong Kong: 1883-1999: from the Sanitary Board to the Urban Council and the Regional Council.* Hong Kong: Leisure and Cultural Service Department，2002. 59

6 《申报》合订本. 第47期, 光绪二十年（1894）五月初十日

7 *Bubonic Plague in Hong Kong*. Hong Kong: Government

Printer，1896

8 Lau, Y.W., 2002. 59～64.

9 郑宏泰、黄绍伦. 山巅堡垒：何东花园. 香港：中华书局（香港）有限公司，2012

10 周德辉. 石龙周氏家谱. 香港：商务印书馆，1926；有关何东家族，请参考郑宏泰、黄绍伦. 何家女子：三代妇女传奇. 香港：三联书店（香港）有限公司，2011；有关李石朋家族，请参考秦家聪. 香港名门：李氏家族传奇. 蒙宪、蒙钢（译），香港：明窗出版社有限公司，2002

11 萧国健. 新界五大家族. 香港：现代教育研究社，1990

12 Airlie, S., *Thistle and Bamboo: The Life and Times of Sir James Stewart Lockhart*, Hong Kong: Hong Kong University Press，2010

13 英国负责香港事务的部门档案CO.129.284.21576，"Administration of New Territories"。

14 Choa, G., *The Life and Times of Sir Kai Ho Kai*. Hong Kong: Chinese University Press，2000另可参考Wesley-Smith, P. *Unequal Treaty. 1898-1997: China, Great Britain and Hong Kong's New Territories*. Hong Kong: Oxford University Press，1980

15 Hase, P.H., *The Six-Day War of 1899: Hong Kong in the Age of Imperialism*. Hong Kong: Hong Kong University Press，2008. 114～117

16 Aker-Jones, D., *Feeling the Stones: Reminiscences,* Hong

Kong: Hong Kong University Press，2004

17《华字日报》，1919年7月28日。

18 郑宏泰、黄绍伦. 香港米业史. 香港：三联书店（香港）有限公司，2005

19 *Supplement No 1 to the Hong Kong Government Gazette*. Hong Kong: Government Printer，1919

20 林友兰. 香港史话. 香港：芭蕉书房，1975

21 曹克安. 家居香港九十年. 台北：星岛出版社，1986

22 曹善允博士追思录. 香港：香港侨声出版社，1956

23 曹克安. 家居香港九十年. 台北：星岛出版社，1986

24 Braga, I.P., *Portuguese Pioneers of Hong Kong: Holicultural Experiements at Kowloon*. Macao: The Macao Review，1930

25 Braga, J.P., *The Portuguese in Hong Kong and China*. Macao: Macau Foundation，1998

26 Macao Tribune.1944.2.13

第五章

海外归侨家族的落户与分途并进

可以这样说，华人坟场在名称上刻意加入"永远"字样，而非像香港坟场或天主教坟场的名称般简单直接，背后所流露或表达的，或者正是部分华人扎根香港的信息，因而也可视作移民心态日渐褪色、本地身份逐渐提升的反映。

澳洲归侨与百货家族：先施、永安和大新

十九世纪与二十世纪之交的香港，可谓深受内外多重复杂因素交互影响，令其社会及经济结构发生了前所未见的蜕变和整合，至于不少家族也在这个时期发生巨大变化。前文提及强租新界令香港综合实力壮大，晚清政府难挽狂澜于既倒，令香港成为推动革命的桥头堡，连年的瘟疫使公共卫生制度与城市建设模式改变，尤其是人口流动（移民）与商业网扩张，促使香港社会的血脉和肌理明显发生重大转变，而不少海外华侨家族转投香港怀抱，则是常被忽略但却对香港日后发展影响深远的事宜。

十九世纪中叶，美国及澳洲等地先后发现金矿，之后又因美洲、澳洲及东南亚一带的欧美国家殖民地推行大型垦荒种植及发展基础设施建设（例如铁路、水利）等，吸引了一批接一批工资低廉的中国乡民离乡背井，漂洋海外谋生。这些华工虽然刻苦耐劳，做牛做马，但工程完成或有了经济基础的时候，却仍被弃如敝履，备受多重歧视，日常生活与工作遭到社会白眼与排挤，就连相关的政府也针对华人，一方面征收"人头税"，另一方面则

推出排华法案，限制华人在美国、加拿大及澳洲等地的生活、工作与发展空间。

　　面对移居地诸多歧视、留下难与不公平对待，部分华工意识到寄人篱下的生活及事业发展有所局限，因而选择打道回府，先后返华。但回到家乡又感受到家乡常受到战火或地方治安不佳所影响，加上经济发展停滞，与国际商业网缺乏联系等不利经商和施展抱负的问题，而与家乡近在咫尺的香港，则既让人感受到经济充满动力，机会处处，也显示其体制与西方接轨，商业网遍布世界各地，因而令香港变得像巨大磁场般，吸引了无数海外归侨转投它的怀抱，利希慎父亲利良奕在十九世纪八十年代离美返华，再转到香港发展，便是这些归侨的例子。

　　值得指出的是，这些转投香港怀抱的海外归侨，大多具有如下一些共同特质：①对中西方社会的发展有一定认识，并在西方社会拥有一定人脉；②拥有一定资本及经商经验，并颇能吸纳西方的经营之道；③对经商有一份热忱，并显露出积极打拼、勇于创新，以及敢于承担风险的企业家精神。

　　由于转投香港的海外归侨具有以上特质，而香港高举自由开放旗帜，社会经半个世纪的建设已让其硬件及软件均趋向成熟，因而能为这些归侨提供更好的发展舞台，令双方可在各有所长、各取所需的情况下相辅相成地发展起来。至于百货家族（先施、永安和大新）扎根香港，则是海外归侨中最享负盛名，也最让人津津乐道的有趣案例。

牵头在港创立先施百货公司的重要人物名叫马应彪，1862年生于广东香山（即今日的中山），青年时期已在家乡学做小生意，充当"生菓鲜鱼小贩"。年约二十岁时，则乘华工漂洋浪潮远赴澳洲悉尼谋生。初期在矿场打工，略有积蓄后与友人创办永生公司，"改贩苏杭杂货，或间作各埠水客"，并"代理各端口土产及中国杂货"。十九世纪九十年代初，信奉基督的马应彪因回乡成亲缘故，将澳洲生意交由友人打理，但在乡间成家立室后，又觉得再赴相隔万里的澳洲实在不便，但留在家乡又失去打拼事业的舞台，因而选择前往香港，并于十九世纪九十年代末在香港创立华信庄及永昌泰等贸易公司，继续打拼事业、追寻梦想。至于令马应彪声名大噪，在中国商界显赫一时的，则是他在百货业的独树一帜。

1900年1月8日，马应彪集资两万五千元，与数位同样曾在澳洲谋生并同样回流到香港的同乡蔡兴、马永灿、欧彬和郭标等，创立首家华人大型百货公司——先施公司。该公司坐落于人流如鲫的港岛皇后大道中172号及174号，货物琳琅满目（尤其是洋货或称舶来货），更重要的是店铺设计装潢极富现代色彩，令顾客耳目一新。至于店铺强调现代化管理，提出"不二价"（即明码实价，不再讲价）的经营理念，以及一改传统聘用女售货员以及提供"货物出门，可以退换"服务，可谓大开风气之先。由于推陈出新，百货公司开幕不久即成为城中购物热点，生意滔滔。

西方的研究发现，创新式企业家（又称熊彼特式企业家）行为很容易被竞争对手模仿。如果模仿者（称为却士拿式企业家）能做出某些改善，更会超越创新式企业家。先施公司取得的成功，吸引了永安公司和大新公司的跟随，他们在相互竞争中不断成长、壮大，与另一大型百货公司——中华百货公司，合称"四大公司"，日后甚至可与财力雄厚的英资连卡佛百货（Lane Crawford）分庭抗礼。至于他们的成长故事，更成为学术界深入研究并常常引述的例子。

先施公司经营约七年后的1907年，既属澳洲归侨又是同乡的郭泉、郭乐兄弟"照板煮碗"，在与先施公司只有一步之遥的德辅道中创立永安公司，并同样以货物种类多、标榜"不二价"和强调购物娱乐休闲集于一店（即今日大型购物商场的概念）等为招牌。相隔不久，原先施股东蔡兴，与胞弟蔡昌及朋友等（大多同为基督徒）另起炉灶，在德辅道中创立大新公司（主要业务由蔡昌打理，蔡兴仍留在先施公司），并以同样经营模式吸引客人光顾。至于先施则先后在德辅道中215号及221号，以及干诺道110号及112号加开分店，扩大经营，令相隔短短数百米的港岛中、上环一带百货商店林立，热闹非常。

清政府覆亡，中华民国创立，先施、永安和大新同样看到中国内地的庞大市场而将拓展眼光投向内地，先后在中山、广州及上海等地设立门市，拓展百货市场。其中上海的先施与永安均位于南京路，两店遥遥相对，并常各出奇谋、短兵相接、互不相让，成为一时城中热话。后来，原先施公司经理刘锡基仿效蔡兴的做法，伙同澳门侨民李敏周另起炉灶，在上海创立新新百货，店址同样选择在摩肩接踵的南京路。与其他三家百货公司不同，新新百货以特卖场及广播电台直播室为招牌，同样颇受顾客欢迎。

澳洲归侨的百货家族由香港斗到广州、上海，在其他方面的投资竞逐，也有样学样、亦步亦趋。由于百货生意大受欢迎，货物吞吐量庞大，同时又拉动强大物资及资金流——包括不同货币的汇兑，先施公司顺势将投资拓展到贸易、纺织、运输、保险及银行等层面上，其策略即现代管理学上的产业整合或生意多元化。至于永安、大新，以及其他百货公司也先后跟随，在产业整合及生意多元化方面做出相类似的努力，连串发展令相关家族的实力日壮，在商界的影响力则日大。

先施、永安及大新等百货家族在不同层面上虽然彼此竞争、互不相让，但他们既属同乡，又属生意拍档或好友，有些甚至隶属同一教会、同一商会，生活圈子重叠，也是人尽皆知的。而他们的子孙后代缔结秦晋之好，甚至上契结义，则让他们发展成一荣皆荣、关系紧密的庞大"命运共同体"，在社会上发挥着极为巨大的作用。

东南亚归侨与药店家族：余东旋和胡文虎

相对于新旧金山归侨在香港的大展拳脚、闯出新天地，东南亚（俗称南洋）归侨在港的发展明显独树一帜，其中的佼佼者，比如药业巨子余东旋及其家族、胡文虎家族。与新旧金山的名字不同，南洋的名字对于十九世纪的中国人而言，应该不会太陌生，原因是无论宋元时期的海上贸易，或是明朝初期的郑和七下西洋，甚至是广州十三行贸易等，均与南洋关系密切，华南沿岸一带乡民对于南洋的风土人情及地理环境等均时有所闻，有些甚至颇为了解。

经过半个世纪的无为而治，进入二十世纪，香港经济及社会已经发展到了一个崭新水平，不少家族也在那半个世纪的急速发展过程中领略到香港的社会及商业规律——不只是表面的规律，还包括潜藏的制约及价值观念，因而较能做到左右逢源、扬长避短，并可在风浪变迁中汲取养分，逐步壮大。由于这种突破性发展，不少海外归侨相继转到香港落户，此举动蔚然成风。而原本立足南洋的余东旋及胡文虎，也不约而同地将发展方向对准香港，于二十世纪初将家族企业的总部搬到这里。

余东旋，祖籍广西，祖父余鹤松据说是风水先生，约于道光年间因风水问题移居广东佛山，而父亲余广培则于1876年漂洋出海，远赴南洋槟城（今马来西亚）谋生，主要是经营俗称"饷码"（tax farming）的橡胶和锡矿开采，并因该生意牵涉管理大量劳工带动了对日常百货、药品及汇款等环环紧扣的需求，余广培顺势成立一家名叫"仁生"的宝号，兼顾经营进口中国百货、中药及汇兑等生意。

1877年，余东旋在槟城出生，大约四岁时被送回佛山，交由祖父余鹤松照顾并接受教育。到了1893年，余广培在槟城去世，已届二八年华的余东旋只好离开佛山，重新踏上出生地槟城，接管父亲的生意。其时，"饷码"专利的生意已结束，余东旋只好将精力集中于经营国货、中药及汇兑等业务上，并在原来的"仁生"宝号上加入"余"字，成为"余仁生"的新名称，借以统合大小生意。其中又以中药白凤丸和保婴丹最负盛名，产品不但畅销南洋一带，也在中国华南地区有口皆碑。虽然经营中药并非家族财富的最大来源，但却令"余仁生"一跃成为家喻户晓的品牌，有华人的地方必然认识。

除了积极开拓在槟城的业务，风华正茂的余东旋又将生意网延伸至整个马来亚半岛、爪哇和新加坡等地，并取得十分理想的发展成果。进入二十世纪，余东旋一方面与友人在新加坡创立华利银行，加大汇兑业的开拓，另一方面又于1909年在香港文咸街设立余仁生药店，扩大销售网，两项投资既为余东旋带来巨额利润，也令其生意网在南洋及华南的不同角落不断延伸。

到了二十世纪二十年代，余东旋认为香港的发展空间更大，乃将企业总部迁到香港。其间，余东旋每次趁市道欠佳时吸纳地皮，进军地产，令家族财富随着香港经济的持续攀升不断膨胀。然而，日后令余东旋常被人提及的，并非其坐拥令人艳羡的巨大财富，而是他在东南亚及香港建成了大量仿欧洲式城堡的独特举动。其中，在般咸道、浅水湾及大埔兴建的三座城堡，虽已先后易手拆除，重建成参天广厦，但在二十世纪七十年代前则是相关地区的标志性建筑，备受瞩目。其次，余东旋名下圈养有多达三十匹赛马，并一律以"玫瑰"主题命名的趣闻，也是城中热话，常为人所津津乐道。

同样在南洋经销中药令家族名扬海内外的还有胡文虎家族。胡文虎，祖籍福建永定，父亲胡子钦，据说是一名中医大夫，于大量华工漂洋出海时期远赴缅甸，在悬壶济世的同时，开设了一家中药店，名为"永安堂"，在当地颇有名声。1882年，胡文虎在缅甸仰光出生，在其上有一兄胡文龙，但早逝；在其下有一弟胡文豹，二人日后成为最佳拍档。与余东旋相似，胡文虎年幼时被父亲送回家乡永定接受教育，之后才重回仰光，发展事业。

1908年，父亲胡子钦去世，二八年华的胡文虎接掌永安堂。在弟弟的协助下，胡文虎大力拓展中药生意，一方面加强研制新药，增加药物种类，并改善产品包装，切合市场所需；另一方面则加大力度宣传，推广产品的作用和功效。令该公司经销的中成药如万金油、头痛粉、八卦丹及清快水等，在公共卫生与医疗条件欠佳的年代，成为不少家庭的"看门药"，广受客户欢迎。不出数年间，永安堂像余仁生一样成为南洋一带家喻户晓的著名品牌。进入二十年代，胡氏兄弟将永安堂迁至新加坡，不久再转到香港。而销售网除了南洋各港口，更扩展至广州、汕头、泉州及福州等地。

正如余东旋及其他家族企业的发展步伐一样，在发迹行业赚得第一桶金之后，很多人会走上多元投资的道路。胡文虎也不例外，但令该家族在华人社会影响力更大、名声更扬的，不是地产或金融，而是新闻传媒。原来，为了配合家族旗下药品的宣传，胡文虎在二十世纪初想到了创立报纸的一箭双雕方法，一来可借以分散投资，扩大经营网，二来则可节省药品广告的开支。

在此投资策略的主导下，胡氏兄弟先后在南洋、中国香港及内地等地创办了《仰光日报》《星洲日报》《星光日报》《星暹日报》《星槟日报》及《星岛日报》等中文报纸，之后又增加英文报纸（例如香港的《英文虎报》），摇身一变成为当时社会的传媒大亨，在中国香港、内地，以至南洋一带的社会政治、商业贸易，乃至文化教育等，均有举足轻重的作用。

胡文虎的投资多元化道路虽与余东旋不一样，但他名成利就之后一妻多妾，并不惜大花金钱以兴建大屋的意识，似乎又与余东旋没有两样。当然，他所兴建的大宅采取中国风格，而不是如余东旋般的欧洲式城堡，又凸显了两人对于中西文化内涵及底蕴的不同。至于胡氏兴建的最具代表性建筑，首推新加坡的虎豹花园和香港的虎豹别墅。这两处建筑与余东旋生前兴建的众多城堡一样，在原主人去世后难逃易手并遭受了被拆除重建的命运。

毫无疑问，余东旋和胡文虎在其父亲产业的基础上将家族企业发扬光大，令家族名声随着其经销的中药推广至南洋与华南，进而创立跨国企业的王国，在"华洋"社会可谓无出其右，极具影响力。可惜，自他们身故后，后代传承即出现各种各样的问题，令家族在不同内外矛盾与竞争的挑战下迅速衰落，其传奇故事更常引来"富不过三代"的慨叹。

典当与银号家族：李右泉和冯平山

中国虽是世界上最先引入纸币概念的国家，而山西票号也曾名扬一时，但金融体系的制度化和现代化，却远远落后于欧洲。可惜的是，中华大地上并没孕育出诸如罗富济（Rothschild，另译罗斯齐尔德）、摩根（Morgan）或雷曼（Lehmann）等具现代化经营及管理视野的金融家族。如果我们认同，现代化金融业是芸芸产业中的高端产业，金融业发展欠佳，必然窒碍经济发展，无助产业升级，则不难理解过去一个多世纪中国经济发展相对落后的问题所在。

香港在开设外贸港口后，除了早前提及的1865年颁布的公司法例、十九世纪七十年代的股票买卖以及1891年正式成立证券交易所等现代化金融体制建设，华资企业从经营传统金融业务——例如典当、汇兑、银号钱庄等，逐步学习到西方现代金融的巧妙与独特之处，然后能不断吸收养分，掌握窍门，日渐壮大成为香港金融的核心力量。

有论者认为，当押业（又称典当业）是华人社会发展金融业的初期阶段，原因是在早期社会，当遇到现金周转困难时，能够依靠制度（即亲属朋友以外）取得借贷，而手续又较简便的，便是典当，用今天的术语即是"抵押放款"。如果我们同意典当业是华人社会金融业的源头，那便能发现此行业在香港开设外贸港口不久即已陆续出现，而且发展蓬勃，当时的典当铺则多开设在赌馆附近，数量一度比米铺还要多。

统计数据显示，在十九世纪九十年代，当时香港总人口约有二十二万人，其中港岛的米铺和银号各有三十余家，而当铺则有四十余家，可见当押生意的蓬勃。由于当年的人口大部分是移民，亲戚朋友不多，遇有经济困难极难获得协助，典当铺以首饰衣物作抵押，愿意借出一定金钱给客户应急，其提供的信贷服务，自然受到市民欢迎。到了十九世纪二十年代，香港的总人口攀升至八十四万左右，而典当铺的数目估计也增加至一百三十五家（表A），显示相关服务仍深受欢迎。

表A：华资传统金融业转变：
十九世纪九十年代与二十世纪二十年代的比较

	十九世纪九十年代	二十世纪二十年代
总人口	约22万人	约84万人
银号	30余家	39家
金银找换店	—	20家
汇兑店	—	126家
当押铺	40余家	135家
米铺（批发和零售）	30余家	232家

在典当行业中，名气最大、实力最强的，要数"当铺大王"

李右泉了。据记载，李氏1861年生于广东南海，青年时期来港谋生，主要是开办当铺，并指他拥有香港超过八成的当铺，"质库几乎遍立乎香江"。致富后，李右泉进行多元投资，先后创立"广东雪厂、盐步机器制纸厂、皮革厂"等。

有关"李右泉拥有香港八成当铺"之说，或者言过其实，但他旗下当铺遍及港岛大街小巷则一点儿不虚。在郑紫灿编的《香港中华商业交通人名指南录》（1915年出版）一书中，他列出了五十七家当铺，其中八家由李右泉拥有，例如皇后大道中382号的恒利、惠灵顿街81号的安阜、皇后大道中101号和185号的其生、湾仔道85号的其源、差馆上街2号的大生、德辅道中84号的元享，以及皇后大道中75号的全兴等。由于李右泉在当铺行业地位无出其右，当押行商会的主席一职，自然由他担任多年。

典当业与银号、金银找换店及汇兑店之间看似没有业务往来，但内在关系其实千丝万缕，远比一般人想象的复杂。由于香港是自由贸易港，资金进出极为频繁，加上大量海外华工辛勤积蓄需汇寄回乡，香港的银号、金银找换及汇兑店等扮演了十分重要的角色。[①] 从资料上看，十九世纪九十年代，银号约有三十

---

① 自开设外贸港口至1913年，由于香港与中国内地经贸往来密切，中国内地的通货——银锭、碎银及铜钱，在香港广泛流通，加上中国的货币采用银本位，白银自然成为金融体系的血液。但是，各地白银的成色含量不同，汇兑、找换生意乃应运而生。至于名正言顺经营白银生意的银号，由此得名，其生意则不限于白银的存借买卖，还牵涉汇兑及找换。也即是说，银号、金银找换店及汇兑店，其实是"一条龙"的服务。

家（可惜当时并没列出找换店及汇兑店的数目）。到了二十世纪
二十年代，银号的数目只微增至三十九家（当中二十七家已加入
银业行商会，十二家则未加入该会），但金银找换店及汇兑店则
分别增加到多达二十家及一百二十六家之多，可见这些生意与香
港经济及社会的急速成长同步前进。

在当时社会的众多银号中，实力最强，并处于领导地位的，
应数邓志昂的天福银号，周少岐、招雨田的泰丰银号，马叙朝的
公裕银号，冯平山、杜四端、郭翼如的维吉银号，以及余道生的
昌盛银庄了。其中又以冯平山的传奇故事，最让人津津乐道，对
香港金融业的影响最大。

冯平山，1860年生于广东新会，青年时期跟随叔父远赴暹罗
（今泰国）经商，略有小成。1882年，因回乡奔父丧而结束暹罗
业务，之后转往四川等地从事药材及土产等贸易，并因"牙齿当
金使"的守信重诺举止闻名商界。进入二十世纪，冯平山移居香
港，在发展南北贸易之余，进军银号行业，在商界的影响力更
大。[1] 据说，中华民国创立翌年，香港银号曾因内地再爆战火，
引起市场恐慌而受影响，身为东华三院总理的冯平山洞悉金融市
场规律、反应冷静，赢得了不少人的赞许。吴醒濂这样介绍：

癸丑（1913年）军兴，香港金融蒙其影响，（东华）医

---

[1] 除上文提到与友人合创维吉银号，冯平山还成立亦安银号，日后又入股
东亚银行，成为永远董事，在本港金融界深具影响力。

院有积存之资十数万金贮于银号，众议即须提取。先生（冯
平山）谓（东华）院董皆殷富，动关商场观听，一提存款必
群起相继，银业益滋紊乱，乃以其产业文据为质保不提金，
银市卒赖以安。①

值得指出的是，无论是经营当押铺，或是从事银号、汇兑或
找换生意，这些家族本身大多从事进出口贸易，例如李右泉拥有
南北行永丰源（德辅道西30号），冯平山拥有南北行兆丰行（文
咸西街79号），他们在不同层面上拥有一定人脉及商业网，而决
定融资及借贷的潜在规则，又与交情、信誉及客户关系等纠缠在
一起，显示当时的华资金融家族，仍难走出血缘、地缘、业缘的
关系老套子。

开辟永远坟场，富家大族决定扎根香港

对今天的香港居民而言，或者不会留意他们身份证上印着的
"永久性"（permanent）字样。同样地，他们也应该不会注意
到香港的华人坟场，不少也有"永远"（permanent）的字样，例
如香港仔华人永远坟场、柴湾华人永远坟场、荃湾华人永远坟场

---

① 引自吴醒濂. 香港华人名人史略. 香港：五洲书局，1937. B11

或将军澳华人永远坟场等。反而埋葬洋人的坟场，则不会附加此词，例如红毛坟场（Colonial Cemetery）、天主教坟场（Catholic Cemetery）或巴斯坟场（Parsee Cemetery）等。当然还有某些慈善机构或企业的组织，有时也设有"永远顾问"或"永远董事"等头衔。为何我们会这样强调"永远"或"永久"呢？背后隐藏着什么意思呢？与二十世纪一二十年代初香港与内地政治环境转变和港英政府更改政治吸纳等安排是否有关系呢？1913年获委任为立法局议员的刘铸伯又在这方面发挥了何种作用呢？下文让我们利用开辟"永远坟场"的例子，回答以上各个疑问。

正如前文谈及，香港在开设外贸港口时的原住民不多，在不同时期涌入的均属移民，他们到港谋生，只想快点儿、多点儿赚钱，并将大部分收入汇寄回乡，养妻活儿、买田买地，直至无法再工作或老了，便返回家乡、安享晚年。正因如此，十九世纪至二十世纪的香港，一直被指是移民社会，"过客心态"（sojourner mentality）泛滥。在这种心态的驱使下，移民大多只视香港为临时居所，不会选择在港永久定居。如果在港谋生期间不幸去世，也不愿在此安葬；就算迫于无奈在港下葬，也只视作"临时"性质，希望日后能移灵回乡。东华三院的义庄及运载遗骨服务，也是为圆华人移民心愿而设。

对于华人社会的移民心态及丧葬安排的传统，港英政府一直不加理会，主要认为这些无碍管治。就以丧葬为例，当洋人（也包括"无根"的混血群体）在港去世后，政府按不同宗教信仰开辟了坟场，作为其埋骨之所；对普通华人的死葬问题，反而没有给予长远及有计划的安排，只由他们"自生自灭"。此乃早期香港社会的独有现象。

进入二十世纪之后，革命力量的不断壮大，乃至推翻清政府的过程中，香港明显扮演着极为重要的角色。曾经在港读书及活动的孙中山，前文提及的何启、李煜堂及冯自由等人的例子中，也可看到他们直接参与其中的足迹。至于普通民众直接或间接投身革命者，也多不胜数。成功推翻清政府统治后，无论是曾经参与其中的一群，或者只是沉默的大多数，都显得极为雀跃，鼓舞或激发起更大革命热忱，另外显然也对内地的新政府、新时局有更大期望，增加了他们进一步参与内地政治的意欲和动力。

对于这种前所未见的局势发展，港英政府显然感到不安。一个合理的推断是，如果任由这种支持革命、参与内地政治的势头持续，甚至成为社会主旋律，港英政府必然会碰到愈来愈强的政治需求（事实上，辛亥革命之后，民族情绪高涨，中国内地已有要求收回香港地区及澳门地区主权的声音），令港英政府的管治难以像过往般畅顺。香港会卷入内地的政治旋涡之中，必会为港英政府及英国政府带来更多麻烦，抵触其利益。因此，对内地政治保持"中立"态度——尤其是注意到中华民国创立之初的政局其实波涛汹涌、激流处处，显然会成为重要考虑点。

在这样的政治生态下，港英政府不可能没想到移民社会虚浮波动与无根的一面，而十九世纪末、二十世纪初陆续出现在港出生或生活日久的华商，选择入籍英国（例如李石朋）、效忠英国，并视香港为永久居住地，与香港同进退、共存亡的群体，又很自然地让港英政府觉得他们较为可靠、值得信任，在思考如何调整政治吸纳对象、寻求政治同盟者时，成为重点招揽的目标群体。至于应刘铸伯等认同本土、表示会扎根香港的华商要求，在香港仔石排湾拨出土地，于1914年兴建华人永远坟场，则可视作港英政府笼络效忠华商的一步，也可看作是统治者局部推行本土化政策的开端，也是用于抗衡革命激情、扶植本土力量的举止，这一举措还包括支持效忠港英的华商创立孔圣会，灌输孔孟之学，以及推动创立宝安商会，维护本地商人利益等。

数据显示，香港仔华人永远坟场在1914年开辟之前，港英政府虽然也有拨出一些土地作为华人坟场，但地契写明那些只属"临时用地"，意思是港英政府可随时把土地收回，而下葬的尸骨则需迁走，其清楚的信息正说明了"无根"（华人社会重视落叶归根）与"临时"的重要特质和含意。由于那些坟场属临时性，加上下葬者多属"客死异乡"的底层百姓，条件相当恶劣，富有人家大多选择返乡举办厚丧重葬，这也反过来说明为什么华人社会的移民心态那么强烈，原因与港英政府没有给予永久居民待遇有关。

1911年年底，认同本土的华商巨贾们，以刘铸伯为代表，向港英政府提出拨地兴建华人永久坟场的要求，并在原则上获得了港英政府的接纳，因此举有助"凝聚一群希望认同香港的华人",算是为开辟华人永远坟场踏出了关键的一步。1913年,刘铸伯获委任为立法局议员,显示港英政府的精英吸纳政策,有了重大调整,所以由他提出设立永久坟场的建议,同时获得了准许,并批出了香港仔石排湾的地皮。于是牵头推动此计划的华商巨贾们,顺理成章地成立坟场管理委员会,着手推动实质工程建设,并于翌年完成。

对于上世纪初刘铸伯与那些在港出生或生活日久的富裕华商们,选择以港为家,死后宁愿长眠香港,而非坚持要埋骨于家乡的价值观转变,周少岐胞弟周德辉(又名周荫桥)所写的一段文字,或者可以作为一个注脚:

> 吾旅港华侨,向无永远坟场,岁甲寅(即1914年),刘君铸伯联合绅商,请港政府拨石排湾之高山,为掩骼埋胔之所,而华人始有永远坟场矣。

自此之后,那些认同本土的富商家族,亲人去世后,大都下葬该坟场,周寿臣家族、周少岐家族、莫仕扬家族、冯平山家族、利希慎家族等,则是其中的例子。有趣的是,刘铸伯虽是牵头创立"永远"坟场的人,但他在1922年死后,却没有安葬在香港仔华人永远坟场,而是送回家乡安葬,长眠于宝安平湖的黄土中,可见他虽然口说扎根香港,但思想上其实仍未摆脱传统"落叶归根、埋骨桑梓"的固有思想。可以这样说,华人坟场在名称上刻意加入"永远"字样，而非像香港坟场或天主教坟场般简单直接，背后所流露或表达的，或者正是部分华人们扎根香港的信息，因而也可视作移民心态日渐褪色、本地身份逐渐提升的反映。

必须指出的是，港英政府虽然同意了富商巨贾在港设立永远坟场，但并不表示普通移民（在没有获接纳可归化英国前）可以成为香港的永远（永久）居民，不管他们在港生活多久或做出多大贡献。换言之，华人移民仍属临时居民，港英政府不会给予任何法律保护、福利或政治权利，反而可随时拒绝他们离开后再到港，或是将他们遣回原籍（家乡），递解离港，而无须任何理由与解释。也就是说，港英政府当时的所谓本土化政策，其实只针对心目中要笼络的富商巨贾群体，普通民众无福消受。这种情况，一直延至1971年当政府修订了《人民入境条例》（于1972年实施），才出现真正的转变，因为从那时起，连续在港居住满七年后的华人移民，可以成为永久性居民，享有各种政治权利，而他们身份证上"永久性"（permanent）字样，则成为扎根本土的最有力保证。

◆ 参考文献

1 郑宏泰、黄绍伦. 一代烟王：利希慎. 香港：三联书店（香港）有限公司，2011

2 吴醒濂. 香港华人名人史略. 香港：五洲书局，1937.

22～23

　3 郑宏泰、黄绍伦. 商城记：香港家族企业纵横谈. 香港：中华书局（香港）有限公司，2014

　4 吴醒濂. 香港华人名人史略. 香港：五洲书局，1937. 24～25

　5 Sharp, I., *Path of the Righteous Crane: The Life and Legacy of Eu Tong Sen*, Singapore: Landmark Books，2009

　6 钟宝贤. 余仁生家族的创业、传承与应变. 载郑宏泰、周文港（编）. 家族企业与继承. 香港：香港大学亚洲研究中心，2010. 18～43

　7 Chung, S.P.Y., *Migration and Enterprises: Three Generations of the Eu Tong Sen Family in Southern China and Southest Asia, 1822-1941*, Hong Kong: Centre for China Urban and Regional Studies, Hong Kong Baptist University，2004

　8 罗香林. 胡文虎先生传. 香港（没注明出版社），1955

　9 余鸿建. 香港印刷业典故. 香港：香港印艺学会，2011

　10 Brandel, J. and Tyrbeville, T., *Tiger Balm Gardens: A Chinese Billionaire's Fantasy Environments*, Hong Kong: Aw Boon Haw Foundation，1998

　11 周亮全. 香港金融体系. 载王赓武（编），《香港史新篇》. 香港：三联书店（香港）有限公司，1997. 325～369

　12 陈镋勋. 香港杂记. 香港：中华印务总局，1894

13 中华人名录. 香港：香港南华商务传布所，1922

14 吴醒濂. 香港华人名人史略. 香港：五洲书局，1937.20

15 中华人名录. 香港：香港南华商务传布所，1922

16 叶汉明. 东华义庄与寰球慈善网络：档案文献资料的证据
与启示. 香港：三联书店（香港）有限公司，2009

18 余伟雄. 香港与辛亥革命之关系及革命史迹. 香港：中国
历史学会，1980；李国强（编）. 孙中山与香港. 香港：香港各
界文化促进会，2011

19 高添强. 高山景行：香港仔华人永远坟场的建立与相关人
物. 香港：华人永远坟场管理委员会，2012

20 高添强. 高山景行：香港仔华人永远坟场的建立与相关人
物. 香港：华人永远坟场管理委员会，2012

21 周德辉. 石龙周氏家谱》，香港：商务印书馆，1926

22 郑宏泰、黄绍伦. 香港身份证透视》，香港：三联书店
（香港）有限公司，2004

第六章

家族在政治旋涡中的应变与靠拢

　　香港华商，乃至海外华商，他们有鉴于国家处于风雨飘摇之际，一改过去不理政治，只顾赚钱的心态，变得较关心政治、多讨论时局，甚至以外国势力为"心腹之托"，协助国家摆脱贫弱之局，则显得日渐普遍。

华商实力日强，议政参政风起

在清政府同意将新界大片土地租给英国的两天后，即1898年6月11日，光绪皇帝鉴于大清积弱不振，败于一直被指只属倭寇小国的日本，导致招来新一轮列强瓜分的浪潮；而一直垂帘听政、把持朝政的母亲慈禧太后同意让其亲政后不久，便宣布推行声势浩大的变法运动，力图转弱为强，扭转困局，此即"戊戌变法"。可惜，变法仅推行约一百天，在9月21日即夭折，不仅光绪皇帝遭到软禁，参与其事、鼓吹变法的一众骨干成员，不是遭到杀害，便是被迫逃亡。其中的核心人物康有为，则在香港新崛起富豪何东的协助和安排下，由上海逃往香港，并在何东家中寄居一段时间。而何东的这一举动，在那个营救及窝藏朝廷钦犯可以招致杀身之祸，甚至可能被诛九族的年代，无疑是极不寻常的政治举动。

正如前文提及，香港开设外贸港口定位为自由贸易港，强调经济挂帅，"华洋"商人涌至的最主要目的，是及早赚取最多利润，然后返回老家享福，不但"过客心态"（sojourner mentality）强烈，对香港毫无归属感可言，对政治也没兴趣

（或可说基本没什么空间让他们参与），同时缺乏议政论政、针砭时弊的氛围和空间。正因如此，当时的居民常被谑称为"经济动物"，只知谋生赚钱，不谈政治，也不涉政坛。

经过近半个世纪的发展——尤其是在第一次鸦片战争后清朝国力无法摆脱衰弱不振的格局下，大量华人漂洋出海谋生经商，此举带动了香港经济及贸易发展，令香港华商（包括移民和本土者）羽翼渐丰、其网络不断向海内外扩散，因而壮大成了一股不容低估的经济力量。在这个过程中，他们一方面模仿并吸纳不少洋人经商办事的组织和经验，另一方面也日渐意识到政治与商业实在难以切割分离的现实，加上甲午战争之后上至帝王将相，下至布衣黎民无不对国家民族将亡忧心忡忡，这促使不少香港家族不得不一改过去不卷入政治或不谈论时弊的习惯。上文谈到何东冒险出手救助康有为便是商人参与政治的例子之一；何启曾在报刊上撰文抨击曾纪泽、张之洞和康有为等人则属例子之二。

然而，更能说明香港华商实力日壮，并开始染指政治、针砭时弊的例子，莫如1899年1月在中华会馆举行的华商集会，[①] 以及翌年将中华会馆易名为华商公局（后再改名香港华商总会，即

---

① 在1896年，一批华人精英已仿效香港会（Hong Kong Club）的模式创立中华会馆（The Chinese Club），显示华商实力日壮，但该会联谊及交换商业情报功能较大，议政论政乃至参与政治风气仍未兴。事实上，自1881年首名华人伍廷芳获委任为立法局议员起，接着只有黄胜和何启获邀加入立法局，他们多具专业身份，不是律师、医生，便是文人，作为商人的韦玉迟至1896年才获吸纳至政治体制中，显示商人参政论政未成气候。

今天的中华总商会）。至于不少华商精英——例如何东、何福、罗长肇、刘铸伯、冯华川和陈庚虞等，则先后加入香港华商总会，成为该组织的领导或骨干成员，在交流商业讯息、联系商谊与维护权益之余，凝聚政治力量，借以表达各个家族的政治立场，从而影响政府政策。

今日，香港常被指是"示威集会之都"，有人对大小集会实不以为然，但在十九世纪末叶，则属轰动一时的社会大事。更引人注目的，是该次集会出席人数多达一千七百人，场面热闹，参与者更多属社会有头有脸的人物——例如立法局议员（现时的立法会议员是示威集会常客，但当年则绝非如此）、洋行买办、行业翘楚及社会贤达。

触发这次华商集会的原因，一方面是甲午战争之后中国面临被瓜分的危机，另一方面则是维新变法失败令人担忧政局日坏，而英国商会联合会派出英国海军少将兼下议院议员白雷斯福（Charles Beresford）到中国活动、考察，防止俄国向华扩张，影响英国在华利益，[1] 在英国殖民统治下的香港华商，似乎本着"一为神功，二为弟子"的想法，配合了白氏的行动，不但多次宴请白氏，与之会面，请其讲述主张，又举行该次声势浩大的

---

① 白雷斯福于1898年9月30日抵港，然后在通商口岸一带活动，直至翌年1月9日离华，活动时间约一百天（与戊戌变法时间相若），提出的主张包括中国应维持门户开放政策，以及英国协助中国训练军队以抵抗外侮。相关讨论，请参阅戴银凤. 贝思福访华述论. 近代史研究，2003年第1期. 140–167.

"造势"集会。

在该次集会上，华人精英如何东、何启、梁星垣、廖紫珊、何昆山、卢芝田及刘渭川等充当领导者，[①] 并曾在集会中发言，一来称赞白雷斯福的真知灼见，二来则呼应其各项倡议。举例说，廖紫珊发言时指白雷斯福"欲振兴中国商务……其考察兵法之故，无非为保中国商业，以御外侮起见"。何东则表示，据他与白氏接触，知其主张是"中国宜大开通商门户，及英国官（方）宜协助中国，整顿陆军"。廖紫珊认为："其大意专为振兴中国商务起见，实我旅港华商等所乐闻"。何启表示同意白氏的主张，但必须"先为理财，使财力有余，则整顿练军方收实效"。

为了表示他们此次集会并非受白雷斯福或英国影响，梁星垣的演说则做出了如下"此地无银"的澄清。他说："吾济身居斯土，无党亦无所私，一片愚诚，日望中国之振兴，以免外人之欺藐者。"刘渭川在响应时则补充说："我辈为中国赤子，国家形势，当讳莫如深，惟念岌岌垂危，迫得望有挽回之法，今日所聚谈之意，多是为中国谋，非欲利他国。"

由于发言华商全认同白雷斯福帮助中国的"一片苦心"，何

---

① 何启和何东的背景曾谈及，这儿粗略介绍其他各人。梁星垣名字可能是蔡星垣之误（蔡星垣又名蔡紫薇，渣甸糖房洋行买办，1900年担任东华三院总理）；廖紫珊又名廖维杰，招商局（香港）经理，1896年曾担任东华三院首任总理；何昆山又名何献墀，安泰保险公司东主，1882年担任东华三院主席；卢芝田又名卢文瑞，么地洋行买办，1894年担任东华三院总理；刘渭川又名刘国祥，汇丰银行买办，1893年担任东华三院主席，1906年破产。

启建议"草具条陈",上书英国政府,希望英国政府协助中国"练兵保商",并可派遣白雷斯福主理其事。为了避免遭人批评他们别有居心,何启强调应在"条陈"中列明相关举动"非联络外人,以强令本国遵行者,盖盱衡大局,偕箸而筹,实为图效国家,保护利权者也。"至于何昆山则回应说:"今以英国商务论,实与我中国唇齿相依者……舍英无以为心腹之托,所望协力扶持,倾诚相与。"

然而,由于当时内地政局波谲云诡,急流暗涌处处,不但英国政府最后没有理会白雷斯福与香港华商的一唱一和,清政府的决策者也没采纳其倡议,令相关筹谋无疾而终。不久,义和团运动迅速蔓延,并招来了八国联军入侵,进一步证明了清政府的无可救药,也促使孙中山领导的革命浪潮不断壮大。

虽然如此,香港华商,乃至海外华商,他们有鉴于国家处于风雨飘摇之际,一改过去不理政治、只顾赚钱的心态,变得较关心政治、多讨论时局,甚至以外国势力为"心腹之托",协助国家摆脱贫弱之局,则显得日渐普遍。当中,有些政治立场与英国政府一致,也呼应或配合了英国的政策,有些则与英国政治立场不同,所以引起其忧虑。

另外,大家对于推动内地政治变革的态度,也有截然不同的两种情况:一些人持激进态度,较倾向以革命手段,改变社会体制;另一些人则持保守态度,较倾向支持清政府继续变革。至于客观的事实则是,香港自此成为推动内地政治变革的桥头堡(例如兴中会便创立于香港）。而香港议政论政，以及直接参与香港及中国内地政治的情况，也日见深入和普遍。

美国归侨与革命：李煜堂家族的故事

十九世纪与二十世纪之交，积极参与政治的居港华人家族中，李煜堂家族应是其中的突出例子，也最能反映出港英政府对于积极参与中国内地政治的华人家族的观点。据说，李煜堂于1850年在广东台山（传统上隶属四邑）出生，年约十八岁时乘着寻金浪潮漂洋赴旧金山谋生，接触西方世界，并于旅美谋生期间受洗成为基督徒。但不久却碰上了美国排华运动，于步入人生不惑之年时被迫返华，然后转到香港，在上环创立了金利源药材参茸行及泰山源进出口货庄等企业，以陶朱计然为业。

对于无数中国人而言，北洋舰队于1894年甲午战争中败于日本，之后触发连串割地赔款及列强瓜分，明显激发了他们对国家命运危在旦夕的强烈忧虑。朝野上下乃至普通百姓中，有人提出应进一步变法图强，摆脱弱势；有人则认为应以革命手段推翻清政府，建立新政权；而当时在港经商的李煜堂，明显较倾向于后者。

数据显示，倾向采取革命手段的人士于1895年在香港创立了兴中会，吸引了不少同道中人加入，其中的大部分成员，据说是香港及海外华侨，四邑（开平、恩平、新宁、新会）侨民更成为骨干，李煜堂则可能是其中一员，显示他应该在早期已投身革命的洪流。

有研究指出，身为基督徒的李煜堂曾于十九世纪与二十世纪之交参与创立香港中华基督教青年会及相关教会，与何启有一定接触。1903年，李煜堂创立联益保火险，显示生意已有一定发展。翌年，身为商人的他竟然带头组织"广州拒约会"，抗议美国禁止华工入境，行动引人注目。同年，李煜堂还与友人合伙成立四邑轮船公司，并聘请了革命党人陈少白（孙中山同窗）担任经理之职。[①] 如此种种举止，显示李煜堂在生意和参与革命方面同时迈出了重要步伐。

1905年同盟会创立后，投身革命者日多，李煜堂的胞兄（李文启）、儿子（李自重）及女婿（冯自由）也先后加入成为会员，在推动革命方面扮演一定角色。难怪有人会称呼李煜堂家族为"香港革命世家"，并指李煜堂"开办药材行，为革命党传达函电，接受汇款和储藏军械"。

1908年，李煜堂创立康年人寿，其生意似乎再上一层楼。翌年，又与既是同乡又是美国归侨的杨西岩创立"四邑商工会"，并出任该会领导。与此同时，李煜堂以该会名誉在香港展开连串

① 有分析指出，富裕华侨由于与清政府保持一定关系，倾向维新变革，反而知识分子、中小商人及普通华工，则倾向以激烈手段（革命）结束清室统治，另起新局。如果此说法属实，则当时的李煜堂身家应不厚，生意规模并不大。相关的深入分析，请参考蔡荣芳. 香港人之香港史，1841–1945. 香港：牛津大学出版社，2001

招收会员、筹募经费及宣扬革命等活动，举止明显引起了港英政府的不满，原因与后者刻意维持所谓政治中立，不愿卷入对自己不利的政治旋涡有关。

宣统三年八月十九日（1911年10月10日），经过十多次失败和挫折的革命党人，在武昌的革命行动终于取得了成功，控制了该市。之后，革命之火迅速传至武汉三镇，令清政府大为紧张。接着，湖南、江西、山西、贵州、江苏、浙江、安徽、广西、福建及山东等省也相继响应，纷纷宣布脱离清政府的统治，清室内外交困，兵败如山倒。同年11月9日，广东也宣布独立，胡汉民出任军政府都督，李煜堂与其多位四邑同乡则获得重任，例如他本人获委任为财政司长，而好友陈少白、李树芬、李纪堂（李升儿子）及黎国广（李煜堂外甥）则分别获委任为外交副司长、卫生司长、交通司长及民政司长。

对于李煜堂在辛亥革命后的迅速崛起，早前对他在香港大搞政治活动已甚有意见的港英政府似乎表现得不屑一顾。港督梅轩利（Francis May，任期1912年–1919年）在写给英国负责香港事务的部门的信函中批评他："他赴广州时只是个穷人，出任省财政部长职位数月返港时，即已坐拥数十万元巨富，他个人单是投资在香港地产方面，即已超过十万元之巨。"钟宝贤的研究则显示，革命前夕的李煜堂确实"处于破产边沿"，辛亥革命后不出十年间，则摇身一变成为"保险王"，因他那时名下控制的企业计有两家西式银行，六家保险公司，以及三家地产投资贷款公

司，业务更遍及香港、广州及上海等地，显示其财富急增与政治
形势急转有关。

为何梅轩利对李煜堂的迅速致富表现得猜忌、不屑，甚至指
其名字是a name enough to damn（译为：一个令人厌烦的名字）。
有两个重要问题值得注意，由于港英政府的应变措施日后大大地
改变了香港的政治影响力和金融发展轨迹，以下让我们深入一点
儿谈谈当中的关键所在。

广东军政府成立之初财政紧绌，作为财政司长的李煜堂，除
了在港发动华商"筹饷"，还透过何启的关系向港英政府表示，
希望在港发行彩票或债券，借以集资，支持广东政府，但建议遭
到梅轩利拒绝。梅轩利不支持李煜堂的做法，一方面是基于政治
考虑，另一方面则与李煜堂的财政政策有关。梅轩利指出，自出
任广东军政府财政司长后，李煜堂在没有提供任何贵金属储备的
情况下滥发纸币（即俗语中的纯印银纸），因而广东财政紊乱，
冲击香港金融。

不可不知的是，自香港开设外贸港口之初，内地的通用货币
（白银和铜钱）一直可在香港自由流通，情况就如今日港币及人
民币在澳门广泛被接纳一样。正因如此，英国的通用货币虽为英
镑，并采用金本位，但中国香港则通用银元，并与内地一样采取
银本位。换言之，李煜堂在广东大印银纸，便如现时美国大印银
纸般冲击香港金融体系，不同之处是当前美国大印银纸是由全球
"买单"，但当年广东军政府大印银纸的结果，则有不少比例由

香港承担。

为此，港英政府于1912年10月发出通告，重申1895年"银行纸币发行条例"中的规定，香港所发行的通用货币必须有充足储备。由于通告未能见收效，梅轩利于1913年采取强制措施，禁止所有其他形式货币在港流通，结束了中国银元近七十年可以在香港自由流通的历史。此举无疑曾引来两地民众交往和贸易的极大不便，但对建立香港本土货币地位与本地金融制度而言，则影响深远。

梅轩利不满李煜堂不单因为觉得他滥发纸币冲击了香港金融，更重要的是担忧政治上的巨大风险。在致英国负责香港事务的部门的信函中，梅轩利强调辛亥革命后的中国内地政局其实并未明朗，但以袁世凯为核心的北方政府更具实力，港英政府不应贸然靠向任何一方，而应力求中立。这与李煜堂等四邑人站在南方革命党人一边，以及身为立法局议员的何启和韦玉也大力支持孙中山一方出入巨大。至于李煜堂被指曾发动或支持抵制电车公司的运动，也令梅轩利不满。

正因众多政治因素左右，梅轩利一方面于1913年终止了何启的立法局议员身份（韦玉的任命则于1916年才结束），另一方面则在不同层面上排挤与革命党人关系密切的四邑人，尤其改为向政治取向截然不同的宝安人（或称本地派，例如刘铸伯、周寿臣和何东等）招手，令香港的政治关系改变、政治方向转变，所以导致了后者政治力量的不断提升，日后甚至因为配合了港英政府的政治议程，所以跃升为香港华人社会的中坚力量。

毫无疑问，靠拢政治力量而"上位"的家族，很难避免当自己所依附的党派失势时，可能出现兵败如山倒、失去昔日光辉的问题。由于中华民国草创之初政局动荡，不同政治力量像走马灯般轮替上落，李煜堂也难独善其身，在失去政治靠山——尤其当孙中山于1925年去世后，又重归平淡。1936年1月1日，曾在政商之间游走，并叱咤一时的李煜堂于香港去世，享年八十六岁。由于他是"九老会"中最年长的一位，消息曾令社会关注。

告老还乡的周寿臣与香港政局改变

俗语有云："有人辞官归故里，有人连夜赶科场。"辛亥革命之后，当进入耳顺之年（六十岁）的李煜堂在革命枪声响起之时北望神州，投身轰轰烈烈的政治大潮时，年届半百（五十岁）的周寿臣则选择告老还乡，远离中国内地的政治旋涡。如果李煜堂代表了新崛起的激进政治力量，周寿臣应可作为传统保守力量的代表。两股力量在清政府初亡、民国初创那个新旧权力交替的政治空间急速转变、政治斗争极为激烈之时，无疑令中国内地和香港的政坛变得波谲云诡、暗涌处处。

或者是注意到当时中国内地政坛权力斗争气氛令人窒息，在清政府为官近三十年，积累了深厚政治历练和人脉关系的周寿臣，毅然决定急流勇退，远离政治角力场，回到香港的家乡。表面看是归园田居，实际上却不难让人觉得是深谋睿智的另有打算。

正如前文谈及，1860年生于香港黄竹坑，十岁左右入读皇仁书院，之后获选为"留美幼童"，返国后被清政府派到朝鲜任职，甲午战争后转派天津，后来又获任命为牛庄（位于辽宁）道台的周寿臣，不但与其他"留美幼童"如唐绍仪、梁如浩及蔡绍基等情如手足、关系深厚，与内地政坛呼风唤雨的袁世凯也私交甚好。举例说，袁世凯于1909年被罢黜期间，周寿臣与他便常有书信往来，显示关系不浅。

事实上，当袁世凯出任中华民国大总统一职后，过往与他交往密切的"留美幼童"唐绍仪、梁如浩及蔡绍基等均获得提拔，分别在新政府内出任总理或部长等高职，地位显赫。周寿臣不是更上层楼，而是全身而退，举止无疑令人感到意外。虽然如此，辞官后的周寿臣仍获袁世凯授予三等嘉禾章，以资嘉许，从侧面让人看到彼此间关系并非泛泛之交。周寿臣在内地官场拥有深厚人脉及社会资本虽不容否认，但若不是当时香港社会和政治环境出现同样不容低估的巨大变化，他或者未必可以获得一展所长的政治舞台，日后不可能成为香港首位获委任进入政局的华人议员，更遑论在任期届满后可以用其名字作为港岛一座山头的名称，以兹纪念。

简单来说，辛亥革命成功推翻清政府政权建立中华民国后，香港华人社会出现若干政治力量或政治立场上的微妙转变，引起了港英政府的高度关注和担忧。这些微妙转变包括：

（一）支持革命的力量似有掩盖传统保守力量之势；

（二）支持地方（广东）的力量似有掩盖国家的力量之势；

（三）原来吸纳的政治力量，政治立场似乎与港英政府迥异，产生无法为其所用之势。

说得具体一点儿，革命爆发之前，香港华人社会中出现了支持革命与支持维新变法的两派力量，前者以普通民众、中小商人及知识分子为主，后者则以既得利益集团与大款巨富为主。港英政府虽高呼政治中立，但本质上倾向后者。革命胜利后，支持革命一派登上广东政坛，主要代表是李煜堂及其"四邑商工会"的骨干成员。但他们在广东掌握权力后与北方（北洋）政府对着干，推出的各项政策——尤其是在广东滥发货币——却引起了港英政府的强烈不满，因为相关政策被指影响英国的"中国政策"，[①] 并会威胁香港的金融稳定。

更令港英政府感到不安的，还有普通华人的政治情怀——主要指关心中国政治的热情急速升温。辛亥革命爆发前，在港居住的华人一般不理政治，只顾工作谋生，对殖民统治的不公平大多忍气吞声。辛亥革命胜利后，普通华人对未来寄予期望，同时对殖民统治的不公平表现出不满，1912年的电车抵制运动就是例子

———————

① 这里的"中国政策"，是因为当时的中国有北方的北洋政府和南方的广东政府之间的激烈争斗，而英国政府的"中国政策"，则是所谓"一个中国政策"，简单而言即是只是承认北洋政府，此点也反映了为什么港英政府一直与南方政府并不咬弦了。

之一，各邑商会或同乡会等民间组织如雨后春笋般涌现则属例子之二，两者均被港英政府认为另有政治意图，甚至偏向靠拢广东政府，与当时的英国外交政策背道而驰，因而被认为会危害其殖民统治。

过往，每遇与华人社会出现政治及社会问题，港英政府一般会利用其政治吸纳的"华人代表"（主要指获委任的立法局议员）进行操作沟通，消除各方矛盾。然而，当时的两位"华人代表"（何启和韦玉），却被指鼓吹革命，并旗帜鲜明地站在革命党人一边，就算港督向他们表达关注和不满，也无法改变其政治立场，令港英政府既感不满，也颇为忧虑。

面对以上环环紧扣的政治及社会环境的微妙转变，港英政府明显做出了不同层面或明或暗的政策调整。在政治吸纳方面，港英政府改变过往吸纳那些曾留学海外、在教会学校毕业的华人精英，例如伍廷芳、黄胜、何启、韦玉等，改为吸纳在本地政府学校接受教育（例如皇仁书院）的华人精英，例如刘铸伯、何福、周寿臣、伍汉墀、周少岐及罗旭龢等。① 因此，港英政府于1913

---

① 各人均曾在皇仁书院求学。由于周寿臣及周少岐前文已有介绍，不赘多言。刘铸伯（1867–1922），创立刘铸伯父子公司，曾出任东华三院主席等要职。何福（1861–1926），混血儿，何东胞弟，1900年接替胞兄为渣甸洋行总买办，曾任东华三院要职。伍汉墀（1877–1923），曾任职元发行，后出任新旗昌洋行（Shewan, Tomes & Co.）买办，曾任东华三院要职。罗旭龢（1880–1949），混血儿，早年任职政府翻译，后创立罗旭龢公司（Kotewall & Co.）。可惜，香港日占时期被指与日军合作，不但褫夺其封爵头衔，还下令永不录用，令他郁郁而终。

年委任刘铸伯接替何启，然后在1917年委任何福接替韦玉。

刘铸伯任期届满后获续任，但他于1922年5月去世，其职位由伍汉墀接任。可惜，伍氏在任不足十个月猝然去世，其空缺由周少岐补上，但周少岐在任约半年也因私务太忙辞职，并在1925年一场巨大灾难中去世（参考后文讨论），港英政府于是改由罗旭龢顶替，而他出任该职十多年。至于何福任期届满后（不久也去世），改由周寿臣接任，他担任该职也长达十多年。明显地，在二十世纪的一二十年代，港英政府一改过往的吸纳对象，转为重用在本地接受教育的华人精英。

在社会组织方面，港英政府暗中扶植以刘铸伯为首的本地华人精英在社会上发挥更大影响力，以下三个层面则可作说明：其一是支持刘铸伯重组华商总会，让该组织能配合港英政府立场；其次，支持刘铸伯成立孔圣会，宣扬中国传统文化，抗衡全盘否定传统的革命意识；其三支持刘铸伯牵头成立宝安商会，团结本地社会力量，抗衡非本土的力量。透过以上连串社会组织，港英政府希望能更有效集合支持统治的本地力量，抗衡以四邑商工会为主的亲广东（支持革命党人）的力量。

在经济金融方面，由于李煜堂等四邑商人在一二十年代先后创立广东银行（1911）、上海水火保险（1915）、康年储蓄银行（1922）及英年储蓄按揭（1924）等金融企业，港英政府先后配合刘铸伯、何东、罗长肇等创立大有银行，以及支持周寿臣、简东甫和李冠春等创立东亚银行，借以鼓励市场竞争，以免四邑财团势力不断壮大，主导香港金融。

概括而言，内地政治力量的起落更替，令香港的政治格局和关系发生微妙而巨大的转变，告老还乡的周寿臣，则获得了重用的机会。至于港英政府刻意栽培的精英如刘铸伯、伍汉墀及周少岐等不是英年早逝，便是对政治缺乏兴趣，也使周寿臣变得炙手可热。正因如此，回港不出数年间，周寿臣于1917年获任命为太平绅士，1919年获委任为洁净局议员，两年后（1921）再获委任为立法局议员，一步步走上政坛高峰。与此同时，周寿臣又获推举为宝安商会副主席等职，并参与了东亚银行的创立，令其个人影响力不断提升。

前清遗老居港，政府调整吸纳对象

内地政治发生天翻地覆的转变之际，除身为香港原住民的周寿臣选择急流勇退，告老还乡，回到香港外，也有一批"前清遗老"如赖际熙、陈伯陶、温肃、区大典及朱汝珍等，因无法接受清朝覆亡后的政局动荡、社会紊乱，离开了内地，举家移居香港。他们选择香港的原因，一方面与他们大多属广东籍外，也可能与他们之前已在不同层面上与香港建立一定关系（例如陈伯陶曾参与1898年中英签订《展拓香港界址专条》的工作、赖际熙曾在上京赴考或走马上任时取道香港，与不少香港社会人士如利希

慎等颇有来往），因而对香港并不陌生，甚至颇为了解，并与保
持的人脉有关。

由于这些前清遗老均是饱读诗书之士，既拥有功名，又曾在
大清朝廷为官，社会地位崇高，他们的落户，明显与一直以金钱
挂帅、唯利是图的香港格格不入。或者应该这样说，在此之前，
移居香港、前来谋生的内地移民，要不就是华南沿岸一带贫苦而
教育水平不高的农民或渔民，要不就是那些商人，更有不少属于
被传统主流社会排挤或歧视的三教九流边缘群体，鲜有士大夫阶
层会看得上香港，视之为生活、隐居，乃至发展所长的地方，更
不会想到他们会在此扎下根来，为香港的文化、艺术及教育等事
业贡献力量，同时也丰富了香港社会组织的内涵。

数据显示，革命党人推翻清政府翌年，曾于1903年金榜题
名，考获进士，并进入翰林院的广东增城籍名士赖际熙踏足香
港，居住在香港大学旁的般含道，原因是他于1913年获香港大学
文学院聘为中文总教习，讲解中国传统典籍、弘扬国学；之后又
牵头协创香港大学中文系，提升中文在香港的地位，以及开风气
之先，创立被视为香港公共图书馆先驱的学海书楼，在大量搜集
及收藏古籍之余，又举办学术交流活动，推动国学传播。

与赖际熙前后脚抵达香港的，是年纪较长、辈分较高的陈伯
陶，他是东莞人，早于1892年已考中进士，入翰林院，曾官至江
宁提学使。陈伯陶到港后选择居住在九龙城，因该"城中城"当
时仍属中国管辖范围，而他居港期间则不愿再为五斗米折腰，而

是享受"归园田居"的生活，宁可潜心抱道、专心著述。

另一位到港生活的前清遗老则是朱汝珍，他是清远人，1903年中进士，随即获授翰林院编修之职。晚清变革（即义和团运动后由慈禧宣布的变革）期间，朱汝珍被清政府派赴日本留学，深造法律，回国后曾任教于北京大学，主要从事编纂法律的工作。清政府统治告终，朱汝珍选择了"贞以干事、隐以矫时，居家著述"的生活，然后"浮海乘桴，阐发圣言于异域"，移居香港。在港生活后期，朱汝珍一如赖际熙般获香港大学文学院之聘，在该校任教，但随后选择自创孔圣堂，并任院长，致力弘扬儒家道统。

除此之外，那时在港生活的遗老，还有手抱溥仪登位的温肃，以及同样满腹经纶的吴道镕、区大典等。另外也有不少诸如康有为学生（或跟随者）陈子褒和卢湘父等有识之士。他们同样选择以港为家，并常奔走于香港及澳门之间，大力推广传统国学教育，在谈论时政之余，著书立说，以弘扬儒家思想及传统文化为己任，为当时香港社会注入一股浓烈的人文气息。

必须指出的是，由于袁世凯逼令溥仪退位时，曾以新政府代言人的身份与清室签订协议，答允让溥仪及皇室等在紫禁城生活，并可获得各种生活费用。因此那些居港的前清遗老，每逢农历正月十三日的"万寿节"（即溥仪诞辰），便会派代表到京城祝寿，而没有赴京者则会在香港聚首一堂。1922年溥仪大婚时，遗老们更曾大事张扬，除了筹备贺礼到京城奉贡、祝贺，更曾在港澳热烈庆祝一番。透过各种活动，遗老们一来表示出他们对旧朝的忠贞和支持，二来则借此缅怀昔日光辉，互相扶持慰藉。

　　然而，1919年的"五四运动"和1924年的溥仪被逐出紫禁城，无疑令遗老们十分痛心。众所周知，1919年的"五四运动"虽为波澜壮阔的救国运动，但同时将中国腐败积弱的原因全盘归咎于传统道德伦理价值的腐朽，并将矛头直指孔孟之道，令一直强调敬孔尊王的遗老们有"礼崩乐坏"之叹，深感不安。接着的1924年，溥仪被冯玉祥赶出紫禁城，之后出走关外（日后在日本人扶植下在东北成立了伪满洲国），更令遗老们觉得民国政府言而无信，彻底失望。

　　有鉴于大道不行、传统文化遭到蔑视与遗弃，遗老们想凭一己之力以挽狂澜于既倒，将弘扬国粹、传承道统作为己任，一方面致力于著书立说，编撰地方史志及为先贤立传，以免数典忘祖，另一方面则设馆授徒，期望学有所传、薪火不绝。遗老们致力弘扬国学之时，旷日持久、规模前所未见的省港大罢工爆发（有关这方面的情况，参考另文讨论），而浪潮中走马上任的港督金文泰（Cecil Clementi，任期1925年–1930年）则觉得儒家思想有助稳定社会，强化管治，因而给予积极的支持，令遗老们的努力可以取得突出的成果。

　　一来因为本身热爱中国文化，① 二来有鉴于香港社会自开设

---

　　① 　金文泰是继骆克（James Lockhart）之后另一位对中国文化有深厚认识的港英政府官员，他在二十世纪初以官学生身份到港受训，接触中国文化，不但懂得说广东话，更能以中文作诗，也写得一手不错的毛笔字。

外贸港口以来已发生巨大转变，尤其觉得华人实力已今非昔比，但中文及中国文化却一直未获得政府足够重视和宣扬。金文泰一改历任港督口惠而实不至的做法，给予遗老及华人社会在弘扬国学方面的实质支持。除支持香港大学开设中国研究的学科，成为日后创立中文系的基础，又在各项推广中文运动和弘扬中国文化方面给予了政策上的便利和配合。不过，在筹集资源，推动相关活动的工作上，始终是由遗老及当时的华人领袖负责。

由于遗老们在社会上享有一定清誉和人脉，当他们振臂高呼，向华人贤达劝捐时，获得了不少正面响应，例如在创建香港大学中文系及设立图书馆时，便获得本地华商如冯平山和邓志昂等慷慨解囊，捐出巨款，令日后连串的推广国学运动得以顺利展开。

虽然，遗老们某些忠君思想似乎让人觉得未能适应历史转变，但他们在弘扬国学、保育文化，以及传承道统方面的努力，应该值得肯定。不可不知的是，由于香港是被英国殖民统治的地区，"华洋"混杂、"东西"荟萃，某些层面上的生活习惯及思想价值无疑较为西化，但传统文化和价值的有效保留和延续，则令不少初次接触香港或香港人的"华洋"旅客，感受到香港的传统气息，比内地或台湾地区还要强烈，这与遗老们的努力实在不无关系。

香港虽然被英国殖民统治，但与内地关系之密切、唇齿相依，则可谓人尽皆知，毋庸置疑。正因如此，内地政局的任何风吹草动，很自然会牵动香港社会各界的神经，港英政府对此高度重视，自不待言。清朝的统治稳如磐石之时，华人社会的效忠对象或支持目标，乃至港英政府外交对手清楚明晰，并不含糊。到清政府分崩离析，各股革命力量骤起急跌之后，不同政治力量、支持对象与竞争对手等如走马灯般更替，则难免让人产生政治环境变幻莫测、纷纭乱陈的印象。面对这样的混沌状态，老谋深算的港英政府，不想卷入政治旋涡，宁可保持相对"中立"。

然而，正如前文不同章节中谈及，在那个革命思想如火燎原的年代，不但普通民众一呼百应，投入者多，知识分子，乃至大小商贾参与其中者也有不少，令香港的政治生态变得波涛汹涌、暗流处处。由于担心香港变成了内地政治的角力场，影响了本身的政治与社会稳定，港英政府自然希望华人社会可一如既往地只是埋头赚钱，不理政治，更不要参与内地的革命运动。

过往，每遇华人社会出现政治及社会问题时，港英政府一般会利用其政治吸纳的"华人代表"（主要指获委任的立法局议员）进行政治操作沟通，消除各方矛盾，从而达到其心目中的政治目标。然而，正如前文指出，当时的两位"华人代表"（何启和韦玉），却被指鼓吹革命，并旗帜鲜明地站在革命党人一边，尤其是何启，公开支持其革命事业，就算港督向他多番表达关注和不满，也没法改变其政治立场与行动，如此阳奉阴违，甚至对着干，自然令港英政府既感不满，也颇为忧虑。

面对以上政治及社会环境的转变，港英政府做出政策调整，寻求新的政治同盟者。至于十九世纪末已崭露头角的刘铸伯，则成为港英政府更改政治吸纳对象的重点招揽目标。数据显示，刘铸伯祖籍宝安平湖，约在1867年生于香港，年届七岁时入读西营盘冯富义学，不幸十二岁时丧父，由母亲独力抚养，但仍好学不倦，于其时入读皇仁书院，以优异成绩于1884年（时年十七岁）毕业，随即投身社会。由于精通中英双语，刘铸伯初时服务于广东海关，后获不少洋行垂青，先加入西环货仓公司（West Point Godown Co.），担任文员之职，后转投屈臣氏公司（A.S. Watsons Co.），出任买办，并因才华出众、长于任事而逐步冒起，不但个人财富与日俱增，社会地位及影响力也不断提升。

事业有成后，刘铸伯也与不少富商巨贾一样，借参与社会公益慈善提升个人威望。举例说，1900年起，刘铸伯参与整合华商总会，借以团结一众富商巨贾；1904年，他因积极参与慈善活动获推举为东华医院总理，在该院筹建广华医院的工作上颇有贡献。由于声名鹊起，他更于1905年获北洋大臣杨士骧任命为渔业总办（名义），此举既说明刘铸伯的名望及人脉关系已经伸延至清政府，也说明他与不少朝廷重臣应该颇有交往。

到了1909年，刘铸伯获推举为东华医院主席，在参与该院建设方面做出了更多贡献。同年，他获委任为洁净局议员，为港英政府的地区及卫生事务出谋献策，显示港英政府已将政治吸纳的目光投到他的身上。与此同时，他还配合港英政府"拉一把、打一把"的政策，牵头创立孔圣会，借推广教育宣扬儒家道德教化，抗衡革命思想在港传播。以上方方面面的努力，既令刘铸伯树立起个人崇高的地位和名望，更让他赢得了港英政府的赞赏。

与周寿臣告老还乡时面对的政治格局一样，如果不是港英政府不满意原来吸纳对象的政治立场与自己南辕北辙，想到"换血"问题，崭露头角的刘铸伯看来也未必可迅速"上位"，进入港英政府政治核心。正如前文提及，由于清政府政权分崩离析后中国内地政局波谲云诡，而港英政府又选择与革命党人保持距离，调整吸纳对象以强化对华人社会的管治，自然变成当务之急。至于刘铸伯无论政治立场、个人才干，乃至社会地位及人脉等，均为港英政府所欣赏，因而成为重点吸纳对象。

综合而言，刘铸伯在十九世纪与二十世纪之交的迅速崛起，虽有其个人才干突出的一面，但却不能排除港英政府调整政治吸纳对象所产生的"时势造英雄"效果。取代何启在立法局的席位后，刘铸伯在众多方面配合了港英政府施政，进一步赢取了殖民统治者的信任，而他以本地（宝安籍）优先，争取认同香港华人华商利益的举止，则让他成为推动本土化的先驱，令香港社会的发展轨迹与不同的家族力量发生了微妙但却相当重大的变化。

抗议示威日多，不同家族矛盾加剧

正如前文粗略谈到，推翻清政府后，中国内地的政局变得波谲云诡，令社会出现严重撕裂，连带香港的政治气候也变得暗涌处处，在不同层面上带来冲击。必须指出的是，香港偏南一隅，二十世纪五十年代前的名声及综合经济实力虽然远远落后于位处长江口的上海，但其联结西方社会的角色，则极为重要，是各方政治力量渴求占据的"制高点"。

数据显示，辛亥革命取得成功的消息传至香港时，华人社会不少家族大受鼓舞，纷纷自发点燃鞭炮庆祝，更有市民剪去收蓄已久的辫子，组织游行，以示支持，但部分保守家族则反应审慎。对于华人社会各种抒发爱国情怀的举动，港英政府暗中忧虑。表面上看，港英政府不愿卷入中国内地政治旋涡，实质因素则相信与爱国主义是殖民主义天敌有关。事实上，中华民国创立后，受爱国主义的影响，当时社会曾出现不少收回香港及澳门的声音。

无论如何，殖民统治者曾一度想做出制止，但最终在华人代表何启及韦玉的劝阻下做出妥协，没有公开干预，任由华人在有限度的条件下表达其爱国热心以及对新政局的期许。虽然如此，港英政府高度关注中国内地和香港政治气候的急速转变，以及对何启和韦玉等站在支持革命一方的做法，心底感到不安的情况则可谓愈趋明显。

港英政府对中国内地及香港政局越来越不安可谓并非无的放矢。数据显示，辛亥革命爆发后，因为不满其统治下遭到歧视、剥削或不公平对待的示威抗议，明显较过去频密，而规模则日趋巨大。举例说，1911年10月底，服务于南华早报的华人职工，便因遭洋人职员殴打发起集体罢工，之后蔓延至中文报馆，牵动了港英政府的政治神经。罢工近两个月后，工潮才因资方答应提升华人职工待遇而结束。

接着的1912年及1913年，香港又因港英政府宣布禁止中国钱币在港流通，并且不容许广东政府在港发行公债，令不少华人感到不满。之后，电车公司因港英政府禁止中国钱币在港流通而拒收该种钱币，更引来不少华人抗议。由于行动没有得到电车公司与港英政府的积极响应，而拒收中国钱币背后又牵涉不少家族的重大利益——因不少公司和职工均收取中国钱币，此举会令他们蒙受损失，最后导致了"抵制电车运动"。事件两个多月后，终因何启、韦玉和刘铸伯等华人领袖出面多番调停，[1] 而港英政府又做出一些诸如"半价廉售十万张电车票给华人雇主，以便分发给员工"的安排[2]，令事件得以平息。虽然如此，社会日趋政治化、大小家族矛盾日趋尖锐，支持中国革命一方的家族，与效忠港英政府一方的家族之间的明争暗斗，可谓无法避免。

进一步的数据显示，自1912年起，各种各样的宗亲会、同乡会，乃至大小工会组织如雨后春笋般在香港发展起来，显示不同

---

[1]　刘铸伯和何东均是电车公司的股东和董事，也有不少华人大家族持有该公司股份。

[2]　引自蔡荣芳. 香港人之香港史，1841–1945. 香港：牛津大学出版社，2001. 93

家族均希望借此缔结"联盟",凝聚政治力量。由于二十世纪
一二十年代的内外政治与经济形势风高浪急,不少家族也不可避
免地受到不同程度的冲击。举例说,受政府滥发货币和战乱不绝
(例如欧战与中国内地的军阀混战)的影响,普通工人家族在物
价飞涨影响下显得生活日苦,前文提及的1919年抢米风潮,则属
其中例子。事实上,在1919年,受"五四运动"的牵引,香港曾
爆发连串"抵制日货、保我国权"的示威抗议运动,令社会颇为
波动,而大小家族的应对之道,则可谓不尽相同。

对于"保我国权",大小家族的立场无疑相当一致,但对抵
制日货则显得各有盘算,背后原因当然与利益计算有关。举例
说,运动期间,过去一直大量推销日本货物的先施、永安和大新
百货公司,自然认为政治会影响商业,初时不愿跟随,宁可续售
日货,但此举既招来竞争对手攻击,也令普通民众十分愤怒。
在群情汹涌的环境下,这些公司最终宣称"今后必多采办国产
丝绸、苏杭杂货,并欢迎各界人士到公司检查有无仇货"。虽
然如此,部分中小规模百货公司,明里说提倡国货,其实"阴
行改头换面,出售日货",可见各种运动令大小家族间的矛盾日
趋尖锐。

接着的1920年初,香港在机器上工作的工人又因工资微薄,
难以应对生活,多次向雇主(主要是英资洋行大家族)提出增加
工资要求被拒,于同年3月31日发起罢工抗议,并一呼百应,引
起其他诸如电信、交通及金属等行业工人的支持,令港英政府大

为紧张。为免工潮影响生产，资方于4月19日接纳工人要求，增加薪酬（20%～32.5%），令工潮迅速获得了解决。受到此次工人运动取得成功的鼓舞，一方面是创立工会的数量激增，另一方面则是组织工作变得活跃，粤港政治力量牵涉其中，更属意料中事。至于1922年爆发的另一场矛盾更深、牵连更广的罢工风潮，则是重要案例。

数据显示，进入二十年代，普通民众家族受通胀严重所影响，生活日苦，因而出现一浪接一浪的工人要求增薪的声音，其中的中华海员工业联合总会在那时创立，[①] 便以团结工人、争取增薪为目的。大规模罢工运动爆发之前，虽然该会曾伙同其他劳工组织多次向"华洋"雇主大家族要求增加薪酬，也曾要求华人领袖（如刘铸伯和周寿臣等）寻求协助与调停，但不得要领，双方分歧巨大、矛盾颇深。

由于要求得不到正面响应，总会在1月13日宣布罢工，不少海员返回广州，与内地工人连成一气，而行动得到其他行业工人的呼应，令罢工所产生的问题迅速浮现，窒碍了经济活动。面对工潮扩散，一众华人船主如何东、周少岐及李冠春等，曾私下开会，商讨应对策略，并颇为一致地得出了工人行动背后有政治力量煽动的结论，其中的刘铸伯曾指出："劳工工会从一开始，就

---

① 据说，该会的名称由孙中山所赐，核心人物与国民党关系密切，而总会召开重大会议时，孙中山也会派代表出席。相关资料引自刘蜀永. 简明香港史. 香港：三联书店（香港）有限公司，2009. 152～153

跟政治有关，它们得不到商人的支持，因而诉诸学生与工人，并获得布尔什维克共产党的强力支持。"基于这种判断，船主家族的一致决定是：不与总会对话，拒绝海员要求。

对于劳资间严峻的僵局状态，雇主大家族心急如焚。举例说，李冠春家族的多艘货船停在港口，海员四散，先后离港，令李冠春十分忧虑。事实上，为了迫使工人尽早返回工作岗位，减少损失，雇主大家族曾在多个层面上做出行动。举例说，身为船主的周少岐据说曾向港英政府建议"每一华人离境时，只准携带港币伍元，多者没收"，借以阻吓海员的行动。另外，刘铸伯与周寿臣则曾向港英政府献策，认为应封闭全部工会，逼使工人就范。对于以上的建议，港英政府曾认真考虑，但碍于现实情况未曾实施。

1月27日乃农历新年，大量海员返回内地。为了防止工潮扩大，港英政府宣布总会为非法组织，翌日将之查封，但此举未能令工潮止息，反而愈演愈烈，令不少富家大族更为担心，害怕其进一步影响其家人安全与生意发展。本来，在华人社会享有崇高地位的东华医院，曾在2月8日召开大众集会，做出调停，但结果却变成一面倒的社会贤达（大家族成员）责骂罢工海员的"声讨会"，令双方矛盾加深。

之后，总会代表与雇主大家族代表如刘铸伯、周埈年及叶兰泉等曾进行谈判，但同样无功而还。由于其间陆续有工人返回内地，港英政府于2月28日宣布停驶九广火车，借以阻止工人离港，但此举同样无法冷却工人抗争的热火，不少人选择徒步返回广州。3月3日，约两千名工人行经沙田时，遭英军开枪射杀阻止，是为"沙田惨案"。此举更加激起民愤，令全港各行各业工人愤而罢工，事态更加不可收拾，港英政府更为紧张。

三天后，因乐善好施著名的前渣甸洋行买办何东（他是当时华人社会中唯一拥有爵士头衔的人，另外两位拥有此头衔的何启及韦玉早已去世）突然与工人领袖接触，答应以个人名义捐出巨款，作为受害工人家庭的丧葬及安家费，也同意向其他"华洋"雇主大家族筹款，用以增加工资，改善工人待遇。由于此举实质上响应了总会的要求，而早前港英政府又同意恢复总会的法定地位，总会于是表示接纳，算是令事件得以平息。

然而，据说工人日后发现，何东未能完全兑现承诺。正因如此，有海员曾经向国际劳工会议（International Labour Conference）寻求协助，甚至斥责何东为"工贼"或"走狗"，与船主大家族合谋，欺骗海员。从一些英国负责香港事务的部门秘密通信中，我们发现，到了1929年，日内瓦的国际劳工会议秘书长汤马士（Monsier Albert Thomas）仍有跟进何东未能兑现捐款支付罢工海员工资的承诺的事件，只是港英政府站在何东一旁，低调回应指控，而国内政局又风起云涌、诡异多变，事件最终不了了之。

姑且勿论海员与何东之间的争议孰是孰非，但事件以及早前不少普通民众家族参与连串示威抗议的行动，不同政治力量又在明在暗间渗透其中，上下其手，则可说相当明显。进入新世纪以后，由于中国内地政治环境的变化多端，香港的政治气候也无法不卷入其中，不但令大小家族之间、内地政府与港英政府之间的矛盾与冲突更为尖锐，各方的互信也日见脆弱，而以上种种发展，也直接说明一项不争的事实：港英政府乃至本地不少亲港英政府的大家族，对孙中山及其革命党（国民党）人其实颇为防范、抗拒，不愿与之合作，与我们今天想象的情况，其实有很大差别。

◆ **参考文献**

1 郑宏泰、黄绍伦. 香港大老：何东. 香港：三联书店（香港）有限公司，2007

2 天韵. 港商首次演说集会. 载黎晋伟（编）. 香港百年史. 香港：南中编译出版社，1948. 24～28

3 蔡荣芳. 香港人之香港史，1841-1945. 香港：牛津大学出版社，2001；另外可参考刘蜀永. 香港与辛亥革命运动. 北京：中国文史出版社，1991

4 Chung, P.Y.S., *Chinese Business Groups in Hong Kong and Political Changes in South China*, 1900-1925, Basingstoke: MacMillan Press Limited，1998

5 Chung, S.P.Y., *Chinese Business Groups in Hong Kong and Political Changes in South China, 1900-1925*. Basingstoke: MacMillan Press Limited，1998. 43～47

6 黎燕芬. 多维审视的"辛亥革命百周年展". 页5,缺出版社,缺年份。

7 蔡荣芳. 香港人之香港史,1841-1945. 香港:牛津大学出版社,2001

8 Chung, S.P.Y., 1998. 46~47

9 Chung, S.P.Y., 1998. 47~48

10 Chung, S.P.Y., 1998. 61

11 Chung, S.P.Y., 1998;同时可参考蔡荣芳. 香港人之香港史,1841-1945. 香港:牛津大学出版社,2001

12 郑宏泰、周振威. 香港大老:周寿臣. 香港:三联书店(香港)有限公司,2006

13 Chung, S.P.Y., *Chinese Business Groups in Hong Kong and Political Changes in South China*, 1900-1925. Basingstoke: MacMillan Press Limited,1998

14 Chung, S.P.Y., 1998.

15 邹颖文. 翰苑流芳:赖际熙太史藏近代名人手札. 香港:香港中文大学图书馆,2010

16 陈绍南. 代代相传:陈伯陶纪念集. 香港:作者自刊,1997

17 吴醒濂. 香港华人名人史略. 香港:五洲书局,1937.34

18 罗香林. 香港与中西文化之交流. 香港:中国学社,1961

19 Wright, A.（ed）., *Twentieth Century Impressions of Hong*

Kong: History, People, Commerce Industries and Resources（*new edition*）. Singapore: Graham Brash，1990；另可参考吴醒濂. 香港华人名人史略. 香港：五洲书局，1937. 5～6

20 刘富宗. 刘公铸伯行述. 香港：缺出版社（内部印行），1922

21 蔡荣芳. 香港人之香港史，1841–1945. 香港：牛津大学出版社，2001. 103

22 秦家聪. 香港名门：李氏家族传奇. 蒙宪、蒙钢（译），香港：明窗出版社有限公司，2002

23 蔡荣芳. 香港人之香港史，1841–1945. 香港：牛津大学出版社，2001. 116

24 蔡荣芳. 香港人之香港史1841–1945. 及刘蜀永. 简明香港史

25 Chan, W.K., *The Making of Hong Kong Society, Three Studies of Class Formation of Early Hong Kong*, Oxford: Charendon Press，1991

26 郑宏泰、黄绍伦. 香港大老：何东. 香港：三联书店（香港）有限公司，2007

第七章

粤港政商角力，社会经济环境变迁

　　由于过往的授勋仪式，大都由港督代表英国王室主持，但当时出现了获得册封者之一乃港督本人的现象，故英国王室专门在1926年3月初派出佐治王子（Prince George即后来的根德公爵Duke of Kent）到港，以英国王室成员的身份在港督府举行授勋仪式，正式册封港督金文泰和华人代表周寿臣为爵士。撇除在英国本土举行册封仪式不谈，这种由王室成员亲临香港主持授勋仪式的安排，显然同样是史无前例的。

广东政局诡变，香港家族变阵

长久以来，粤港之间唇齿相依、血脉相连，可谓人尽皆知。这除了因为历史、文化及地缘等因素影响，也与两地大小家族利益和关系在粤港两地纠缠不清有关。民国建立以后，由于广东政权更迭起落频繁而混乱，香港的政治神经常受到牵引，大小华人家族的命运也与之起落同步。海员罢工结束的同时，广东政局发生重大变化，原因是孙中山与陈炯明因政见不同而决裂。而站在二人背后的两派香港华人家族，也随即展开连场角力。[①] 撇除早前整个中国内地政局变化多端不谈，若只集中于1922年海员罢工、1923年广东政局诡变以及香港华人家族不断变阵的问题，也能看到彼此关系的紧密程度。

凭着掌握的军事力量，1920年重夺广东政权的陈炯明，本来

---

① 简单而言，站在陈炯明背后的，主要是港英政府，而配合港英政府行动的，则是以刘铸伯及何东等为主的宝安籍华人家族。至于站在孙中山背后的，主要是支持革命的四邑籍香港华人家族，他们的代表人物为李煜堂和杨西岩等人。Chung, S.P.Y., 1998, *Chinese Business Groups in Hong Kong and Political Changes in South China, 1900-1925*, Basingstoke: MacMillan Press Limited.

与孙中山关系良好，因而在取得政权后迎接孙中山等回广东，共商国是、主持大局。然而，陈、孙两人不久却因政见不同、矛盾日烈。到了1922年6月15日，陈炯明的军队突然炮击孙中山位于广州观音山的总统府居所，逼孙中山离粤，转赴上海，双方关系正式破裂。

　　陈炯明完全掌管广东期间，一方面强化与广州沙面地区的英国势力及香港的关系，另一方面则起用与刘铸伯和何东私交甚好，并且政治立场与港英政府一致的陈庚虞和陈廉伯等人，[①]借以恢复广东的金融秩序、强化军队力量。可是，陈炯明整顿广东经济与军队不出数月，前往上海的孙中山即联系广西及云南的军队（客军），并于1923年1月做出反击，成功将陈炯明打倒，逼使他逃往香港，[②]令广东政权变天，而亲孙中山的香港华人家族——即四邑籍李煜堂和杨西岩等，则再次获得重用，令广东与香港之间的关系再次诡变。

　　事实上，类似这次政局及政治联系迅速逆转的情况并非首次，而是屡见不鲜。据钟宝贤的分析，1917年至1923年的短短六

---

　　① 陈庚虞据说是欧亚混血儿，夏威夷出生，1890年到港经商，与弟曾在汇丰银行的买办部门工作，和陈炯明则有姻亲关系。1914年，陈庚虞出任香港华商总会副主席，主席则为刘铸伯，与亲港英政府的本地华商立场一致，关系紧密。至于陈廉伯，他祖籍南海，青年时曾在皇仁书院求学，毕业后返回广州，出任汇丰银行在该地的买办职位，并经常在广州和香港两地跑。1919年，香港发生抢米风潮时，陈廉伯曾参与何东等人到华中等地购米运回香港的救灾活动，因而获得了港英政府的信任和赏识。Chung, S.P.Y., 1998。
　　② 陈炯明倒台后，陈庚虞与儿子（曾任广东海岸防卫队指挥）也逃返香港，其子两个月后被暗杀，他自己不久也在港病逝。

年间，孙中山曾三度在广州夺取权力，实施管治，而每次建立政权时均面对财政紧绌与无法掌控军队的问题，为了解决财政困顿的问题，孙中山向富商巨贾或财金企业借贷款，以应付政府的庞大开支，据说贷款的绝大部分来自香港的四邑华人富豪大家族，而他们提供借贷的条件，除了分享权力，还有争取经济利益。

一如既往，孙中山再次取得广东管理权力后，向李煜堂和杨西岩等四邑籍香港华商寻求财政支持；李煜堂及杨西岩等四邑籍香港商人，虽然答允给予财政支持，却一如往昔般要求分享权力，并争取获得诸如土地及公共事业生意的经济利益，而孙中山也多数接纳。1923年初，李煜堂获委任为中央财政委员会委员，杨西岩获任命为财政部长，盐运及交通等要职相继交由四邑籍人士出任，而广州不少市区土地及地产，据说也辗转落入四邑籍香港华商手中。

对于四邑籍香港华商这次因提供财政支持而获得回报，有些人认为并无不妥，但有些人则觉得并不公平，其中以廖仲恺为首的少壮派人士最感不满，认为四邑籍香港华商要求的利益过巨，且投机炒卖广东地皮，扰乱广东商业与财经秩序，因而常常劝说孙中山收回各项给予四邑籍香港华商的官职及经济利益。

对于孙中山与李煜堂、杨西岩等四邑籍香港华商在这段时期的微妙关系，钟宝贤提到一则看似小事却令人玩味的例子：杨西岩出任财政部长期间，云南军人曾拿着一张由孙中山签发的面值三千元（广州货币）的支票，要求财政部兑现，由于杨西岩一时无法兑现，云南军人竟毫不留情地将他五花大绑，然后拘禁起来，后来要杨西岩在香港的亲属向财政部存入三千元，让部门兑现云南军人的支票，杨西岩才得以获释。到底这事只属军人行为，还是有人想借军人之手小惩大戒，只有当事人才心中有数，外人很难知悉。

到了1923年中，由于孙中山已全面落实了"联俄容共"政策，并逐步取得了苏联的庞大财政支持，可以不再依靠四邑籍香港华商的力量，因而接纳了廖仲恺的建议，终止他们实质的官职委任。对于孙中山突然解除四邑籍香港华商的官职，取消其商业特权，曾被军人"教训"过的杨西岩虽不敢公然反抗，但据说曾收起作为财政部长权力象征的官印，不肯交出。为此，孙中山感到不快，并曾根据廖仲恺的建议将之惩戒。由于记录不多，我们并不知晓真正的惩戒是什么，但广东乃至整个中国的政局改变，与四邑籍香港华商关系前后不同，则极为明显。

简单而言，自采取"联俄容共"政策，并获得苏联大量金钱资助后，孙中山一方面可以稳定广东金融及经济秩序，稳定民心，另一方面则可于1924年创立黄埔军校，添置军备，从而强化武装力量，此举成为日后蒋介石崛起，并可挥军北伐的强大后盾。

受到这种重大政策调整的冲击，像李煜堂及杨西岩等原本支持孙中山的四邑籍家族，则从此摒弃了与孙中山同一阵线、共享利益的想法，不少自此长居香港，不再染指内地的政治，也不再如往昔般常返家乡、建设家乡。① 而原本已对孙中山颇为提防猜忌的宝安籍家族，以及其背后的港英政府，则进一步强化对孙中山的不满，要去之而后快。由于后者对眼前的新局面寝食难安，各种明争暗斗在不同角落或层面中激烈地展开。

何东推动和平会议，陈廉伯商团武装

对于港英政府与不少香港富豪大家族而言，孙中山在1923年全面落实"联俄容共"的政策，② 无疑触动了他们的政治神经，引起他们对共产主义的恐惧，因而不敢对政局的诡变掉以轻心。由于孙中山一直坚持以武力（北伐）统一中国，此举如果成为事实，则不难让他们联想到，苏联对中国的影响力将达前所未见的地步，并必然产生极为巨大的力量影响英国以及不少商人在中华大地上的各种利益。

面对当时中国政局的风起云涌，港英政府在方方面面筹谋应

---

① 据说，李煜堂女婿冯自由曾于1924年策划反对孙中山的"联俄容共"政策，但消息泄露，并遭孙中山"严厉训诉，次年更被国民党开除党籍"，引自刘智鹏. 香港早期华人菁英. 香港：中华书局（香港）有限公司，2011. 181

② 1923年1月，孙中山在上海发表《孙文越飞宣言》和《和平统一宣言》，前者有与苏联化敌为友寻求合作之意，后者有"裁兵、借款，化兵为工"，全力发展实业之意。2月中，孙中山到港，会见了港督司徒拔（Reginal Stubbs），似是谋求合作。司徒拔当时也表现正面，因觉得陈炯明失势后应争取孙中山向己方靠拢，以免靠向苏联，是以何东居中拉线搭桥。然而，司徒拔的图谋最终没有成功，孙中山更在年中确立了与苏联合作的政策，则令中国政局发生了重大变化。

对，希望局势转变能朝有利自己的一方发展。以往的经验中，当遇到重大政治事件时，港英政府一般会利用其"政治中介人"——尤其是被视为华人社会代表的华人立法局议员，代为四处奔走商谈，探讨虚实，化解矛盾。然而，在1922年至1923年，一直深得港英政府器重的刘铸伯于1922年5月去世，而接替刘铸伯担任立法局议员职位的伍汉墀也于1923年4月去世。因此，港英政府随即于1923年5月委任周少岐接任，但他似乎并没太多与中国政界人物相关的人脉关系。

当时，华人立法议员中其实还有一位重量级的候选人，可成为港英政府的中介人，代其到内地奔走，他便是1921年接替何福的周寿臣。他最终在1923年中高调出头，奔走南北。而四处呼吁和平的另一个人，是早前平息海员罢工时，手法令工人指责的何东（何福胞兄）。

姑且勿论促使何东担起政治中介人角色的真正原因何在，只说他在1923年7月11日突然向全国人民及各省长官发出电函，呼吁各地军政要人召开"圆桌会议"，以谈判方式解决各方分歧，尽早裁减军队人数，结束军阀割据的分裂局面，这一观点一出立即成为中外社会焦点。

对于何东召开和平会议的建议，不少政军名人如孙中山、吴佩孚、唐继尧、黎元洪及张作霖等人，曾先后表示赞同。然而，当时立场偏左的本地华文报纸《华字日报》则大泼冷水，一连数天发表了一篇题为《我欲为提倡和平会议之何东先生进一言》的文章，洋洋数千字地评论何东的和平建议。

文章表面赞扬何东热爱和平的赤子之心，实际则指其建议不切实际，认为何东如果真的想做实事，可捐资设立裁兵公司，并词锋尖锐地指出，提倡和平的良好愿望当然有人赞同，但实效如何则不讲自明，认为其行为只是"制造德政碑、万民伞，为人歌颂功德"。

另外，广州一本"左派"杂志《向导周报》，更刊登了一篇题为《何东是何许人》的署名文章，批评何东背景不明。文章这样写：

> 何东是什么东西？是一个香港的富商。他是中国人还是外国人？看他的姓名是中国人，而他的头衔就是英国的爵士。一说他入了英国籍，一说英国赐他这种头衔，俾他以中国富商和英国贵族的两重资格在中国政治上来出风头。何东所号召的会议是什么东西？据路透社第一次所宣传的是"在西人监督下的全国领袖会议"。①

也就是说，何东还没踏上呼吁和平的旅途之时，四面八方的评论即纷至沓来。不少更直截了当地指其行动是"别有用心政客拿来作为捞取政治资本的幌子"。对于这些评论，何东或许不喜

---

① 引自和森. 何东是何许人. 载向导周报，第39期，1923. P4

欢看，但他应该不难感觉到中国政坛的急流暗涌。电函发出约2个月后的9月中旬起，何东携同平妻^①张静蓉离港北上，展开其推动和平会议的旅程。可惜，其结果却给不少批评者言中。

1923年9月下旬，何东先抵达北平，并先后拜会北平政府的高层，也受到他们的欢迎和礼待。其间，接待单位曾公开表示认同何东的建议，也相信其目的可以达到。与此同时，报纸上很快便出现一些别有用心的报道，指日本人宣传，如果何东的和平行动成功，英国在华的影响力将更为强大。"日（本）人宣传，谓何东和平议成，则英（国）势更涨。"弦外之音指何东是为了英国人的利益而来，此点又带出另一重要政治现实：当时的中国政治，缠绕着日本的利益，表明日本对中国已经垂涎。

虽然我们无法找到更翔实的数据以此证明社会上某些人对何东的举动怀有戒心，或是何东与英国政府有直接联系，但当局在重大政策上的立场，则又与何东颇为不同，情况令人不解。不论如何，两星期后的10月20日，北平（后来改名北京）政府发出命令，表示谋求国家的和平统一，看来是在响应何东的要求。

之后，何东转往天津，面见当地政商贤达，向他们提出个人的和平主张。虽然表示支持者众多，但实际成效不彰。在天津停留一段时间后，何东在11月13日转到汉口，会见当地督军萧耀南，交流彼此的看法。翌日，何东又风尘仆仆地转到河南，会见

---

① 平妻：商人在外经商所娶女子的称呼，其实法律地位是妾。

了吴佩孚。由于吴佩孚与孙中山一样一向主张以军事手段统一中国，对何东的建议看来同样听不入耳，因而也无法与何东达成共识。之后何东又在开封会晤了张福来（吴佩孚亲信，时为督理河南军务长）。或者因为连月劳碌奔波，一直健康欠佳的何东突然感到不适，被迫缩短行程，在开封短暂停留数小时之后折返汉口，下榻交通银行总经理关鹤舫家中。英国驻汉口领事葛福听到何东身体不适的消息后，曾经前往探望。

在汉口期间，当地华商总会特别设宴款待。可惜，何东因病未能亲身出席，改由其夫人张静蓉及私人秘书作代表。席上，与会华商盛赞何东为和平而奔走的苦心，并表示全力支持这次行动，希望国家早日得到和平。至于属于老友的怡和买办陈仙洲，更写了十六字——"旋转乾坤全凭公理、调和南北煞费婆心"相赠，概括了何东这次和平运动的努力。病情略为好转后，何东对外发表谈话，表示行程取得一定成果，社会各界反应积极，对国家和平更是深切期望，并相信一年之内定能实现。之后，何东一行人便利用那个政界常用的"健康不好"的理由，结束行程，打道回府，于1924年初返抵香港，为整个号召和平会议的努力画上了休止符。

对于何东这次"和平之旅"的来龙去脉和困难险阻，一路陪伴在侧的妻子张静蓉，在其书中将失败的矛头指向吴佩孚，认为"惟是吴氏刚愎自用，武力统一之迷梦方酣，陈以和平联席会议政策，固格格不入"。

在很多人心目中，和平会议无疾而终属于意料中事，只是事件背后，反映的信息则是，面对中国内地政局的风起云涌，不少如李煜堂、杨西岩、刘铸伯和何东等香港大家族的当家人，其实曾染指香港与内地政治，这与我们过去常听到"商人不理会政治，只会专心做生意"的情况，有很大出入。凭借他们在社会上的名声与人脉网，他们也确实发挥了巨大影响力。在某些情况下，虽然他们的努力未能扭转乾坤，但在明在暗的影响力，还是不容低估的。

何东的"和平之旅"无功而返，很可能使猜忌孙中山靠近苏联，并会实行共产主义的情绪不断发酵，甚至强化其"软的不行来硬的"思维，而1924年10月爆发的广州商团力图"打倒孙政府"事件，则是最突出的例子。对于这次震惊中外的事件，学术界的观点或分析虽然仍颇有分歧，但背后所反映的香港华人家族及港英政府对广东政治影响力之巨大，尤为明显，值得深思。更为重要的是，自此之后，香港的华人富豪家族，明显变得较为"亲港"（或靠近港英政府），与中国内地的政治联系，则一度变得意兴阑珊，没有像二十年代前般强烈。

数据显示，辛亥革命后，广东政局混乱，斗争不绝，商人为了自保，组织私人护卫队，保障人身及财产安全，该种护卫队的民间组织，日后形成一支由商人直接指挥和支配的武装力量。到了1923年时，这支武装力量已聘用了多达两万名团员（壮丁），他们加入后，更需接受长达六个月的军事训练，显示他们已具有不容低估的"拟军队"武装力量。至于当时在广州统领这支"拟军队"武装力量的人物，则是汇丰银行广州分行买办陈廉伯。陈氏原籍海南，早年曾在皇仁书院求学，与陈庚虞、刘铸伯及何东等颇有交往，与港英政府也关系密切。

正如前文谈及，广州与香港之间唇齿相依，血脉相连，主要商业组织或家族，在两地之间既有业务或生意，又有家人或亲属，更有不少无法切断的无形的人脉关系，因而常常会香港与广州两边走，也对两地的经济、政治及社会发展极为关心。1923年陈炯明失势而孙中山再度控制广州，并逐步靠拢苏联与共产党人后，广东商人与孙中山的关系，也变得日趋紧张。而作为商人"皇牌"的商团武装，则曾在1923年间组织多项运动，包括抵抗云南军人勒索、反对孙中山增收土地交易税，以及反对政府征收建设街道税等。

连串抗拒政府高压政策事件取得成功，不难让商人萌生或强化"与其依靠政府，不如依靠自己力量"的想法。而作为商团领袖的陈廉伯，则提出了向海外增购军火，提升商团武装力量的构思，认为此举除了可用于商人自卫，更可在必要时成为推翻孙中山政府的力量。由于构思获得了港英政府的首肯，加上汇丰银行和部分华人大家族的配合，计划很快便付诸行动。

然而，当该批由英国货轮承运的军火，于1924年8月10日在广州码头卸货时，却被蒋介石的军队查获，并发现其向海关申报的资料，与实际情况不符，因而将之扣押，并追究货主责任。进一步的数据显示，该批军火包括了"起码有四千八百五十支步枪连十一万五千发子弹，四千三百三十一支手枪（Mauser型号）连两百零六万发子弹，六百六十支左轮手枪连十六万四千两百发子弹，以及四十挺机关枪连庞大数量的子弹"。由于军火的数量惊人，其被发现自然令中外社会大为轰动。英国外交部对此也感到惊讶，并对港英政府及汇丰银行参与其事致函质问港英政府，却得不到满意答复。此事件据说成为港督司徒拔提早于1925年离任的其中一个原因。①

虽然陈廉伯以蒙蔽的手段购运大量枪械军火到广州，但他却坚持那只是用于自卫，并无不妥，认为政府扣押并不合理。为了争取军火获得发还，他甚至成立联防总部，发动商人罢市行动，要求政府归还军火、取消重税、保障商人权利，以及将广东铸币局归还商人等。由于事件不但未见平息，反而变本加厉，孙中山也不甘示弱，于1924年8月24日宣布广州市实施戒严，并下令通缉陈廉伯，陈氏则运用其影响力，发动省内多个地区的商会，声援坚持罢市的广州商团。

面对这种局面，广州政府一度准备以武力制止商人的罢市行动。注意到事态严重，英国代理总领事曾发出警告，声言如广州政府攻击广州市区，英国海军即会干涉。初时，由于孙中山急欲

① 对于港英政府及汇丰银行参与其事，被蒙在鼓里的英国外交部，曾致函质问港英政府，但得不到满意答复，港督司徒拔于1925年提早离任，据说也与此有关。参考Chung, S.P.Y., 1998.

北伐，曾想息事宁人，改变态度，甚至撤出广东，但却遭手握军权的蒋介石反对。之后不久，则因大批苏联军火运到广东，促使孙中山以强硬手段处理事件。

10月10日，广东政府借庆祝"双十节"发动群众抗议商团行动，高呼"打倒商团""杀陈廉伯"及"拥护革命政府"等口号。商团一方也不甘示弱，不断在大街小巷张贴标语，与之抗衡。事件僵持数天后的10月15日，孙中山终于命令蒋介石的军队向商团武装展开攻势。由于军力强弱悬殊，商团武装被击溃，英国海军则最终并没什么行动，而由商团占据的西关商业区，据说有高达三分之一用地在事件中遭焚毁。

此后，孙中山与广州及香港的一些商人家族之间的关系变僵。在接着的日子，广州政府更推出了抑商政策，甚至一度计划"应立法禁止买办商人担任政府职位"，显示其对买办阶层的态度相当敌视。同时鼓励工人成立工会，并支持他们发展工人运动。此一发展，成为助长1925年省港大罢工的其中一个重要因素。

在事件中最受冲击的陈廉伯，在事败后逃到香港，[①] 其他不少商人及其家族，也因广州敌视商人的气氛日浓，选择了大举移

---

① 陈廉伯在港定居下来后，同样活跃于政商界，除了于1933年获任命为香港大学校董会成员，1934年获太平绅士头衔，还曾出任东华医院主席一职，据说，更曾"中了马票"。香港日占时期，陈廉伯甘愿为日军奔走，充当汉奸，令不少人对他反感。"1944年12月24日，美机袭击日本航线，陈廉伯死于赴日途中。"引自蔡荣芳. 香港人之香港史，1841–1945. 香港：牛津大学出版社，2011. 270

居香港，香港与广州间的贸易及往来因此大受影响。对于此次广州商团购入大批军火，以及由此引发与孙中山政府的武装对抗，港英政府内部文件揭示，除了担任广州汇丰银行买办的陈廉伯，担任香港汇丰银行的买办——其时为何东过继子何世荣——也牵涉其中，更分析指逃亡香港的陈炯明曾在背后策动。

无论是早前提及何东呼吁和平的努力，或是本文提及陈廉伯刚性武装对抗，两者同样带出如下四项共通点：

①商人家族积极参与政治，想借本身力量左右中国政局。

②港英政府参与其中，想争取或维护本身利益。

③港英政府与亲港英政府的华人家族，对孙中山领导的政府一直颇缺乏信心，自孙中山决定"联俄容共"后，更曾在不同层面上力图扭转局面。

④孙中山在1923年至1924年间推动的"联俄容共"与抑商政策，令原本支持他的香港和广州商人家族大失所望，并强化了他们扎根香港、向港英政府靠拢的想法。

省港大罢工对家族和社会的冲击

孙中山的革命活动、中华民国创立初期中国政坛的诡变、1921年至1922年的海员罢工，乃至何东及陈廉伯等在广东及整个中国政坛的活动，这些都是香港家族及港英政府直接或间接参与中国内地政治的例子，而1925年至1926年席卷粤港澳的大罢工，则可说是中国内地政府或家族干预香港及澳门政治的例子。此举不但严重冲击当时的香港经济及政治，也为社会的发展带来深远影响。华人社会中一些精英，更在此次大罢工中为港英政府奔走而获得信任，令其地位更加显赫，其中具有代表性的人物则为周寿臣与罗旭龢。

对于周寿臣，早前曾有颇多介绍，在此不再赘言，反而罗旭龢则须做一些介绍。罗氏英文名为Robert H. Kotewall，1880年生于香港，父亲为香港的少数族群巴斯人，母亲是华人，属于欧亚混血儿。年幼时，罗旭龢被送到广州求学，年纪稍长才返港，入读皇仁书院，十六岁时毕业，因精通中英双语获港英政府聘为法庭翻译。年届二十岁时选择自立门户，创立旭龢行，并因经营纱线及纸张贸易颇见成绩而在社会中崭露头角。1913年，罗氏获港英政府委为太平绅士，参与服务社会的工作，算是踏上了参政之途。1924年接替周少岐出任立法局议员，而1925年省港大罢工浪潮山雨欲来之际，已在港英政府要求下四处奔走，希望化解矛盾。

数据显示，1925年5月15日上海学生及共产党人因抗议日本纱厂东主杀害中国工人发起连串示威游行，号召"反帝反殖、收回租界"。同月30日，当游行人士在英租界示威时，遭到租界内的英国警察开枪杀害，造成了"五卅惨案"，引起世界震惊，令海内外华人极为不满。6月2日，广州国民政府提出"援助国民，以与英帝国主义者相搏"的口号，矛头直指英国，一场史无前例的跨地域罢工运动蓄势待发。

面对这种局面，罗旭龢与周寿臣一起，伙同港英政府华民政务司蔡德民（D.W. Tratman）及助理辅政司费力卓（A.C.M. Fletcher）等人，与身在香港的国民党中央委员孙科、国民政府外交部部长伍朝枢（伍廷芳之子）和外交事务专员傅秉常（香港大学毕业生）等人，私下在罗氏半山区的家中会面，希望孙、胡、傅等国民党领导运用其政治影响力平息风潮。可惜，商谈结果并不成功，罢工也迅速在港爆发。

在内地罢工组织的号召下，本身属于"官校"的皇仁书院师生，率先于6月18日加入罢课行列，其他大小学校先后跟随。翌日，海员、电车工人和印刷工人等响应广东省的罢工号召，率先宣布罢工，其他各行各业马上跟随，风潮一发不可收拾。同月20日起，"洋务、搬运……等十几个工会和海军船坞、九龙船坞、电力公司等相继罢工。猪肉、鲜鱼行、茶居、酒楼亦纷纷罢市……使香港经济陷入停顿状态"。

为抑止来势汹涌的罢工浪潮，港督司徒拔（R.E. Stubbs 1919—1925）在同月22日颁下戒严令，宣布香港进入紧急状态，并派出武装军警和装甲车在市区巡逻，防止社会发生动乱。其次，政府发出紧急通告，要求全港市民不要受工潮影响，正常工作。港英政府甚至做出保证，如果有市民因正常工作丧生，政府会给予每个死者家属高达两千元的"安家费"；如属受伤，也会按程度给予补偿，借以抑止罢工浪潮，降低动乱对社会造成的冲击。

然而，在6月23日，广州沙面发生"英法水兵开枪扫射示威者事件"，造成五十二死、一百七十多人受伤，事件进一步刺激抗争工人的反帝反殖情绪，使情况更加严峻。当消息传到香港时，很多原本只抱观望态度的工人也陆续加入罢工行列，使工潮规模扩大。据估计，单是香港一地，便先后有二十五万工人立即停止手上的工作，返回广州，加入罢工行列，令无数家庭受到影响。为了打击港英政府，广州罢工委员会对香港进行武装封锁，禁止一切船只经过及进出广东口岸。港英政府也不示弱，宣布禁止白米、面粉、罐头食品、煤炭、石油、港币和贵金属等出口，截断由海外取道香港输往广东省的补给。两地政府怒目而视的举动，使粤港关系变得极为紧张。

为了防止罢工浪潮在港扩散，港英政府一方面起用那些肯为英国效忠的华人，充当纠察或线人，加强街头巷尾反宣传的工作，另一方面则收紧社会言论，实施新闻检查。由于利益关系，当时很多华人大家族并不赞同过激的罢工行动，但碍于政治形势不便公开反对，只是私下通过不同渠道或信函，向港英政府表示效忠，也有部分华商以团体名义，派出代表（周寿臣和罗旭龢则是其中的代表）与罢工委员会和国民政府官员会面，希望当局从速解决罢工风潮、恢复两地往来。

为了缓解矛盾，减少"硬碰硬"的局面，英国负责香港事务的部门在1925年10月终止司徒拔的任期，改由对华人社会及文化有深入了解的金文泰（Cecil Clementi，任期1925—1930）出任，希望化解矛盾，尽快打破解决双方的僵局。金文泰上台后，一方面改变港英政府初期的强硬立场，另一方面则更倚重周寿臣及罗旭龢的努力，希望他们能向广东政府传话，尽快进行谈判，结束罢工。可惜，双方的接触一直停留在讨价还价的层面上，无法取得实质成果。

1926年3月，广东政局发生重大变化，一直反对"国共合作"，并坚持要将共产党人铲除的蒋介石迅速崛起，并取得军事实权，使罢工运动失去了强大的支持。事实上，由于手握大权的蒋介石，已将目光放在北伐事宜上，罢工运动反而被视作阻挠统一的绊脚石，要立即去之而后快。港英政府也注意到广州国民政府领导层权力转移的微妙关系，并改变过往主张以对话解决问题的态度，取消原本答应派谈判团赴广州的计划，使罢工运动进退维谷。

大约四个月后的7月初，即蒋介石率军北伐前夕，在罢工委员会主动要求下，谈判重开。由于港英政府此时察觉到国民党政府已不想再在罢工问题上纠缠而急于解决，便采用"你急我不急"的拖字诀，完全失去过往以谈判解决问题的诚意。因此，就算双方进行了多达数次的会议和谈判，仍因没法缩窄彼此的歧见而取得任何协议。

10月初，北伐已取得一定成效的蒋介石，决定迁都南京，令罢工行动更加失去凭借。同月10日，罢工委员会终于主动宣布停止一切对香港的经贸封锁，结束了接近十六个月的罢工运动。同年11月，港督金文泰准许一直为罢工谈判奔走于粤港两地的周寿臣进入行政局，使他成为香港开设外贸港口后首名进入港英权力核心的华人行政局议员。其举动既标志着港英政府为了博得华人社会的好感，又为了改善而进一步落实精英吸纳政策。罗旭龢之后也获得港英政府交托更多重任，到1936年周寿臣的行政局议员任期届满时，接替其职，两年后再赐封爵士荣衔。可惜，香港日占时期他配合日军高压统治，被指通敌，香港脱离日本统治后被港英政府褫夺爵士封衔，指定"永不录用"，他在受到诸多批评指责下，于1949年忧愤抑郁而终，但这已是后话了。

回望这段历史，股票市场是一个很容易受不明朗因素影响的市场。大罢工的发生，就如平地一声雷般惊动了整个香港社会，而股票市场则如被推倒的骨牌般环环相扣地倒下。简单而言，该场运动对股票市场的冲击，可具体地反映在股价急跌、投资信心脆弱、股票市场被迫停止交易及金融家族财富转移等多个层面上。

必须指出的是，在当时的香港，人口规模虽只有八十七万人，却有三家股票交易所，它们分别是香港股份总会、香港股份经纪协会和香港股票及房地产经纪社。背后反映的问题，除了大小股票经纪与金融家族之间各怀异心、想独占利益、竞争激烈之外，还显示了香港金融业实力已达较高水平。受罢工风潮影响，不少股票价格急跌，令不少家族财富大幅萎缩，引起他们极大关注。

面对这种情况，香港股份总会率先发出通告，表示鉴于投资者恐慌性抛售，股票引发了市场震荡，决定自1925年6月23日起停止交易，直至7月7日，后又延至7月14日，其他两个交易所立即跟随，同样宣告暂停股票交易，而港英政府则特别通过《1925年6月结算法案》，规定任何要在6月23日或延至该日结算的股票买卖合约，均延迟至同年的7月14日才能结算，停市期间，该种买卖行为可获年利率8%的利息补偿。可惜，到了7月14日，各经纪会又因罢工风潮未止再次发出押后通知，将结算日延至7月21日，港英政府也将法例期限延长至7月21日。到了7月21日，有关的交易所仍没法确定具体结算日期，并再次宣布将结算日延期至7月28日。

对于股票市场被指投机炒卖，加上停市日期一延再延等问题，港英政府觉得事态十分严重，有必要做深入了解，以平息市场的恐慌和怨愤。因此，港英政府特别在1925年8月14日刊登宪报，宣布成立一个调查委员会，就股票市场的制度、运作，以至停市事件等做出深入调查。

调查委员会由辅政司施勋（C. Severn）担任主席，常务秘书为立法局秘书嘉里（W.J. Carrie），委员分别为立法局非官守议员罗旭龢（R.H. Kotewall）、汇丰银行老板巴路（A.H. Barlow）、香港总商会兼渣甸洋行老板贝纳德（D.G.M. Bernard）、半岛东方银行（P. & O. Banking Corporation）老板贺健士（L.E. Hopkins）、有利银行的麦天利（R.F. Mattingly）、莫臣泰罗经纪行（Moxon & Taylor, Share & General Brokers）的雷曼（E.M. Raymond）及香港股份总会前秘书梯士打（P. Tester），在当时而言可谓粒粒皆星。至于香港证券经纪协会和香港房地产及股票经纪社，则被排除在调查委员会之外，并一度引起他们的不满。

调查委员会自8月20日至10月19日举行了八次内部听证会，传召多位金融界翘楚及工商界著名人士——香港股份总会的巴格林、萧华，香港证券经纪协会的劳嘉、苏佩绍和香港股票、房地产中介的何世荣和费南迪思及独立股票经纪的高尔特和拉石克、著名绅商如澳葡籍的布力架和华商利希慎等。值得注意的是，当时刚过四十岁的利希慎已活跃于香港的股坛了。

经过近两个多月的内部审讯和调查，委员会于10月22日向港督和立法局提交报告，阐述他们的调查和发现，并向港英政府提出若干建议。不过，正如民间早前所料，报告并没有指出谁要为股票市场的混乱和停市事件负责，只反复表明港英政府不应直接插手经纪人的运作，而应以监督交易所的方式，间接约束业界行为。

据调查委员会的分析，造成股票市场大崩溃的重要原因，可以简单地归纳为四项。其一是由不专业的经纪人与财富积累不充分的客户进行交易造成；其二是由不专业的经纪人与财富积累相对充分的客户进行交易造成；其三是由本地银行过度借贷造成；其四是因大罢工严重地影响了华人对社会稳定繁荣的看法，削弱了公众投资信心引起。报告进而指出，在这四大因素的相互影响下，就算政府给本地银行颁布了延长还款令、业界宣布股票市场停止交易，以至押后结算日等，均无法阻止股市的崩盘。至于金融体系突如其来收紧借贷的举动，只是增加了股市的紧张气氛，并不是造成其崩溃的原因。

报告上，施勋还颇为辛辣地指出，股票经纪会的运作和制度问题多多。关闭交易所的行动已属不当，经纪人日积月累不当的交易习惯，才是问题的核心。面对社会人士对于市场上赌博及短线投机活动极为猖狂的指控，调查委员会则持相反态度，认为投机活动是一种很普遍的商业行为，政府很难以立法方式杜绝。委员会进而指出，较为有效和彻底的处理手法，是由经纪协会（即交易所）自立规则，让会员们共同遵守。正是基于这种看法，委员会建议重组交易所，并修改这些交易所的内部规则，从而调控从业者的投机行为。如若经纪人不肯加入交易所，政府才可考虑立法，硬性规定股票经纪人的身份和资格。换言之，调查委员会认为，立法规范管理投资行为的做法，只能视作是调控市场的最后手段，不应贸然实施。

由于调查委员会的着重点放在强化交易所角色，并重视交易所作为监察市场行为的重要机构，因此，报告没有提出任何直接制衡股票经纪人的措施。相反，在如何强化交易所职能等问题上，报告则提出十点建议，对香港金融家族乃至整体金融业的发展，可谓影响深远。这十点建议分别为：①修改交易所的《公司

章程》，提高入会资格；②强化经修改后的《公司章程》，严格
执行惩处机制；③严格筛选新会员，充分了解会员实际财务及信
誉状况；④加强监察出市代表行为，清除害群之马；⑤严格区分
会员代客买卖与自买转手，避免利益冲突；⑥加强交易所内部管
理，将会章和守则规范化；⑦加强对股票报价表的监察，防止刻
意瞒骗公众；⑧禁止会员公开宣传，影响公众投资者决定；⑨加
强发展买卖的监察，确保交易能兑现；⑩向会员收取保证金，防
止会员倒闭时令公众投资者完全失去保障。

针对香港竟然有三家交易所的问题，报告虽然没提出要把他
们合并的建议，但却清楚指出，在当时环境下，若要将三个交易
会合并，困难极大，而当时法例又没有禁止任何人成立有限公司
或交易所以从事股票买卖的规定。就算将三个交易所合并了，仍
有可能出现其他交易所，无法根治问题。因此，委员会只好建议将
此问题暂时搁置。然而，此观点，对六十年代末香港股票市场的重
大发展，却有极大影响，"四会时代"的来临，便是这"十点建
议"的"漏洞"所致，但这是后话，在此不赘言。

大家族创立电话公司，带动社会变迁

大罢工期间，整体股票市场虽然显得疲不能兴、暮气沉沉，
但也有个别企业无惧前景暗淡，坚持上市向公众集资，该公司便

是掌握香港通信命脉的香港电话有限公司。作为区域中的国际金融中心，今日香港的通信网可谓无远弗届，此种遍布世界、畅通无阻，且快速高效通信网的建立，则与公司的创立及上市息息相关，而香港大小家族生意投资散布全球、人脉关系遍及五湖四海，也与此通信网四通八达紧密相连。

数据显示，英国为了加强通信联系，早于十九世纪六十年代，已开展大型工程，在海底铺设电缆。其利用电报做跨地域的沟通，令海底电缆由伦敦沿海海底绵延不断地伸向印度，再由印度（马德拉斯，Madras）延展至槟城，之后再伸延至新加坡，然后分为南北两路，南向一路伸向澳洲、新西兰，北向一路沿着越南海岸伸向当时的中国香港与内地。

为了有效经营马德拉斯向东延伸的通信业务，一家名为澳洲及中国东支线电报公司的企业，早于1873年在伦敦成立，并于香港设立据点，主要是为香港与马德拉斯提供通信服务，公司地址设于皇后大道的Marine House。早于澳洲及中国东支线电报公司创立之前，一家名叫大北方电报的公司已于1871年在港设立据点，主要经营中国香港与内地的电信通信服务，公司地址也设于皇后大道的Marine House。

1876年，贝尔（Alexander G. Bell）发明电话并注册成为专利。翌年，大北方电报即筹划引入这种在当时而言属于先进科技的通信方式。1881年，大北方电报与一家名叫东方电话的公司合作，取得贝尔电话系统的专利，并向港英政府申请在港设立电话转驳站，经营电话通信服务。1883年，大北方电报与东方电话将合作项目重组，成立子公司——中国及日本电话及电力有限公司，态度坚决地发展通信业务。

立法局的文件显示，在1891年时，中国及日本电话及电力有限公司在香港岛的客户共有四十九家，十年后的1901年，客户数目已增加至四百二十三家。为了发展业务，公司计划将电话线路伸延至九龙半岛，并需设立转驳站。经过数年洽谈，公司于1905年2月1日与港英政府签订协议，取得二十五年的电话服务专营权，开始投入更多资源发展业务。该年，客户数目已增加至八百家。可惜，业务发展并没预计般顺利，尤其是当公司处于投资期的阶段，即碰上了第一次世界大战，令其经营连年亏损。

战争结束后，公司一方面重整业务，另一方面则与港英政府洽谈增加收费、弥补亏损。港英政府则因考虑到战后内外经济环境欠佳，而且加费幅度过大，故拒绝其要求，并反而建议公司应投入更多资源提升服务素质。有关公司也不甘示弱，表示若没法提高收费，公司不会考虑增加投资，并提出港英政府可以延长专营权做补偿（按早前规定，专营权将于1930年届满）。由于双方各持立场，谈判没有进展。

为了检讨并处理电话通信的问题，港英政府于1920年成立了电话委员会（Telephone Committee），并让总商会主席贺理玉（P.H. Holyoak）担任委员会主席，成员则包括了A.R.洛（A.R. Lowe）、F.R.骑（F.R. March）、J.H.塔格特（J.H. Taggart）、周寿臣及周埈年等人。经检讨后，委员会认为，由于中国及日本电话及电力有限公司在伦敦注册，股东及管理层难以照顾香港利益，每次要求加费的理由也未顾及本地的实际情况，并认为该公司缴交的盈利税，只是给予伦敦政府，而非给予本地政府，所以均被批评为对本地政府没有贡献。因此，委员会提出了应将管理交还港英政府的建议。

1922年至1924年，委员会与中国及日本电话及电力有限公司进行多方谈判，该公司母公司（东方电话）的主席乔治·布吉（George Gibb）及副主席帕克·内斯（Parker Ness）更曾于1924年到港，与港英政府官员面商最终决定，最后得出港英政府成立一家本地公司，经营电话通信业务，并全面收购中国及日本电话及电力有限公司股权，而该家新成立的本地公司，则可获得经营本地电话公司业务五十年专营权。

根据这一共识，港英政府通过了"An Ordinance for the Establishment of an Improved Telephone Service in the Colony"一条创设优质电话服务的条例的法例，成立一家名为香港电话有限公司的企业，并采用换股的方式，于1925年7月1日全面收购中国及日本电话以及电力有限公司。按规定，新公司的注册股本为五百万元，发行股份为五十万股，每股作价十元。其中十万股用以换取中国及日本电话及电力有限公司，剩余一半向公众集资，另一半由股东及机构认购。条例还规定，公司若没获得立法局同意，不得发债，不得以借贷或是其他任何形式配股再集资。

正因这种突破性发展，在港英政府主导下，公司成立了首届董事局，成员分别为何理玉（担任主席）、遮打、R.G.史云（R.G. Shewan）、J.H. Taggart、罗百特神父（Father Robert）、S. Haston、周寿臣和罗旭龢八人，[1] 并着手筹划上市集资及开拓业务等工作。到了1925年12月11日，受大罢工浪潮的影响，虽然香港经济十分低迷，但为了刺激投资，搞活经济，公司仍坚持上市招股，此举算是给虚弱的股票市场注入一道强心针。而招股的反应，也算是令人满意。有报纸这样报道："本港电话公司，昨日在汇丰银行开始招股，港人前往报名认股者，极为踊跃，尤以华人为最多。"[2]

有了更为庞大的公众资本作后盾，香港电话公司可投入更多资源铺设电话线路及加设电话转驳站等工作。举例说，除了港岛商业区的转驳站，公司先后在筲箕湾、九龙半岛北部及大埔三地加建电话转驳站，扩大服务涵盖面和提升服务水平，而收费因客户日多持续下调，又吸引更多新客户要求安装电话。此种趋势恰如"麦加菲定律"（Metcalfe's Law）所预计般，令电话的功能进一步被发挥出来。此定律的原理很简单，如果只有一台电话，别人没有，其作用几乎等于零，因没人会与之联系；两台电话好一点

---

① 值得注意的是，在此之前，港英政府所批出的专利或垄断事业，鲜有华人能进入董事局，例如银行（具半官方地位的汇丰银行）、媒气、电力，乃至船坞及码头等，都是一些例子。

② 引自《华字日报》，1925年12月16日。

儿，但只有一人可与之联系；当所有人都有电话，电话网所发挥的作用便属难以估计得巨大了。

到了1931年，公司引入线路转驳自动化系统，令通信服务水平大大提升。截至香港沦陷前，全港共安装有二十五万台电话机，若以1941年人口约一百四十四万计算，则每六十人便拥有一台电话，这在当时亚洲社会算是很高的占有率，显示了电话通信逐步走向普及化，此举不但加速商业贸易发展，也缩短了人与人之间的距离，可见1925年的突破性转变，为香港电话与通信业奠下了极为重要的基石。

港英政府调整吸纳政策，周寿臣封爵入局

对港英政府而言，大罢工的冲击是港英政府统治以来前所未有的。虽然港英政府片面地将问题归咎于"布尔什维克分子的煽动"，但却无法掩饰长久以来歧视华人、漠视普通市民疾苦的政治失误。在大罢工调查报告的引言部分，罗旭龢颇具政治触角地问了一个值得统治者深思的问题：

为什么不论是有识之士或普罗市民——当中包括任职于政府机关如邮政署（Post Office）、船政署（Harbour Department）和洁净署（Sanitary Department）人士——会突

然离开他们的工作岗位，并冒着失去工资、长俸，以至个人前途等风险，加入罢工行列呢？①

　　事实上，自从较同情华人处境并率先吸纳少数华人精英以平衡英商势力的第八任港督轩尼诗（J. P. Hennessy）离去后，继任者虽然仍保持笼络华人社会精英的策略，但往往将之视作政治装饰，有名无实，而普通市民的声音，更鲜能影响港英政府的施政。省港大罢工发生后，高高在上的统治者才惊觉市民的怨气原来已是那么强烈了。所以，了解华人文化和历史的金文泰上台后，便仿效轩尼诗的作风，重新包装"行政吸纳"的政策，加强与华人社会对话，借以疏导华人社会的不满情绪。

　　既然金文泰需要重新包装"行政吸纳"政策，港英政府当然要事先评估重点吸纳对象的背景。在当时的社会而言，德高望重、声隆誉显而且可以信任的华人领袖，实非周寿臣莫属。正如早前不同文章中谈及，周寿臣既为土生土长的香港原住民，又曾留学美国、任官清政府，各种条件均极为优秀。不但如此，无论是大罢工期间，或是更早前的协助商谈解决海员罢工或其他政治任务，周寿臣均表现出果敢和忠诚，除了运用个人影响力奔走于内地及香港外，更为港英政府出谋献策，积极协助政府应付不少社会及经济的危机。

①　Kotewall, R.H Kotewall Report on the Strike of 1925. Hong Kong: Government Printer, 1926. P3

对于周寿臣的表现，罗旭龢在其高度机密的报告中也多次提到，指出以周寿臣六十多岁的高龄，仍每天为处理大罢工问题而四处奔走，极为难得。在周寿臣的努力付出下，罢工问题最终获得解决，社会秩序也得以恢复。对于周寿臣的贡献，罗旭龢在报告的结语部分这样写：

> 最后，我想请阁下（港督）注意周寿臣的贡献。在这次恼人而困扰的事件上，他从不让自己停下来，他丰富的经验及超卓的智慧是本殖民地的珍贵资产。虽然他年事已高，但仍充满活力，并给他身边的朋友和同僚带来无尽喜乐和启发。①

正是因为调停大罢工的表现受到港英政府的肯定，加上早前其他不同层面的努力也令港英政府刮目相看，大英王室在1926年初授予周寿臣爵士头衔，令他成为继何启及韦玉之后，第三位获英国赐封爵士的纯华人血统香港居民（若将欧亚混血的何东也计算在内，则为第四位），风头一时无两。有趣的是，该年同时获得大英王室授予爵士头衔的，还有港督金文泰。由于过往的授勋仪式，大都由港督代表英国王室主持，但当时出现了获得册封的人是港督本人的现象，故英国王室专门在1926年3月初派出佐治王子（Prince George即后来的根德公爵Duke of Kent）到港，以英

---

① 引自Kotewall, R.H., 1926. P56.

国王室成员的身份在港督府举行授勋仪式，正式册封港督金文泰和华人代表周寿臣为爵士。撇除在英国本土举行册封仪式不谈，这种由王室成员亲临殖民统治地区主持授勋仪式的安排，显然同样是史无前例的。

1926年对周寿臣而言无疑是双喜临门、名扬香江的一年。除了获封爵士荣衔，他还得到金文泰垂青，获委任为行政局议员，成为香港开设外贸港口以来首位能进入港英政府管治核心的华人。数据显示，金文泰于1926年5月29日曾向英国负责香港事务的部门提议，委任周寿臣为议政局议员，接替刚刚身故的议政局议员遮打，显示港英政府计划调查吸纳华人的政策。在该机密信函上，金文泰这样写：

> 议政局自遮打及何理玉（P. H. Holyoak）逝世后出现两个空缺。我建议委任：（1）隆格（A. O. Lang），他现在乃署理议政局议员；（2）周寿臣爵士。有关（2）的委任，我对周氏很有信心，并相信他的委任定会给香港华人很大压力，也会在广东产生正面效果。从来没有华人被委任为议政局，周氏的委任将会是一种新政策的调整，至于委任华人作非官方议政局议员的做法，相信是未来的必然趋势。我认为委任华人代表入议政局既然是一种不可抗逆的趋势，不如由政府采取主动，因为这样的政治效果将会更佳。

正如伍廷芳出任首位华人立法局议员受到英国政府保守势力的反对一样，周寿臣被提名为首位华人行政局议员的消息，同样在英国政府及社会引起了广泛的讨论，认为此例一开，政府的机密资料便会外泄，至于周寿臣卸任后能否找到其他合适继任人也是一个难题。若周寿臣之后没有合适的华人出任，华人社会定会诸多不满；若勉强委任，则会使港英政府的管治能力受到削弱和挑战。

虽然周氏的委任最终获得英国负责香港事务的部门的采纳，使他成为香港历史上首名进入港英权力核心的纯华人血统代表。但英国政府同时又通过一项指令，规定任何与中国内地有关的重大而敏感的资料或文件，不能再在行政局内传阅或讨论，以免机密外泄。从这种行为上看，英国政府对周寿臣及其所代表的华人社会，仍然成见颇深，至于心存戒惧及信任不足等情况，也十分明显。

撇开这个问题不谈，自金文泰上台后，除了委任周寿臣入行政局外，还提升华民政务司的职权、支持新界乡民成立乡议局和在香港大学增设中文系，希望借以改善过往歧视华人、忽略华人社会和文化的恶习。平心而论，港英政府这些重大的政策转变，不但能逐步抚慰罢工工人及普通市民的伤痛，又能提升本身的管治水平，对香港社会日后的壮大和成长，举足轻重、意义深远。

在很多人的眼中，1925年至1926年的省港大罢工，可说是一个不以个人意愿为转移的困局。在这个困局中，作为华人代表的周寿臣既有调解粤港华人社会的能力，也有取信港英政府的本钱。由于周寿臣充分理解事件的脉络，并掌握了当中的机遇，因而能利用个人有利的身份，居中调解，为港英政府排难解纷。正因为周寿臣能够在困局中表现出过人的勇敢和忠诚，当金文泰重新包装"行政吸纳"的政策时，便被视作重点吸纳对象，因而能脱颖而出，成为书写香港历史的重要人物。

◆参考文献

1 Chung, S.P.Y., 1998.

2 Chung, S.P.Y., 1998. p. 96.

3《华字日报》，1923年9月24日

4《申报》，1923年11月27日。

5 何张静蓉. 名山游记. 香港：东莲觉苑，1934. 99～100

6 Chung, S.P.Y., *Chinese Business Groups in Hong Kong and Political Changes in South China, 1900-1925*. Basingstoke: MacMillan Press Limited，1998

7 Chung, S.P.Y., 1998. p. 112.

8 郭廷以. 近代中国史纲（下册）. 香港：香港中文大学出版社，1980. 523～524

9 Chung, S.P.Y., 1998及郭廷以，1980。

10 Zimmern, C.W., *Recollections of My Life*. Hong Kong: Fred Publishing Limited，2006

11 Kotewall, R.H., *Kotewall Report on the Strike of 1925*. Hong Kong: Government Printer，1926

12 邓开颂、陆晓敏（编）．粤港关系史：1841–1984．香港，麒麟书业有限公司，1997. 146

13 *The Hong Kong Government Gazette Extraordinary*, 22 June 1925.

14 邓开颂、陆晓敏（编）．粤港关系史：1841–1984，1997. 147

15 *The China Mail*在1925年5至7月间的不断报道。

16 *Report of the Stocks and Shares Commission*. Hong Kong: Government Printer，1925

17 郑宏泰、黄绍伦．香港股史：1841–1997．香港：三联书店（香港）有限公司，2006

18 *Report of the Stocks and Shares Commission*. Hong Kong: Government Printer，1925

19 Wenzlhuemer, R., *Connecting the Nineteenth-Century World: The Telegraph and Globalization*. Cambridge: Cambridge University Press，2013

20 *The Hong Kong Legislative Council*. Hong Kong Legislative Council Report, 12 October 1922. 96～105.

21 *The Hong Kong Legislative Council*, 1925, Hong Kong Legislative Council Report, 21 May 1925. 17～22.

22 *The Hong Kong Government Gazette*. Hong Kong: Government Printer, 26 June 1925

23 Hong Kong Telephone. *Hong Kong Telephone: A Brief History.* Hong Kong: The Company，1981

24 CO 129.492. *Clementi to Colonial Office*, 29 May 1926. 593.

25 郑宏泰、周振威. 香港大老：周寿臣. 香港：三联书店（香港）有限公司，2006

第八章

巨富二代、联姻与女性角色

如果我们只集中于牵头创立大有银行混血儿群体的婚姻联盟，已可由点成线，再由线成面地看到，透过本身或子女们的婚姻，本来独立四散、互不往来的欧亚混血儿家族，得以有机地、紧密地联结在一起，组织成一张相互纠缠、相互配合的姻亲联盟网。更加重要的一点是，利用这种半血缘婚姻关系，单一家族在某层面上的不足或缺乏，可以从其他家族中得到补充，因而能强化本身在商业或社会上的竞争力。

富二代各领风骚：罗文锦、杨国璋与周埈年、周锡年

进入二十世纪后的香港社会，一方面是政治影响力大幅扩大，令支持革命与强调传统的两种主要力量时生摩擦，另一方面则是社会结构变得更为多元复杂，既有大力支持家乡建设、不断升温的国家发展意识，也有扎根本土、以港为家观念的进一步强化，而后者家族第二代人物的崭露头角，不但成为相关家族在港进一步壮大的重要力量，也让他们成为香港政治、商业及不同领域的领军人物，叱咤一时。

相对于白手兴家的第一代，土生土长的第二代，不但成长条件更为丰厚富裕，获得的教育也更好、更多和更优质，除了曾经在港接受中英双语现代化教育，不少更曾游学海外，尤其在英国的名牌大学或学院以突出成绩毕业。其中的突出例子，则以何东女婿罗文锦和杨国璋，以及周少岐庶子周埈年和侄子（即周卓凡之子）周锡年莫属。

先说罗文锦和周埈年，因两人均是律师。

数据显示，罗文锦生于1893年7月21日，父亲罗长肇（何福

小舅子）、母亲施湘卿均与何东一样是欧亚混血儿。1906年2月，年仅十二岁的罗文锦与胞弟罗文浩被父母送往伦敦求学，据说当时兄弟两人半点儿英语也不懂。到英国后，罗文锦刻苦用功，很快便脱颖而出，之后进入了伦敦著名的中庙（Middle Temple）法学院攻读法律，并于1914年以一级荣誉毕业，取得了启文院奖（Clement's Inn Prize）及"蓝带"（Blue Ribbon）的额外荣誉和嘉许，是香港人在英国法律考试上取得的最好成绩。

在英国完成法律训练后，罗文锦在1915年返到香港，并随即创立了罗文锦律师楼，其时他此时未满二十三岁。由于法律知识丰富，加上才华卓越，处事灵活的罗文锦，很快便在法律界闯出名堂，声誉鹊起，令不少人对他另眼相看，据说何东也对他十分欣赏。必须指出的是，同为欧亚混血群体的何东本与罗长肇颇有交往，加上何福是罗长肇姐夫，关系更为紧密自不待言。

据罗德丞记述，罗文锦开办律师楼之时，何东长女何锦姿（1897年出生）已长得亭亭玉立，并有外籍医生向她展开追求。由于何东平妻张静蓉常与罗长肇妻施湘卿来往，又对罗文锦出众才干十分欣赏，而施湘卿则看着何锦姿自小长大，对她的人品个性十分喜欢，两位母亲便刻意安排其子女碰面，制造"交往"机会，希望将两人拉在一起，让何罗两家可亲上加亲、更上层楼。事实上，男才女貌的罗文锦与何锦姿也互相吸引，不久即如其父母所愿坠入爱河，然后于1918年4月4日在一众亲友见证下结成夫妇。

有了岳父庞大财力与人脉作后盾的罗文锦，可谓如虎添翼，不但律师楼生意蒸蒸日上，在社会上的影响力也逐步建立起来。到了1921年，罗文锦已因个人享有一定社会地位而获港英政府赠予太平绅士头衔，同年获得此名誉的还有太古洋行买办莫干生和屈臣氏公司买办叶兰泉等，可见尚未满三十岁的罗文锦已崭露头角，吸引了港英政府的注意，为其日后开展更光辉事业、更美好人生打下极为重要的基础。

与罗文锦一样于1893年在港出生，并同样来自大富家族，日后也留学英国攻读法律、二十年代初即崭露头角的，还有周少岐七子周埈年。据说，周埈年天生聪敏，早年曾在圣士提反书院求学，年满十七岁以优异成绩毕业，之后留学英国，考入著名学府牛津大学，三年寒窗苦读，于1914年毕业，获取学士衔后返港，翌年获大律师专业资格，可在港正式执业，成为当时极少数华人能有此认可法律资格的社会精英。

成为有执业许可的大律师后的周埈年，除了时常出入法庭，也担任不少商业及慈善组织的法律顾问。举例说，周氏家族占有一定股份的全安火险公司、香港九龙置业按揭公司及裕安轮船公司等，便聘任他为法律顾问；而东华医院、保良局及华商总会等，除了礼聘他为法律顾问，还推举他担任总理或会董等职位。正因周埈年在本职工作之余抽空服务社会，并因表现卓越而赢得了华人社会的敬重，港英政府也对之投以欣赏目光，于1922年赠予太平绅士头衔，似是作为下一步委以重任（政治吸纳）的前奏。

正如前文提及，二十世纪一二十年代的香港政治和社会，常受中国内地政治角力牵引，令港英政府颇为头痛。为了抗衡支持革命、染指中国内地政治的华人家族在不同层面利用香港的特殊地位，以达到本身政治目的的活动，港英政府刻意培植推崇儒家传统，并向殖民统治者效忠的本土力量，刘铸伯、何福、周少岐和周寿臣等，则是代表人物。然而，由于这些人物不是老迈，便是常常表示私事繁忙，或是对政治缺乏兴趣，使港英政府不得不想到培养较年轻的第二梯队，作为下一阶段政治吸纳对象。

必须指出的是，无论是早年的伍廷芳、黄胜，或是较晚一点儿的何启或韦玉，曾经留学英美，接受英格盎格鲁—撒克逊（Anglo-Saxon）文化的熏陶，令思想及价值与殖民统治者保持一致，几乎是政治吸纳的必要条件，罗文锦与周埈年显然也拥有这种优势。但是，正如前文提及，港英政府挑选政治吸纳的对象，其实并非随随便便的。掌握中英双语、才华出众，办事能力高，以及思想价值与之一致等，只属众多条件中的一个部分而已。更重要的是，还需通过重重政治考验，并在处理不同政治问题的过程中表现出政治智慧，也表现出对殖民统治者的耿耿忠心，才能获得接纳，可以走入殖民统治的管治核心。

由于罗文锦与周埈年均能在二十年代那个风高浪急的时代（主要是"广东商团事件"与连串席卷省港澳的大规模罢工），协助港英政府处理不少棘手问题，加上他们的父辈也属港英政府的忠实支持者，他们不久便顺利通过了各种政治考验，因而能在

接着的三十至五十年代获港英政府委任为行政及立法两局议员，
真正走进了权力核心，让他们及其家族在不少香港事务上发挥更
为巨大的影响力。

　　除了罗文锦和周埈年这两个富二代，在二十世纪一二十年代
崭露头角，另外两位青年才俊杨国璋和周锡年，同样锋芒初露，日
后同样在香港社会各领风骚，而这两位则同属医生。由于杨国璋
像罗文锦般是何东女婿，而周锡年则是周埈年堂弟，四人之间又关
系密切，并来自相类似的家族，因而吸引了公众目光，引人注视。

　　杨国璋，1903年4月1日生于马来亚，祖籍福建，青年时期来
港求学，因父母辈与何东家族有一定关系，在港期间一直寄居在
何东大宅内。① 由于杨国璋的年龄与何东四女何娴姿（日后改名
何绮华）一样，且经常走在一起，家族内外不久传出两人相恋的
消息，视之为青梅竹马的恋人。之后，两人更双双考入香港大学
医学院，成为同窗同学，令两人的金童玉女恋人形象更为突出。

　　然而，由于学业紧张，而习医的功课压力又实在巨大，大学
求学期间，何绮华对杨国璋的追求一直颇为冷淡，令杨国璋颇
不是味儿。虽然如此，当想到学业为重，杨国璋也表现得颇能
理解。经历近四年的寒窗苦读，两人终于在1926年双双毕业。为
此，据说杨国璋曾向何绮华求婚，但却被拒，原因是何绮华计划

---

　　① 到底杨家与何家早前有何关系，笔者至今未找到实质资料作证明，但相
信关系匪浅，要不，只身来港求学的杨国璋，不可能获何家接纳，一直在其大宅
中居住。

到英国深造。对于这一回应，杨国璋虽感失落，但仍表示支持，而他自己也决定到英国继续深造，提升专业资格。

1927年，杨国璋和何绮华连同同样计划到英深造的何东五女何艾龄，以及因情绪抑郁想离港散心的何东平妻张静蓉，一同踏上了赴英求学与游历的旅程。在英完成深造课程后的1928年，杨国璋再次向何绮华求婚，但据说再次被拒，理由则同样是打算继续深造。为此，杨国璋表现出更大失望，他本人回港，随即加入医务卫生署工作，并因其专业是公共卫生与传染病学而受到重视，何绮华则转赴维也纳，继续深造。

再之后，杨国璋据说曾多次询问何绮华对于两人感情的看法，获得的答案是后者想一生保持单身，不想结婚。对于多年恋情没法开花结果，杨国璋表现得十分伤心，并打算搬离何家。本来，杨国璋与何东家族的关系或许应该由此结束，但故事却又出现了峰回路转的局面。在辞别何东小女何孝姿时，对方向他表达了多年放在心中的爱意，令其十分感动，两人从此坠入爱河，不久即决定谈婚论嫁、组织家庭。

由于杨国璋一直与何绮华恋爱，故两人先询问何绮华意见，并获得了对方的祝福，加上何东夫妇也不反对，杨国璋与何孝姿于1932年走进教堂、结成夫妇。正式成为何东乘龙快婿后，杨国璋也像罗文锦一样，日后因为有了岳父雄厚财力、名望及人脉的后盾，不久便冒出头来，令其仕途畅通无阻。到了1951年，杨国璋更获任为医务卫生署署长，并成为立法局议员，更获任于华人在港英政府担任的最高职位。

周锡年，1903年生于香港，父亲周卓凡乃周少岐胞弟，与周埈年属堂兄弟关系。与堂兄一样，周锡年也自少表现出聪敏天赋，在圣士提反书院求学期间一直名列前茅，成绩优异。1918年，周锡年考入香港大学医学院，接受医学训练，并同样一直表现卓越。经过五年寒窗苦读，周锡年于1923年以优异成绩毕业，并随即留学英国，进入伦敦大学深造，专攻耳鼻喉科。在伦敦完成深造课程后，周锡年转赴维也纳，专攻眼科深造，提升个人专业资历。

1927年，周锡年在维也纳完成深造课程后返港，并在父母安排下成家立室，娶妻刘氏。同年，周锡年在港开办诊所，正式执业，成为香港首位耳鼻喉及眼专科医生。1930年，周锡年获香港大学医学院聘为眼科讲师，之后擢升为政府医院（时称国家医院）眼科的主任医生，令其名声和社会地位与日俱增。一方面是个人才干及专业资历突出，另一方面是家族显赫，人脉及社会资本雄厚，到了五十年代，周锡年已像堂兄周埈年一样，成为社会上炙手可热的人物，不但先后获委任为立法和行政局议员，更担任东华三院及保良局等重要慈善团体的要职，不久更像周埈年一样获英国王室赐封爵士头衔，风头一时无两。

虽然，在殖民统治时期，华人能够因为个人表现卓越，获得统治者垂青，但吸纳到管治核心者只属凤毛麟角，像罗文锦、周埈年、杨国璋及周锡年般的，毕竟是万中无一。大多数富豪家族的第二代，其实是子承父业，加入家族企业，驰骋商场，操陶朱计然之术。举例说，何东过继子（何福儿子）何世荣，何福儿子何世光、何世亮、何世耀、何世奇，以及何甘棠儿子何世杰等，则自皇仁书院毕业后，相继在二十世纪一二十年代投身当时仍然极为吃香的买办行列，在父辈的支持下，分别担任渣甸洋行、沙逊洋行、安利洋行及有利银行等买办或助理买办的职位，继续其沟通内外、奔走"华洋"的工作。

也有富豪大家族的第二代，在打理家族企业的同时，另辟蹊径，与朋辈另组企业、拓展商机，最引人注目的例子，莫如早前提及的李冠春和李子方兄弟，他们在1918年与友人简东甫和莫晴江等创立东亚银行，进军近代银行业，其举止不但赢得了社会的赞誉，也将家族企业的发展推上另一台阶，令他们及其家族的名字，日后可深深地镌刻在香港的历史中。

除了以上多位大富家族第二代在二十世纪二三十年代崭露头角、声望渐隆，当时其实还有不少其他家族的后代，同样叱咤一时、风头颇大。举例说，蔡兴女婿胡惠德医生（1913年毕业于伦敦大学医学院，在港执业并曾创立惠德颐养院）、欧彬（先施创办人之一）儿子欧伟国（上海圣约翰大学毕业，1918年加入先施管理层）、刘铸伯儿子刘德谱（育才学校毕业，1923年创立油麻地小轮公司）、李煜堂儿子李自重（曾留学日本并加入同盟会，参与革命，后来担任广东银行司库）、邓志昂儿子邓肇坚（年少之时即协助其父打理邓天福银号生意，表现卓越），以及郭少鎏

儿子郭赞（香港大学毕业后继承父业，成为东方汇理银行买办，
陈廉伯女婿）等，都曾在各自的岗位上尽展所长，并因有突出表
现，所以吸引了社会和传媒的关注，经常成为"风云人物"。

利铭泽与何世礼：学成归来，贡献家国

俗语有云"江山代有才人出，一代新人换旧人"。从前文的
不同篇章中，我们不难发现，对于香港世家大族而言，他们一般
的发展轨迹，大多始于移民一代，即是初时只是孤家寡人从华南
沿岸农村前往香港谋生，希望赚钱养家，发达致富，然后可告老
还乡，回到原来的农村，安享晚年，落叶归根。然而，当他们在
香港打拼一段时间，摸索出发迹窍门，并最终致富后，则会得出
香港较家乡充满活力、社会较为开放、经商较为自由和社会制度
较为健全等有利经营谋生和打拼事业的结论。当中不少家族最后
决定扎根香港，打消了告老归乡、落叶归根的念头。

虽然如此，他们当中不少较有实力或是子孙众多的家族，不
会只把眼光投放在香港这个弹丸之地上，而是做出多重策略性安
排，除了安排一些子孙在港打理家族企业，另安排一些到英美等
国留学，期望与那些国家的政商界人物建立联系，同时更会鼓励
个别子孙放眼中华，到内地发展。连串举动既带有分散投资的味
道，又带有希望家族可走向更大舞台、建立更宽阔政经网的意图。

正因这种颇为复杂的绸缪，他们对子孙辈所采取的培养策略，明显也显得有所不同。以后者而言——即安排子孙放眼中华大地，希望与政商界人物建立联系方面，利铭泽和何世礼的求学和事业发展轨迹，则可说是那个时代最具代表性的例子。可以毫不夸张地说，利铭泽与何世礼的人生轨迹实在有不少相似，甚至有相互重叠之处，而他们因为不同原因自小从社会学习的过程中塑造出不同政治立场，则最终促使他们的事业走向不同方向。

简单而言，利铭泽父亲便是一代烟王利希慎，而何世礼父亲则是买办群体的龙头何东。利希慎和何东不但同样富甲一方，又同为皇仁书院学生，并同样曾经染指鸦片生意，到他们的儿子长大之后，则同样被安排进入皇仁书院求学，然后在他们年纪渐长，进入青年期后，保送到英国深造。利铭泽进入牛津大学，攻读土木工程，何世礼则进入英国乌列之皇家军事学院，接受正规军事训练，后者明显走上了非传统的事业道路，是香港这个重商社会极为罕见的事业抉择。

有趣的是，两人在英国留学期间，同样加入了旅欧中国留学生会，积极参与学生活动，与不少同样年轻力壮、充满理想的旅欧中国留学生们识于微时，并建立起深厚友谊，为他们日后打拼事业奠定了极为重要的人脉关系基础，因为不少留学欧洲的中国学生，日后都成为了中华大地上叱咤一时的政商界人物。大学或军事学院毕业后，两人又同样选择继续深造，以突出的学历得到更多压倒性优势，日后投身社会时可鹤立鸡群。

　　利铭泽计划修读土木工程硕士课程，何世礼则计划接受军官训练，而由于两人已到适婚年龄，于是分别在1927年及1928年前后脚返回香港，在父母的期许和安排下，结束单身生活，成家立室，利铭泽迎娶混血儿太太黄瑶璧，而何世礼则迎娶混血妻子洪奇芬，两人的择偶目光与条件，看来也有相似之处。

　　由于父亲利希慎于1928年不幸被暗杀（详见第九章），令利铭泽的求学深造计划生变，无法如期赴英完成土木工程的硕士课程，因而只好留在香港实习，借以考取专业资格，而他在港取得注册土木工程师资格后，却又没有留在香港发展，而是转赴内地，初期进入广州市政府的李纪文门下，参与广州市自来水供应系统的建设事业。后来，利铭泽转到海南岛，配合政府开发该岛的计划，其行动带有将平生所学贡献国家的浓烈色彩。

　　相比之下，由于何世礼有军事训练的背景，所以其希望贡献力量给国家的色彩和形象，无疑更为清晰。在到法国完成军官训练之后，何世礼同样没有留在香港发展，而是同样选择转赴内地，并远至气候环境与香港截然不同的东北，投靠于年少气锐且风头一时无两的张学良麾下。

　　可以这样说，无论是学生时代——尤其大学时期，或是学成之后，利铭泽和何世礼两人均没有选择留在香港这个生养他们的地方，而是转到内地，加入政府，服务国家。这样的行为举止，实在不难让人察觉到，来自大富之家的这两位青年，其实不但视角和视野相近，也流露出强烈的爱国情怀。

　　事实上，二十年代末，只有二十多岁的利铭泽和何世礼，不但选择离港北上，报效国家，到抗日战争爆发后，他们更在不同层面上投身救国抗日的洪流之中。当然，由于两人的政治信念不同，例如利铭泽倾向支持共产党，与不少共产党领导如叶剑英、廖承志、钱昌照和杨尚昆等颇有交往，所以与他们建立了私人友谊；而何世礼身为军人，后来又加入国民党，加上父亲何东又与不少国民党高层如蒋介石、宋子文、孙科、孔祥熙等颇有交往，自然与国民党走得更近。截然不同的政治联系，毫无疑问决定了他们日后的政治投资和家族命运。

　　撇开不同政治倾向与政治投资不谈，同样属于富家子而投身国家建设的利铭泽和何世礼，在二十年代末至三十年代初那段中国政坛风雨飘摇的时期，无疑表现出甘心贡献国家，服务社会的情怀。到了抗日战争爆发后，国家民族面对巨大灾难的存亡之秋，他们四处奔走，贡献所长，其投身救国大潮的一举一动，无疑表现出一片救国救民的赤子之心，这又是生于富裕社会世代——现今的一些青年——只懂沉醉吃喝玩乐，甚至只能像"宅男"① 般一直留在家中，不敢走进社会、服务社会一代所难以望

－－－－－－－－－－

　　① 原属日本社会流行用语，意谓长期留在家中，不愿或不肯走出家门、投身社会工作的青年男性一族。

其项背的。①

毫无疑问，二三十年代的利铭泽和何世礼，在外国学得一身好本领之后，不是留在商业机会无限、社会稳定的香港，接掌家族企业，在香港商场上驰骋，而是选择返回物质条件相对较差，政治及社会环境颇为动荡的内地，加入政府，投身政界，希望将一身所学贡献国家，这样的赤子情怀，实在是不少在殖民统治环境中成长、民族及国家意识薄弱、一心只想赚钱发达的同辈中的异数。而他们的目光和视野，甚至是在筹划他们家族的发展策略上，实在有过人之处。至于他们的人生故事、经历和抉择，今天读来仍让人难以忘怀，感受良多。

无论在抗战期间遭遇如何，乃至战后两人是否又各有遭遇，两人年老之时还是回到香港这个他们家族早已决定扎根的地方，既全心全力投入家族企业的管理之中，又为香港社会做出贡献，这似乎又让人察觉到他们人生旅途上的共同思考、决定和行动，不知这是否便是俗语所云的"英雄所见略同"，抑或只是"纯属

---

① 顺带一提，在谈到当前青年偏向"后物质主义"（post-materialism）问题时，其中一个说法是沿用美国政治学者Ronald Inglehart的说法，指出生在二十世纪七十年代之后的人们，较"二战"或之前出生的人们及"婴儿潮世代"，更重视自我表达、追求自由公义等，被形容为"后物质主义"价值；而在七十年代前出生的人们，则较重视安全、生存等物质主义（materialsim）价值。然则，生于大富人家的利铭泽及何世礼，物质条件无疑极为丰盛，为何他们仍表现出重实利、拼事业的精神呢？这实在又是有待进一步探讨的另一研究课题。有关物质主义与后物质主义的论述，可参考Inglehart, R. The Silent Revolution. Princeton: Princeton University Press，1977及Inglehart, R. Culture Shift in Advanced Industrial Society. N.J.: Princeton University Press，1990

巧合"而已。

综合而言，在香港，正是因为有像利铭泽、何世礼及其所属家族这样曲折动人的故事，才可一点一滴、一句一章地书写出香港蜕变成国际大都会的动人篇章。

大有银行与东亚银行的创立与家族联姻

中华民国创立之初，广东政府与北平政府经常貌合神离，各方政治力量利用香港的独特地位明争暗斗，不断较劲，无疑让港英政府感到既尴尬又头痛，也不得不小心处理，以免影响香港社会稳定和英国的外交政策。至于1914年爆发的第一次世界大战，令香港的内外商业和政治格局变得更为波谲云诡，各种关系也变得更为纠缠复杂。代表两批本地华商家族的两家华资银行——大有银行和东亚银行，则分别在此次战争爆发之初及快将结束之际创立，见证了当时香港金融空间的微妙转变。

正如早前不同文章谈及，辛亥革命推翻清王朝之后，支持革命党人的香港华商中，尤其是李煜堂家族的人士，获得了广东军政府的重用，掌握了财政与金融大权，而李氏为了缓解军政府财政紧绌，大量印刷并没按金融法规提交储备金作抵押的货币，引起货币贬值，影响香港的金融稳健，更令当时的港督梅轩利十分不满，最后甚至于1913年取消了中国内地货币可在香港自由流通的惯例。

由于港英政府对支持革命党人的香港华商家族颇为忌惮，在终止了何启（被指与孙中山亦师亦友）的立法局议员一职之余，也似乎在商业金融方面对一直参与革命运动的李煜堂等人诸多留难打压，甚至借扶植向港英政府效忠的本地华商家族的"拉一把、打一把"的手法，以达到本身政治目标。大有银行的创立，或者可以作为相关政策的一个有趣注脚。

数据显示，刘铸伯获委任为立法局议员，顶替何启位置翌年（1914年），即获港英政府支持，与一批欧亚混血儿商业精英——何福、何甘棠、罗长肇及陈启明等，集资六十万元创立大有银行，银行地址设于皇后大道中181号。值得指出的是，一众精明商人花了九牛二虎之力取得银行特权后，却又不按法定银行登记制度进行相关登记，从而可接受普通市民存款，把生意做大。表面看可能与该群体几乎垄断本港洋资银行（例如汇丰银行及有利银行等）的买办职位有关，因而不用担心缺乏资金。

但若细心一点儿思考，该银行是另有重要任务，或是从事较敏感业务，因而不想受更严格登记制度所制约，要向外披露深入经营的资料有关。至于那些重要任务或敏感业务，一来可能与中国内地有关，二来则可能与第一次世界大战爆发，英国对德国宣战有关，因两者均可能牵涉巨额军费借贷问题，但由于这些借贷具有很高机密性与隐秘性，我们虽然花费不少精力于寻找数据佐证，但仍没有所得，实在可惜。

令人大惑不解的是，英国对德国宣战后，该银行在业务尚未完全展开之时，捐出巨款，作为英国向德国用兵的军费，然后又在1915年捐出一架价值四千五百英镑的飞机，以示忠诚。同年，何东本人也捐出一架价值四千五百英镑的飞机，并因此获英国王室赐予了爵士头衔，令他成为香港开设外贸港口以来第三位获得爵士头衔的华人（前两位获得爵士头衔的华人领袖分别是何启和韦玉）。如果何东捐出飞机的回报是获得爵士头衔的回报，那么大有银行捐出飞机和巨额现款的回报又是什么呢？已公开的档案文件并没有记录，但不会纯属慈善的无偿之举。

1914年至1918年间欧洲烽火连天时，中国的政局也变幻莫测、暗涌处处、纷争不断，先有（1915年）袁世凯窃取革命果实称帝，引起护国运动。到袁氏于1916年忧愤而死，则有军阀恣睢，各省各地兵灾不断。常言道，"行兵打仗等同烧银纸"，军阀混战期间，各地督军为巩固本身力量大量购买军火、筹备军饷，几乎是人尽皆知的。至于搜刮民脂民膏之余，向国内外大小银行举债，又属最常见的伎俩。换言之，在那个兵灾不断、战火连天的年代，银行借贷生意的空间其实有增无减。虽然风险不少，但利润也极高。

数据显示，军阀大战方酣但欧洲战火则快将熄灭之际，以李石朋两子（李冠春和李子方）及德信银号东主简东甫为首的新晋华人商业精英，伙同其他实力雄厚的华人家族如庞伟廷、黄润棠、陈澄石、莫晴江及周寿臣等人，经过多番手续和努力后，于

1918年11月14日在港注册成立一家立足香港、服务本地而能与外资银行并驾齐驱的银行。该银行名叫东亚银行，最初的注册资本为两百万元，后来（1921年）增加至一千万元，董事则加入冯平山、简照南及郭幼廷等人，登记地址原为"中环大马路（即皇后大道）门牌第二号"，日后再从香港置地公司手中购入德辅道中10号地皮，兴建银行总部。

与大有银行的创办过程不同，首先东亚银行按法定银行登记制度进行登记，以便接纳普通民众存款。其次，东亚银行似乎也立志高远、胸怀祖国，因为主要牵头人在招股书中清楚说明"外国银行主宰中国商场，致令中国资金外溢"。最后则是东亚银行重视西式银行的经营精神与原则，强调开放及现代化管理，其组织似意欲仿效一个甲子（六十年）前一批洋人商业精英创立汇丰银行的做法，因而给人意欲大干一番事业、要有作为的感觉，这些均与大有银行不欲太过张扬，只想集中某些层面生意的举止大相径庭。

创办银行时的视角、目的或目标，大有银行与东亚银行之间均颇有差异，但两批牵头家族的政治后台，则可谓旗鼓相当、不相伯仲，不容低估，资料证明他们应该同样获得了港英政府的祝福和支持。举例说，大有银行股东刘铸伯和何福，便先后被委任为立法局议员，[①] 而东亚银行股东之一（后担任银行主席）的周

---

① 日后则有罗文锦，他在战后甚至成为行政局议员，地位一时无两。

寿臣，不久也获任命为立法局议员，后来更成为首名华人行政局议员，地位极为显赫，而周寿臣之后，则有李子方、简悦强和冯秉芬等。

概括而言，大有银行与东亚银行创立之前，香港的银行业几乎完全操控在英资巨贾手中。虽然华资商人在港创立银号、钱庄者为数不少，但规模及市场占有率均十分有限，至于业务范围及经营手法，更无法配合华人的需求和社会的步伐，令华资企业的发展受到很大窒碍。这种情况，虽反映了华资商人本身财力仍有局限，但也不能排除政府逃避或市场垄断的核心问题。若非辛亥革命之后李煜堂等创立广东银行，令港英政府担忧本地金融将受冲击，因而刻意扶植另一批华资金融家族，与支持革命党人的华资家族抗衡，本地华资金融家族要打破洋资金融家族的垄断格局，应该没那么容易。

古往今来，利用缔结秦晋之好的婚姻盟约，以谋两家利益，既有达至人力资源互补之便，也有强化两家互利互惠之效，实乃世家大族不断壮大实力，并且保持其社会地位与影响力长久不衰的最常见又十分重要的手段。远的不谈，如果只集中看看二十世纪二十年代牵头创立大有银行，与牵头创立东亚银行两批家族成员的婚姻关系，则不难发现，此种由来已久的半血缘联盟，是怎样地无孔不入与威力巨大。

正如前文中提及，牵头创立大有银行的何东家族，其实是欧亚混血群体中最具实力，也最有代表性的家族，这个群体的最特别之处，是他们是"华洋"男女结合所诞下的血裔。不可不知的是，在早年"华洋"社会，跨种族的男女交往，其实是受到强烈反对和排斥的。由之影响，他们诞下的混血子女，自然也受到双方社会的歧视与排挤。简单而言，混血儿除了在日常生活常遭白眼，工作、就业等如没人脉关系，更难以获得聘用，而婚姻嫁娶方面更是"门禁森严"，不肯与之结交、通婚，只有极少数"华洋"家族，具有开放胸怀，愿意放下成见，与之缔结婚盟。

受到这种狭隘"种族主义"思想的影响，混血儿群体只好庄敬自强，一方面组成属于自己的生活圈子与救助组织（例如类似宗亲会的"同仁会"），另一方面则采取了传统社会所谓的"族内婚"安排，[1] 实行混血儿群体之间互相通婚，然后组成层层叠叠的利益均沾、风雨同舟的联婚网。

如果细看牵头创立大有银行欧亚混血儿家族的婚姻网，则不难发现，以何东家族为人脉的婚姻网层层叠叠、盘根错节。举例说，何东弟弟何福，娶同属大有银行股东的罗长肇胞妹罗瑞彩为妻，罗长肇也是混血儿，其儿子大多为香港著名律师，日后在政治方面极具影响力。除了何福与罗瑞彩的婚姻，何罗两家还亲上加亲，因何东大女何锦姿，下嫁罗长肇长子罗文锦，罗文锦是当时香港极少数留学英国而考获律师资格的人，他日后获港英政府

---

① 由于当时的混血儿大多是洋人男子与华人女子所诞下的，而之间的结合大多没有正式婚姻盟约，也甚少有固定男女关系，其所谓的"族内婚"，与中国传统社会抗拒同姓同村通婚的情况，其实颇为不同。

邀请进入立法局和行政局，地位显赫。罗文锦与何锦姿生子罗德丞，他也曾先后出任行政局和立法两局议员。罗德丞的继室张慧瑜，是另一世家大族（张祝珊）的成员。罗文锦胞弟罗文浩，又娶何锦姿胞妹何尧姿，罗文浩也是一名执业律师，罗文浩与何尧姿的婚姻，使何、罗二家亲上加亲。

事实上，何、罗两家的关系不止于此。罗文锦的二妹罗巧贞嫁何世奇（又称何世基），何世奇是何福儿子。何世奇生子何鸿銮，何鸿銮是前港英政府工商司，在当年的政府部门内有一定的声望。罗文锦三妹罗德贞，嫁给英国人John L. Litton，John Litton的父亲（James L. Litton）乃早期英国派驻中国的英国领事。John Litton生子列显伦（Henry Litton），列显伦曾任香港终审法院常任法官，在司法界极负名望。

进一步看，何东过继子何世荣娶洪蕴芝（Kitty Hung，又名Catherine Anderson）为妻，洪蕴芝父亲乃洪金城（Hung Kam Shing，即Henry G. Anderson），也是欧亚混血儿，他是早期港英政府的资深传译员。何东另一儿子何世礼（日后成为将军），娶洪金城家族成员洪奇芬（Hesta Hung）为妻。二人的婚姻令何洪两家联系更紧密。香港首名女性立法局议员暨拔萃女书院校长西门士（Joyce Symons），则是洪金城的孙女。

何东另一女儿何崎姿（又名何艾龄），下嫁郑湘先。郑湘先是晚清名臣并力主查禁鸦片的林则徐玄外孙。可惜，郑氏婚后不久便因癌症去世，何崎姿则守寡终老。至于何东小女何孝姿，则下嫁马来亚槟榔城出生的华人杨国璋（K. C. Yeo）。杨国璋日后加入港英政府，并在多次升迁后出任医务总监（近似现今的卫生署署长）。

除了何东一房，何福一房的婚嫁，同样值得注意。撇除何福与罗长肇胞妹的婚姻不谈，何福次女何宝姿（Bessy）嫁给何东平妻张静蓉的弟弟张沛阶，而何福三子何世耀则娶同样乃混血儿的施平广（Shi Ping Kwong，即Andrew Zimmern）女儿施燕芳。罗长肇妻子施湘卿原来也出自施平广家族，而施燕芳胞姐施瑞芳，则嫁给何甘棠儿子何世华，可见何、罗、施三个家族关系也十分复杂。

何福两子何世光及何世焯，分别娶冼德芬两女Flora及Florence，冼德芬也是混血儿，他曾任东华三院主席，乃早年社会贤达。何世光是何鸿燊父亲，何鸿燊日后娶澳门显赫混血儿家族的黎婉华（Clementina Leitao），并有一妾（蓝琼缨）及两名姨太（陈婉珍和梁安琪）；何鸿燊胞妹何婉琪（Winnie）嫁给同属澳门娱乐创立人的麦志伟，后离异；何鸿燊另一妹何婉婉（Susie）嫁澳门娱乐有限公司股东之一的叶德利，叶、麦二氏既是何鸿燊的合伙人，也是澳门赌业界举足轻重的人物，这种结合显然可以巩固彼此在澳门赌业的控制地位。

顺带一提，何鸿燊女儿何超凤，下嫁殡仪业巨子萧明长子萧百成，可惜二人后来仳离收场。另一女儿何超琼则嫁给许晋亨，许晋亨是四五十年代粤港著名航运巨子许爱周之孙。二人的结合，在香港的上流社会，曾经轰动一时。同样地，因为性格问题，二人终在2002年以离婚告终。虽然如此，许、何两家仍然保持良好关系。何鸿燊之子何猷龙，娶罗桂祥孙女罗秀茵为妻。罗桂祥乃香港国际豆奶有限公司创办人，而快餐业龙头大家乐和大快活等，则是罗氏家族另一重要业务。何、罗二人的结合，进一步拉近并巩固了两家的经济及社会关系。

何福另一女儿何婉璋（Priscilla）嫁谢德安（Andrew），谢德安的父亲谢家宝（又名谢逸）乃澳门Banco Nacional Ultrmarine的买办，他本人娶了何甘棠的女儿何柏龄（Elizabeth），二人属于表兄妹的亲上加亲。至于何甘棠次子何世杰则娶蔡立志（Choa Lap Chee）之女Winnie Choa，蔡立志家族据说是福建籍马六甲华侨，移居香港后出任渣甸洋行炼糖业务的买办，与何东三兄弟先后出任渣甸洋行总买办，关系密切，自不待言。何甘棠另一女何柏贞（Elsie）则嫁给蔡立志之子蔡宝耀，二人其中一名儿子蔡永业曾任医务卫生署署长，也是香港中文大学医学院奠基者。除此之外，何东及各个混血儿群体还有众多其他子女，但因数据不全，我们在此则略过不谈了。

总结而言，如果我们只集中于牵头创立大有银行混血儿群体的婚姻联盟，可由点成线，再由线成面地看到，透过本身或子女们的婚姻，本来独立四散、互不往来的欧亚混血儿家族，得以有机地、紧密地联结在一起，组织成一张相互纠缠、相互配合的姻亲联盟网。更加重要的一点是，利用这种半血缘婚姻关系，单一家族在某层面上的不足或缺乏，可以从其他家族中得到补充，因而能强化本身在商业或社会上的竞争力。例如，罗长肇家族有人才，但财富不足，而何东家族则有财富，但人才稍逊，两家的紧密结合，则可谓优势互补，令双方如虎添翼，所以更能令双方家族在香港社会中指点江山、独领风骚。

与牵头创立大有银行的家族利用婚姻联盟巩固彼此关系的情况相比，牵头创立东亚银行的家族之间利用婚姻嫁娶以提升各方交往、强化彼此关系的情况，可谓有过之而无不及，所涵盖的精英阶层更是既深且广，有些甚至连绵数代。至于这种联盟有利生意伙伴的关系更上层楼，令世家大族间可亲上加亲，则明显有助他们维持财富和社会地位的历久不衰。

若以牵头创立东亚银行的李石朋家族为主体，则可一再发现，世家大族间的婚姻联盟，其实层层叠叠，关系极为纠缠复杂，远比社会一般人想象中复杂。数据显示，李石朋老而得女，幼女李月嫦嫁给永安集团创始人之一的郭泉长子郭琳褒。郭琳褒长子郭志权是一位哈佛大学物理学博士，他娶了香港养和医院创办人李树培女儿李婉群为妻，李婉群母亲是香港首位女性立法局议员兼香港家庭计划委员会奠基人李曹秀群。李树培家族是香港医学世家，李树培胞兄李树芬乃医学权威，辛亥革命成功后，他曾获广东军政府委任为卫生司长，与李煜堂关系密切。至于永安集团更是香港百货业翘楚，生意遍布上海、广州及东南亚等地。李石朋家族与这些香港举足轻重的世家建立起紧密网，自然有助提升子孙后代的社会资本。

还有，李树芬女儿李芙蓉，嫁给郭琳褒弟弟郭琳弼。郭琳褒另一兄弟郭琳栅，娶江西望族巨贾张茂子（张弼士家族）幼女Marri Chang。郭琳栅之子郭志梁，娶建筑商人陆孝佩大女儿陆恭一，陆恭一堂妹陆恭蕙，曾任行政局及立法局议员兼民权党主席和创党人，她现在担任环境卫生局副局长，陆氏家族与太古洋行买办莫仕扬家族也有姻亲关系。郭琳褒妹妹郭惠珍嫁给陈树佳。陈树佳的父亲陈维周是前清两广盐运使，地位显赫；至于其兄长陈树渠，则是香港早期富商巨贾。郭琳褒侄女郭志清，嫁给马景华。另一名侄女郭志怡则嫁给冯秉芬儿子冯庆照，可惜二人后来离婚。马景华祖父马永灿，是香港先施百货的其中一位重要合伙人，而马永灿与先施另一始创人马应彪，不但同属新会同乡，二人更是同襟，他们分别娶了新会一个大家族的一对姐妹，这与马永灿、马应彪在创立先施时能够同心同德，有莫大关系。

李石朋嫡孙李福树娶香港另一亿万富商胡熙堂的女儿胡宝琼。胡宝琼胞弟胡百全是香港著名资深律师兼前立法局议员。李石朋另一孙子李福兆娶英美烟草公司老板劳勉农女儿劳晓华，李、劳联婚是当时社会的一大新闻。至于香港早期著名华人贤达，身兼港英行政及立法局议员，又属前清名臣的周寿臣爵士，也是透过婚姻结盟方式与李石朋家族连接在一起的。李石朋孙女李如珠，嫁给周寿臣侄孙周孝亮；周孝亮祖父周始南是东亚银行的司库。

李石朋曾孙李国宝娶香港另一百货业巨子潘锦溪女儿潘金

翠，潘金翠胞弟潘迪生被香港传媒冠以"名牌王子"美誉，是香港举足轻重的百货人士。潘金翠和李国宝所生的儿子李民桥（李石朋玄孙），娶香港鹰君集团罗鹰石孙女罗宝盈（罗孔瑞女儿）。罗鹰石乃著名潮州企业家，罗家一门数杰在香港都是独当一面的人物。罗嘉瑞是创业板主席兼前医院管理局主席；罗康瑞是瑞安建筑创立人；罗旭瑞是百利宝集团、富豪酒店和世纪集团主席；而罗英瑞则是"medic.com"公司的创立人。李、罗两家的婚礼，同样曾经轰动香港上流社会。可惜，李民桥和罗宝盈后来离异，罗宝盈日后下嫁美心集团第三代掌舵人——伍舜德长孙伍伟国。

李石朋另一儿子，李子方也是采用婚姻结盟形式，扩大他们的社会网。李子方娶邓秀馨，邓秀馨父亲是十九世纪末有利银行买办，他只育一女，李子方据说深得岳父器重，不但学了不少经营银行的经验，也在岳父支持下建立一定人脉网，这对李子方日后创立和经营东亚银行有重大而深远的影响。李子方同父异母的弟弟李作忠，娶莫晴江女儿，莫晴江是东亚银行的其中一位奠基人，主要负责银行会计。

李子方儿子李福泰娶前台湾"行政院"院长俞鸿钧的女儿，因此，李福泰的政治取向比较亲向台湾。李子方孙子李国能娶胡慕英。胡慕英父亲胡兆炽，是香港五十年代巨商，也是有"地产三剑侠"之称的李兆基、郭得胜和冯景禧的恩师。胡慕英弟胡宝星爵士是香港著名律师楼"胡关李罗"的合伙人，而胡宝星与胡伯全其实又是堂兄弟关系。胞妹胡慕芬是李嘉诚旗舰长江集团的行政董事，她下嫁给前香港律师会主席周永健。

东亚银行家族之间的婚姻联盟，非李、冯、简三家的联姻莫属。数据显示，李子方女儿李惠贤嫁给冯秉华，冯秉华是东亚银行股东之一的冯平山长子，冯秉华的孪生弟弟冯秉芬则娶简雪娴，简雪娴的父亲简东甫，是东亚银行另一举足轻重的创始人，也是首任东亚银行总经理。这对孪生兄弟的婚礼，是当时社会的一大盛事，成为市民茶余饭后讨论的话题。

进一步的数据还显示，简东甫女儿嫁余东旋儿子余经纶，简东甫儿子简悦庆娶利舜贤，利舜贤是利铭泽的妹妹。简东甫长子简悦强和利希慎长子利铭泽，均曾被港英政府委任为行政及立法局议员。至于利铭泽胞弟利荣森的独子利干，则娶上海纺织巨擘周文轩之女周学意，而周文轩另一女儿周小微则嫁给利丰集团总裁冯国纶（冯柏燎之孙）。也即是说，通过婚盟，冯平山家族、李石朋家族、简东甫家族，乃至利希慎家族和冯柏燎家族等，紧紧地结合在一起。

此外，李子方另一孙子李国玮（李福琛儿子），娶Michelle Huthart，Michelle的祖父 Robert Huthart是著名英资百货店连卡佛（Lane Crawford）的创始人之一。由于子孙多在外国求学，与外籍人士接触颇密，因此世家大族中出现"异国情缘"的情况，也相当普遍。

我们必须重申的是，上文所列举的一些例子，只是部分已公

开的名字而已，那些未曾公开的，或不肯公开的婚盟，肯定比上
述的还要多，只是我们现在无法掌握罢了。虽然如此，就算只从
上列已知的姻亲联盟中，我们已经可以十分明显地看到各个家族
之间的紧密联系了。

　　简单而言，以上这些由生意伙伴，逐步发展到姻亲关系的人
脉与社会人脉，一方面可让人看到，通过姻亲契约，世家大族之
间得以互相依靠、串联在一起，因而可以增加互信、共享利益。
换个角度说，我们也有理由相信，利用这种关系，这些家族不但
可以获得人力资源的互补，同时也可减少生意或利益上的竞争，
在不同层面上取得更多优势与利益。

巨富女家长：何妙龄与张静蓉的半边天

　　无论是婚姻、家族，乃至社会，在父权传统与制度底下，女
性的地位、角色和贡献，长期被低估和漠视。然而，女性与男性
在家族和社会中，一如人体的两条腿般，应该同样得到发展与成
长，获得同等对待，否则只会出现畸形现象，阻碍前进。事实
上，不同研究数据均显示，对于家族和社会的发展，女性其实与
男性同样重要，其贡献也不分高低。为了说明这些特点，下节让
我们引用两个巨富家族女家长的经历——尤其看看她们对家族和
社会方面的贡献——作扼要说明。

1937年6月17日，距全面抗日战争爆发约半个月时间前，生于1846年的何妙龄于九龙启德滨的私宅中去世，享年91岁。大约半年后的1938年1月5日，生于1875年的张静蓉在港岛山顶私宅何东花园离世，享年六十一岁。两人享寿长短虽然不一，但均属当时香港社会无人不识的巨富家族女家长，就算到了今天距离他们离世已近八十载光阴，仍有不少人对她们的生平事迹津津乐道，可见二人在香港留下的不朽美名，一直深深地镌刻在香港的历史上。

正如前文中提及，何妙龄是香港首位华人牧师何福堂长女，丈夫则是香港开设外贸港口后首位华人立法会议员伍廷芳（又名伍财），胞弟何启则是首位获得港英政府颁赠爵士头衔的政治精英，家世尤为显赫。至于这个家族的另一独特之处，则是"西化"极深，且拥有雄厚宗教资本。正因如此，虽然只属一介女流，何妙龄却有别于同时代的女性，不但可以接受教育，更可走出家门，见识世面，至于其中一点最值得注意的，是她原来在地产与股票的投资中甚为突出，是投资高手，此点很可能受父亲何福堂耳濡目染或是教导所致（参考早前文章的讨论）。

正因何妙龄深谙投资之道，她嫁给伍廷芳之时，据说已拥有丰厚的私产，所以过门后能有财力支持丈夫留学英国，深造法律专业。因此伍廷芳完成深造回港后，随即能获得当时的港督轩尼诗的垂青，成为首名晋升为定例局（即如现时的立法会）的华人议员，地位显赫。可惜，伍廷芳留在议事堂的日子不长，便被迫

于1882年前后黯然离港，北赴上海，转投李鸿章幕下，背后原因
应该是受何妙龄投资失利连累所致。

尽管如此，转到上海生活后的何妙龄，在休养生息后又重现
金融和地产市场，以其锐利的投资视角与才干和丈夫在政治上的
影响力与信息，获得了丰厚回报，至于名下财产——尤其是房产
的不断增加则是最好的说明。

当然，令我们今日仍会经常提及何妙龄这个名字的，其实不
是她一生如何驰骋金融与地产市场，而是她晚年时——尤其在
丈夫伍廷芳及儿子伍朝枢先后去世后，[①] 以个人名义先后捐出巨
款，支持香港的宗教活动与社会公益。对此，刘粤声有如下简略
扼要的介绍：

> （何妙龄）捐资为善，计曾助香港合一堂建筑费，英华
> 书院学额费，大衿麻疯院开办费，其余民生书院，湾仔福音
> 堂，及重修那打素医院等，皆捐巨资以勷厥成，其生平捐输
> 达二十万有奇，可谓善用物力，积财于天者矣。[②]

更为核心的问题是，身为虔诚基督教徒的何妙龄年老时立下

---

① 数据显示，何妙龄移居上海数年后（其时已过40岁）才为丈夫诞下麟
儿，取名伍朝枢，之后再诞下一女，取名伍瑞细。何妙龄丈夫伍廷芳于1922年去
世，享年八十一岁；儿子伍朝枢于1934年去世，享年只有四十七岁；而她自己则
于1937年6月17日去世，享年九十一岁。
② 引自刘粤声. 香港基督教会史. 香港：香港基督教联会，1941. 283

了遗嘱，后来另加三个遗嘱附件，并对其遗产做出清晰细致的安排和指示，其中的重要部分，除遗赠大量财产给予子孙，还慷慨捐出部分遗产赠予教会，用于宗教及慈善公益事业上，刘粤声因而介绍："临终遗嘱，仍以产业收益，分济贫乏，及资助各方医院学校，一如平时。"

数据显示，何妙龄的主体遗嘱立于1934年8月10日，由Peter H. Sin & Co.律师楼代劳，并指派一位名叫何伯平的人，加上女孙伍砺琼和男孙伍竞仁，合共三人为执行人与信托人，负责处理其名下房产及股票。遗嘱拟定后不久的1934年8月23日，何妙龄再由Peter H. Sin律师楼办理，增加了一个遗嘱附件，主要在于说明丈夫伍廷芳、胞弟何启及友人韦玉等当年（1888年）的一项土地投资（Memorial No. 15974），[①] 她占有一定比例的权益，因而做出指示，将那些属于她本人的权益，一同拨入其遗产之中。

到了1935年1月16日，何妙龄再立另一份遗嘱附件，这次的重点在于委派一位名叫马惠文的人代为承办一项位于九龙城启仁道的房产，而办理的方法，则以中文书写，并没如前两次般交由律师楼代劳，见证人为杨杏乔和何丽微。再之后的1936年7月19日，何妙龄又以中文书写形式，立第三份遗嘱附件，见证人为

---

① 此即启德滨的庞大填海造地房地产发展项目的其中部分，该项目后来"烂尾"收场，不少填海造地所得的地皮及财产被变卖，但仍有部分财产留了下来，何妙龄因而提及那些她应该拥有的权利；至于启德滨的发展项目，日后则成为了启德机场。

何伯平和何高俊，内容则在于说明丈夫生前遗留了四个房产，按其生前指示，她占有三分之一权益，因而表示可将该财产也拨入何妙龄遗产之中，另一值得注意的是，她提及她本人在上海拥有"屋业共拾捌间"，[①] 并将之分配给三名男孙伍竞仁、伍庆培及伍继先。[②]

对于何妙龄在遗嘱中提及的香港房产（不包括上海房产），港英政府的遗产征税官列出了一份清单，并做了估值，我们不妨列出如下（表1），作为参考：

表1　何妙龄在遗嘱中提及个人在香港的遗产[③]

单位：元

现金及流动财产	945.0
青洲英泥（160股）	2 416.0
中华印刷及出版（40股）	2 253.6
君德印刷（40股）	1 000.0
国家商业储蓄银行（100股）	250.0
元安蒸汽轮船（10股）	200.0

---

① 何妙龄在上海房产的位置如下：孟立拉路1423号、1425号、1429号、1431号、1433号、1437号、1439号、1441号及1443号共九间；爱多亚里丁2号、4号、5号、6号、7号及8号共六间；爱多利亚里250号、252号及254号共三间。Probate Jurisdiction – Will Files, No. 401 of 1937（In the Estate of Ho Mui Kwai, alias Ho Miu Ling…, deceased），Hong Kong: Hong Kong Public Records Office.
② 引自Probate Jurisdiction – Will Files, No. 401 of 1937（In the Estate of Ho Mui Kwai, alias Ho Miu Ling…, deceased），Hong Kong: Hong Kong Public Records Office.
③ 资料来自Probate Jurisdiction–Will Files, No. 401 of 1937（In the Estate of Ho Mui Kwai, alias Ho Miu Ling…, deceased），Hong Kong: Hong Kong Public Records Office.

续表

永乐街88号及德辅道中296号屋	45 000.0
荷李活道180号及182号屋	20 000.0
苏杭街13号及15号屋	30 000.0
启仁道95号屋	20 000.0
上海街256号及258号屋	36 000.0
庙街107号屋	7 700.0
庙街125号屋	6 000.0
新界第1区2002号、2205号及2206号地段	3 000.0
光明街3号屋	11 100.0

　　由于何妙龄以个人名义拥有的财产，比叱咤一时且从政府中收取巨额俸禄的丈夫或儿子还要庞大，而作为一介家庭主妇，既没工作，又没经商，她却能拥有如此庞大财产，我们的推断，自然落在精通投资之道上，这点与前文提及何福堂精于房地产投资，伍廷芳和何神添曾因投资失利被迫离开香港，而何妙龄晚年财产也有不少房产的背景基本一致。

　　回到何妙龄的遗产上。对于个人一生积累的"身外之物"，何妙龄除了遗赠子孙，还捐出不少作为宗教慈善之用，回馈社会，这种举止，在当时的社会而言，无疑属于高风亮节、极为难得。同样必须指出的是，以上的各项捐赠，基本上以何妙龄的个人名义进行。这种行为，一方面反映了财富积累来自她本人的努力，另一方面也彰显了个人能够独立自主掌握支配财产的条件，同时更证明了她有借捐献以造福社会、留名后世的意愿。

相对于何妙龄，张静蓉的故事又属另一个传奇。数据显示，张静蓉的人生故事无疑因为嫁作何东平妻而引起了当时社会对她的关注，背后的原因则与发财致富后的何东，娶妻纳妾均未能为他诞下血脉有关。至于张静蓉过门不久即为何东先后诞下三子（其中一子早夭）七女，母凭子贵，极为关键地奠下了她在家族中不可动摇的稳固地位。

与何妙龄一样，张静蓉年幼时也与无数同时代的女性有所不同，她能够接受一定程度的教育，读书识字，而非女子无才；到年纪较长后，又能跟随父母移居九江，见识世面，而非三步不出闺门。事实上，正因她读书明理，了解世界之大，天高地厚，所以当何东最初要纳她为妾时，便遭到她的坚决拒绝，并可争取到"妻"的身份，决定了日后的人生与命运。

在嫁给何东为平妻后，张静蓉有了更多外游见识的机会，所以令她可踏遍中国的名山大川，甚至可游走于欧美等风景名胜，接触不同种族、阶层和生活文化。至于更为重要的，当然还是在相夫教子的过程中寻求突破，书写了自身的传奇。

毋庸置疑，作为名成利就富豪巨贾的妻室，张静蓉并没如那些"夫妻档"共同创业的妻子般，直接参与丈夫企业或生意的管理，而是在丈夫有需要时陪伴在侧交际应酬，游走于政商上流社会的太太圈子中，这样的"公关角色"，纵使能为丈夫的事业增加声势、添加分数，但毕竟无法确立本身的独立人格、社会地位和人生功绩。或者是察觉到一介女流在父权社会中的这种困局，张静蓉从相夫教子（伴夫交际应酬与照料子女成长）的过程中注入个人对人生目标的追求，并成功地落实了这一追求。

简单地说，她十分重视子女的教育，一视同仁，而非如传统般重男轻女，认为女子无才便是德，所以她的女儿们全接受了正规教育，而且大多大学毕业，拥有专业。然后，她推己及人，因为察觉到社会中的平民女子缺乏教育，于是将推动女子教育变成自己的个人事业，在三十年代初独力在澳门和香港创立了宝觉女子义学，成为一时美谈。

由于她是虔诚佛教徒，无论在陪伴丈夫外访交际应酬时，或是携带子女外出治病与求学时，均会争取机会，游览当地佛教寺庙，礼佛听法，谒见名僧大德，借以洁净心灵，日后萌生在港创立佛教道场、弘扬佛学的念头。然后，她锲而不舍，一步一步地坚持和争取，最终天如人愿，有志者事竟成，于1935年在香港岛的跑马地山光道创立了东莲觉苑，在配合宝觉学校的目标之余，弘扬佛学，一举两得。

和何妙龄相比，张静蓉不只是宗教信仰不同，在"聚财"与"散财"的金钱聚散和运用上也有所差别。简单点说，何妙龄属于那种"赚钱之神"的人，具有点石成金的能力，所以能凭个人精明投资积聚巨额财富；反而张静蓉则属"花钱一族"，本身没有什么赚钱能力，财政主要来源于丈夫，只是她的"花钱"，并非如其他巨富夫人太太般用于个人的享受逸乐，而是用于实践个人理想——兴学弘法、贡献社会和造福后代。

东莲觉苑于1935年落成并正式启用后，由于各项礼佛诵经作福的活动一浪接一浪，张静蓉明显因为过度奔波，积劳成疾。病榻中的她，或者察觉到健康大不如前而意识到自己"阳寿将尽、时日无多"，所以在女婿罗文锦的协助下，于1937年5月17日委托罗文锦律师楼订立了遗嘱，安排后事，当中的重点，则放在如何确保自己一生的心血（东莲觉苑和宝觉学校）能够世代相传，永垂不朽。

值得指出的是，张静蓉在遗嘱中一方面讲述当年创立宝觉义学及东莲觉苑的苦心，并为自己去世后如何管理东莲觉苑做出适合确切的安排；另一方面更开风气之先，将自己名下的所有积蓄悉数捐出，作为该苑永远营运基金。在遗嘱中，她这样写：

> 立嘱书人何张氏、何张静蓉、又名莲觉，现将前者所写之嘱书未能满意时，将之取销，以此次所立者为最后之决定。予自适何门，蒙夫君厚爱，儿女承欢，家庭美满，引为毕生之幸。予一生笃信佛教，怜念本港无一真正合现代化永久公共育才之宏法机关，并可怜失学青年女子，思设女义学以培植之。唯兹事体浩大，力与心违者亦既有年。前蒙夫君体念予情，先后惠以巨资，创建东莲觉苑于山光道，克偿所愿，亲手订立苑章，佛学和义学并进。自开办以来，业已两年，一切措施甚惬予意，其日夕萦怀者，唯永久之基金而

已。使予一旦长逝，其将何以瞑目，故不得不先作未雨之绸
缪。予将来逝后，所有予之首饰，请夫君作主，分赠各子女
媳婿内外孙及亲友并阶弟等为纪，是祷。予所有浮银股份，
并连同夫君予六十一岁之赠寿金五万元，所有予名下之银，
悉数尽拨入东莲觉苑，作永久基金，总数在拾万元以上……
惟基金一层，宜划开存储，或购置可靠之物业，或妥当之股
份等，庶足以垂永久基金，保管归苑董付（负）责……万望
予之亲爱夫君真的爱必满予之愿，和贤德的姐姐（即何东元
配麦秀英），及明孝的子女媳婿等，必能体念予心，各事爱
予之所爱，悉照予所嘱办理。①

如果遗嘱最能揭示一个人一生的最终关怀、追求与所思所
想，那么何妙龄与张静蓉之间，明显存在如下若干差异：

（一）何妙龄的遗嘱以英文书写，张静蓉则选择中文，此点
可能反映了两人对中西文化不同程度的认同与接纳；

（二）何妙龄只是平述各种分配安排，张静蓉则流露了浓烈
的个人情感，此点也折射了两人与亲属朋友之间的关系与亲和力；

（三）何妙龄较多交代财产细目及价值，张静蓉则粗略指出
遗产价值，并只作出笼统分配，此点可能折射了大家对钱财的重
视程度，尤其凸显了大家"聚财"与"散财"理念的差异；

---

① 引自 Probate Jurisdiction – Will Files, No. 202 of 1947（In the Estate of Clara
Ho Tung…, deceased），Hong Kong: Hong Kong Public Records Office.

（四）何妙龄将大部分财产遗赠子孙血脉，小部分捐给教会，用作慈善，张静蓉将绝大部分财产捐作东莲觉苑作为永久基金，只有小部分分赠血脉，作为纪念，这点反映了她们在追求方面的各有不同。

如果概括评价两人在捐献举动中所反映的个人情操，则不难看到，在那个教育仍未普及的年代，虽然她们只是一介女流，却具有仁者胸怀，以苍生百姓为念，捐出名下巨款——尽管两人所捐出的金额多少不一，占其身家财富的比例多寡有别——造福社会，借以推动宗教活动或是扶贫助弱、抚寡恤孤。至于这种无私高尚超脱的举动，不但令她们赢得了身边一众亲朋好友的高度赞誉，使人敬佩，更让她们的名字镌刻到香港的历史中。

◆ 参考文献

1 郑宏泰、黄绍伦. 香港大老：何东. 香港：三联书店（香港）有限公司，2007

2 Lo, T.S., *Family Album*, Hong Kong: private circulation.

3 周德辉. 石龙周氏家谱. 香港：商务印书馆，1926

4 Miner, N., *Hong Kong under Imperial Rule*: 1912-1941, Hong Kong: Oxford University Press，1987

5 Carroll, J.M., *Edge of Empires: Chinese Elites and British Colonials in Hong Kong*. Cambridge, Mass.: Harvard University Press，2005

6 Yeo, F., *My Memories*, England: s.n, 1994；郑宏泰、黄绍伦. 何家女子：三代妇女传奇. 香港：三联书店（香港）有限公司,1994

7 吴醒濂. 香港华人名人史略. 香港：五洲书局，19937；周德辉. 石龙周氏家谱. 香港：商务印书馆，1926

8 郑宏泰、黄绍伦. 香港大老：何东. 香港：三联书店（香港）有限公司，2007；及郑宏泰、黄绍伦. 一代烟王：利希慎. 香港：三联书店（香港）有限公司，2011

9 郑宏泰、黄绍伦. 香港赤子：利铭泽. 香港：三联书店（香港）有限公司，2012；及郑宏泰、黄绍伦. 香港将军：何世礼. 香港：三联书店（香港）有限公司，2008

10 Chung, S.P.Y., *Chinese Business Groups in Hong Kong and Political Changes in South China, 1900-1925*. Basingstoke: MacMillan Press Limited，1998

11 冼玉仪. 与香港并肩迈进：东亚银行1919–1994. 香港：东亚银行，1994

12 Zheng, V. and T.M. Ho., "Contrasting the Evolution of Corporate Governance: A Hong Kong and Shanghai Banking Corporation vis–à–vis Bank of East Asia Limited Analysis", Asian Pacific Business Review, DOI:10.1080/13602381.2011.626156.

13 秦家聰. 香港名门：李氏家族传奇. 蒙宪、蒙钢（译），香港：明窗出版社有限公司，2002

14 郑宏泰、黄绍伦. 香港华人家族企业个案研究. 香港：明报出版社有限公司，2004

15 郑宏泰、黄绍伦. 女争. 香港：三联书店（香港）有限公司，2014

16 刘粤声. 香港基督教会史. 香港：香港基督教联会，1941. 283

17 Choa, G. H., *The Life and Times of Sir Kai Ho Kai: A Prominent Figure in Nineteenth Century Hong Kong*, Hong Kong: The Chinese University Press，2000

18 Probate Jurisdiction—Will Files, No. 401 of 1937（In the Estate of Ho Mui Kwai, alias Ho Miu Ling⋯, deceased），Hong Kong: Hong Kong Public Records Office.

19 郑宏泰、黄绍伦. 何家女子：三代妇女传奇. 香港：三联书店（香港）有限公司，2010

20 郑宏泰、黄绍伦. 山光道上的足迹：东莲觉苑走过的八十年. 香港：三联书店（香港）有限公司，2016

第九章
家族间的斗争、挫折与恩怨

　　毫无疑问，买办可说是一个时代的"产物"，其在"华洋"贸易互通、双方接触交往的初期，确实曾经发挥关键的桥梁作用，与洋行老板之间亦曾唇齿相依、共枯共荣。但是，随着时间转移，双方实力、目标和关系发生变化，令彼此间的分歧与矛盾不断积聚，最后甚至出现了互相猜疑、明争暗斗的情况。至此，买办制度终因失去最重要的信任基础而完成了历史使命并画上句号。

李石朋与利希慎家族的世纪官司诉讼

　　进入二十世纪的首个十年，当内地的政治环境急剧转变、革命浪潮冲击全国之时，香港却在大兴土木、不断建设，一方面是马不停蹄地兴建连接九龙及广州的铁路、移山填海地修筑贯通九龙半岛的弥敦道，以及修建相关接驳道路网，另一方面则忙于筹建香港大学，为香港乃至华南地区注入"软实力"，两方面的举动则清楚地说明，经过一个甲子的经营和发展，无论在社会、经济，乃至地区内外发展的多方面整合下，香港已进入一个全新里程，成为华南地区一股不容低估的力量。

　　对于不少开设外贸港口初期到港谋生发展的家族而言，经过一段不短时间的挣扎奋斗在进入世纪之交时，他们大多到了接班传承的阶段，而家族中某些矛盾与纷争，往往也在这个转接过程中出现，引起社会关注。下文将介绍一宗轰动一时的"争产案"，证明家族内部矛盾的不容忽略。

　　这宗曾令社会议论纷纷的家族争产案发生在1910年1月，原告一方的名字叫李作熊，他是李石朋侄子，被告一方则是李石朋，他当时已家财万贯、生意众多，且儿孙满堂。据秦家骢记述，早于1908年，李作熊已以嫡母（即李石朋嫂子）名义，向香港法院提起诉讼，指控李石朋"挪用了他哥哥（李建材，即李作熊父亲）做生意的利钱"，甚至指"李石朋所操控的部分财产属于他父亲李建材，其他的则属于祖父李家成"。由于案件牵涉到开始做生意时的资本问题，"如果李石朋输了，他要失去自己大部分的财产"，情况有点儿像二十一世纪初轰动世界的王廷歆对龚如心争夺王德辉遗产的争夺战般，如果龚如心输了，将会失去绝大部分原本属于王德辉并已壮大的财产。然而，案件不久因李作熊嫡母去世暂停，直至1910年1月争夺才重新开始。

由于案件牵涉"约百万元家产"，在当时社会乃是天文数字，双方的律师团自然也属前所未见的阵容强大。原告一方聘用了御用大律师白克里爵士（Sir Henry Berkeley）、在华人社会位高权重的何启，以及另一大律师普特（Eldon Potter）；被告一方则聘用了同样属御用大律师的史力德（Marcus Slade）和颇具名气的大律师阿拉巴士打（C.G. Alabaster）应阵；而主审的高等法院法官，则是拥有御用大律师资格的戴维斯（William E. Davies）。

法庭上，代表原告的大律师指出，李石朋原本与兄长李建材一同经营瑞昌米行，并参与他们父亲参与创办的瑞成行业务，但他在兄长去世后，独占瑞昌米行及瑞成行股份与利益，并挪用相关公司的利益来买卖股票、投资地产及轮船业务，因而认为李石朋当时拥有的财富，来自原告父亲及祖父的遗产，故要求归还。

被告代表律师则反驳，兄长李建材去世时已经破产，破产后更曾向被告借钱还债，而兄长过世的丧礼费用也由他一力承担，甚至兄长遗孀及子女的生活费，也由被告支付。也即是说，被告不但没有侵吞或挪用兄长生意利益之嫌，更为兄长及其一家付出了不少金钱。

值得指出的是，审讯期间，原告一方揭露，被告于1903年向港英政府申请归为英籍时，曾向当时的助理总登记官金文泰（Cecil Clementi，后于1925年至1930年出任港督）宣誓，指自己5岁时到港生活求学，并居住在父亲李家成为合伙人的瑞成行中。但是，在法庭辩论时，李石朋则否认他父亲是瑞成行合伙人。为此，原告代表律师认为，只要传召金文泰到法庭作证，说明李石朋确实在申请入籍时曾宣誓说过父亲是瑞成行合伙人，这一方面可印证李石朋在法庭上说谎，另一方面又可直接说明瑞成行的股份或利益是李家成遗留下来的，原告一方有权追讨。

金文泰最终被传召到法庭作证，接受原告代表律师盘问，但他虽回答确认李石朋入籍英国时的宣誓由他主持，却对最核心的问题——即李石朋是否曾在宣誓时指父亲是瑞成行合伙人一事拒绝作答，他指辅政司（Colonial Secretary）曾向他发出指示，基于保障隐私以维护公众利益的缘故，他不能透露实质内容。因金文泰守口如瓶，不肯透露内容，指控无法确定，令原告代表律师无可奈何，本来以为可以攻守兼备的一招，化不利局面于无形，但说法无法得到确实证明。

经过双方多轮唇枪舌剑，法庭最后于1910年5月13日做出结审，并得出了"双方各打五十大板"的结果："考虑李建材的资产时，判词对被告李石朋有利；在考虑李家成的资产时，又偏向于原告李作熊。"而更重要的问题是，"法官责令李石朋提交李家成的资产账目，并声言此案有充分理据，证明有理由怀疑被告的诚信"。

由于双方均不满判决结果，并各自提出上诉，案件于同年11月再次进行审理。经过新一轮激辩后，上诉法庭于12月22日做出裁决。与上次结果不同，这次的判决则对李石朋有利。上诉庭法官首席按察司白吉特（Francis Piggot）认为，案件是华人社会首宗因死者生前没立遗嘱的争产案，并不无感慨地指出，如果死者生前早立遗嘱，则不会出现如此局面。白吉特在列举多宗案例后提出一个重要法律观点，即原告既要争取其父及祖父的遗产，举证说明那些财产原本由其父及其祖父拥有的权利在其一方，而非被告一方证明自己财产并非来自原告一方。但是，在法庭上，原告却未能完全证明这一点，正因如此，法官判被告胜诉，并且诉讼费由原告方承担。

官司了结数年后的1916年7月4日，李石朋因早前感染肺结核的复发去世，享年五十三岁。数据显示，李石朋于临终前两天立下遗嘱（可能担心若无遗嘱时，会出现像自己般的争产情况），任命长子李冠春为执行人，并将名下财产分赠一众儿子。遗嘱中，李石朋这样表示："余名下所有或应得之物业生意银两等，不拘坐落何处者，尽数遗交长男作元（李冠春）代为管理，其非现银者，准其将以变卖，并着（命令）其将变卖所得之价，连同银两交与吾儿作元、作享（少彭）、作联（子方）、作芬（兰生）、作忠、作礼，（以）及此后吾妻侯氏及吾妾任氏邹氏为吾所生之遗腹男儿均分，每名得占壹份，别人毋得争占。"而其妻妾及女儿，也获得部分遗赠，例如给予妻子侯氏五万元、妾侍任氏一万五千元、妾侍邹氏三万元，以及女儿李妹五万元。

李石朋死后，[①] 家族并没如民间预期般出现争家产的情况，也没有子侄纷争，令家业四散、家族衰落。在李冠春的领导下，家族的实力与影响力进一步扩大，尤其是他日后与胞弟李子方联同友人周寿臣、简东甫、冯平山等创立东亚银行，更带领家族走向另一重要台阶。

大家族的官司诉讼总是时有所闻、历久不绝。李石朋家族的争产官司平息不久，香港豪门又爆出另一轰动全城的"百万元鸦片"争夺战。卷入后者官司的核心人物，则是早前曾提及的利良奕的儿子利希慎。如果李石朋的官司所反映的是家族内部矛盾，利希慎官司所说明的，则是合伙股东之间的企业内部矛盾（也可视作家族外部矛盾），两者在家族与企业成长过程中其实很常见，我们实在不用大惊小怪。

正如前文提及，利希慎父亲利良奕是首批远赴旧金山谋生的

---

① 李石朋虽已入籍英国，但死后并没葬于香港，而是按其遗愿葬于家乡围墩，未能摆脱"落叶归根"的固有思想。

华工中的一员，并于十九世纪八十年代美国排华浪潮兴起后离美返回中国内地，之后选择到港经商，寻找机遇。至于利希慎则于1884年在港出生，年纪稍长后进入被指是"香港精英摇篮"的皇仁书院求学，同学中有何东过继子何世荣、利丰公司创办人冯柏燎（参考另文介绍）及著名经纪人高宝森等。

数据显示，皇仁书院毕业并踏入社会后，使利希慎财富急增的是鸦片生意，令他声名大噪的，也是鸦片生意，而使他是非不绝，争议不绝的，最后甚至招来杀身之祸的，还是鸦片生意，而本文所介绍的股东之间的官司，也与争夺鸦片利益有关。

1914年3月，一位来自内地名叫孙辉山的"裕兴有限公司"（Yue Hing Company Limited）小股东（主要为社会中也有一定地位的古彦臣），透过两位名叫麦尼尔（D. McNeill）和程健（F.C. Jenkin）的大律师向香港法庭提起诉讼，控告利希慎及马持隆这两名主要股东，指其在主持该公司的业务期间账目不清，并以欺诈手法诈骗其他股东，同时也没有依照香港公司法的规定，召开股东会议，或是向公司注册处呈交周年报表，要求该公司清盘公示。面对部分股东的挑战，作为该公司负责人的利希慎、马持隆，以及部分持相反立场的裕兴有限公司股东，当然也不甘示弱，并透过阿拉巴士打（C.G. Alabaster）及普特（E. Potter）向法庭提出反对陈词，驳斥原告指控失实。由于双方各执一词，也各不相让，案件于是交由首席大法官戴维斯（William R. Davies）审理。

法庭上的数据显示，裕兴有限公司在1912年4月26日注册成立，主要从事买卖鸦片生意，并取得了1913年鸦片专营权，公司的登记地址为上环苏杭街95号，利希慎为董事经理，马持隆为总经理。控告书指出，利希慎控制了裕兴有限公司的运作，令股东之间的关系闹得很僵，而公司的账簿又有很多不清不楚的地方，甚至有"编造虚假交易以欺骗股东"的情况，当有股东要求解释或索取更多资料时又被拒绝，并指利希慎及马持隆不当地从中攫取私利，违反诚信。诉讼状同时指出，公司自成立后并没按《公司法》规定举行周年股东会，也没有每年向股东汇报公司发展，公司注册地址不久即从原来的苏杭街95号搬到干诺道西12号——一个由马持隆家族拥有的房产中，但并没通知公司注册署等。

完成初步法律程序之后，案件在1914年4月22日正式开审。针对原告一方提出之指控，被告一方逐一加以反驳，双方除分别呈交不同证人的书面供词外，还传召了一些证人到庭接受审问，其他诸如账簿及收据等证据，也有呈堂。自1914年4月22日开审至1915年3月31日结案陈词，加上4月1日法官做出裁决，案件审讯长达二十九天之久。由于篇幅所限，本文不详加叙述，只说判决结果。

法官在判法时指出，原告或被告在法庭上的证供，皆不可信，他的判决结果纯粹根据文件证物作为结论的依据。由于古彦臣确实曾在若干会议记录上签名，因而成为重要证明。法官还特别强调，该项控告的举证责任落在原告一方的身上，但原告却不能提供充分确凿的证据，因而只能裁决其指控不成立。

针对部分股东对公司的管理与运作感到不满，并且要求法庭颁布法令将公司清盘公示。虽然身为大股东的原告及部分其他股东表示反对，但法官在考虑过各方理由之后，则宣布根据"公正及合理的原则"，同意颁布法令，将公司清盘公示，并要求政府的破产管理署（Official Receiver Office）将裕兴有限公司接管。

在谈到诉讼费用的问题时，法官又特别指出，按正常情况，大部分诉讼费用应由古彦臣承担，因他浪费了法庭的大量时间，但因法律上没赋予法官惩罚他的权力，因而作罢。退而求其次，法官裁定原告的诉讼费可从该公司的财产中拨出，而被告则要自己承担本身的诉讼费用。

然而，该案并没从此作结。由于破产管理署接管裕兴公司后，认为百箱鸦片牵涉公众利益，因而要求律政司对法庭提起诉讼向利希慎等人追讨，律政司在研究后也觉得案件存在很多不寻常之处，本身应有一定胜诉机会，因而兴起另一轮旷日持久的法庭争夺战（长达一百二十二日）。其间更曾出动警方，以怀疑利希慎及马持隆"牵涉欺诈及造假账"的理由将之拘捕，似乎让人觉得政府借"刑事调查"向利、马二人施加压力。虽然面对不同压力，但利希慎一方最终还是取得了终极胜利。

若从此案由1914年3月正式展开审讯计起，辗转至1918年4月最终判决作结，法庭审讯日子总共长达一百一十五天之多，打破了香港开设外贸港口以来民事诉讼法庭审讯时间最长纪录，而牵涉的诉讼费，高达二十七万六千元，此金额约占1918年政府总支出的1.7%。至于利希慎在两次大型诉讼中均获得胜利，与约八十年后的"龚如心遗嘱案"同样在两次重大诉讼中均由其代表一方胜出一样，轰动中外社会。顺带一提的是，由于其中的十五万一千元诉讼费要由政府承担（即破产管理署局法庭追讨百箱鸦片时期计算），当律政司向立法局寻求额外拨款时，曾引起议员的批评，认为政府当初不应卷入私人公司的民事诉讼。

同样必须指出的是，无论是家族内部的兄弟子侄之间（李石朋家族争产官司），或是企业内部的股东之间（利希慎本案），虽然彼此关系紧密，但有时难免因财失义，出现内讧。当矛盾发展至没法私下解决之时，告上法庭，寻求权威性的判决，几乎成为"唯一出路"。此一出路被指是"烧银纸"（伤了自己），律师却是唯一得益者，虽然如此，但起码可以一锤定音地为纠纷和争夺画上句号。而香港公正的司法制度，不但是生活工作经商的重要依靠，同时也是处理矛盾争拗的最权威机制，因而一直被称为香港商业赖以成功的基石。

周少岐家族于山泥倾泻中蒙难

对香港而言，1925年可说是十分不幸的一年。除了上文提及5月份爆发了规模巨大且旷日持久的大罢工，使香港的经济和社会运作一度瘫痪，令社会人心惶惶，还于7月份爆发了前所未见的特大惨剧——普庆坊山泥倾泻，造成巨大人员伤亡，其中受灾最惨烈的，则是周少岐家族。

该年7月中，香港遭遇多日的滂沱大雨。到了17日早上9时前后，太平山华人居住区的普庆坊，发生了一场前所未见的严重山泥倾泻事件，引至七栋三层高的楼宇瞬间倒塌，[①] 造成近百人死伤，[②] 约三十个家庭的两百人无家可归。其中曾经一度出任立法局议员的周少岐，以及他的母亲（李氏）、两名姜侍（高氏及詹氏）、两名儿子（周杰年及周灿年）、两名媳妇（周泽年妻许氏及周埈年妻苏氏），以及他的三名男女孙子（两名女孙一名男孙），合计十一人同告罹难，[③] 消息震惊社会，令人垂泪。

据报道，周少岐被救出时仍清醒，并要求救援者拯救其困在瓦砾中的家人，但送院后证实不治。不幸中之大幸者，是其中一名儿子周泽年，当日一早外出吃早餐，不在家中，逃过一劫。另一儿子周埈年，据说在楼宇倒塌时从床上掉下来时滚进了桌底，大量泥土及杂物倒下时刚好有桌面挡着，避免了沙泥杂物直接击

---

① 中文报纸指楼宇有4层楼，但此应是华人习惯将地面一层（Ground floor）称为一楼的不同理解。其次，另一说法是受影响的楼宇只有6栋，此说法是因为其中一栋属于相连的楼宇，有报纸视之为两栋楼宇。

② 对于这场巨大灾难死伤的人数，不同报纸在不同时期的报道颇有出入，有些指死者达71人，有些指有77人，有些则指多达86人，但死因在结案时则提到，在灾区找到的尸体共有72具（71具为华人，1具为印度人），伤者有25人，其中3人送院抢救无效去世。也就是说，灾难中的死者总数应为75人，伤者则有22人。引自The Hong Kong Daily Press（5 September 1925）。

③ 据说其中一名媳妇已怀胎多月，即将临盆。参考*The China Mail*（17–31 July 1925）；*The Hong Kong Daily Press*（17–31 July 1925）。

中身体要害，并躲在台下大声呼救。救出后，周埈年虽受伤不轻，但没有生命危险。如果不是这种不幸中之大幸，周少岐家族所受的灾劫，将更为严重。

对于这次巨大的惨剧，在翌日的立法局会议上，非官守议员贺理玉（P.H. Holyoak）表示，他与周少岐相识二十三年（即1902年前后认识）之久，对他的不幸遇难深表难过，又指周少岐是一位对港英政府极为忠心的支持者。华人代表罗旭龢则表示，周少岐是一位深受敬重的华人社会贤达，他与周寿臣均深感伤痛，并向周少岐家人表示悼念。为了表示对周少岐等遇难者的深切哀悼，全体立法局议员站立默哀。

7月25日，周家先为周少岐两名姜侍（高氏及詹氏）、周少岐两名儿子（周杰年及周灿年）、周泽年妻（许氏），以及周埈年妻（苏氏）共六人举办丧事，到场致祭的亲属及中外人士人数众多，场面令人伤感。两天后的7月27日，周家为周少岐母亲李氏发丧，亲属中除了周锡年此时身在英国深造，以及周君年此时身在天津而未能出席外，其他子孙及亲友均在，中外人士到场拜祭鞠躬者，据说多达五百人，场面哀伤。

再过三天后的7月30日，为周少岐发丧。当天，港督司徒拔（Reginald Stubbs）、辅政司施勋（Claud Severn）、立法局议员浦乐（Henry Pollock）与贺理玉（P.H. Holyoak）、华人立法局议员周寿臣、罗旭龢，以及不少"华洋"贤达如何甘棠、曹善允、李右泉、郭少鎏、罗文锦等，均有到场致祭。其他到场送殡者，还包括周少岐义学的师生、东莞乡亲、东华三院代表、保良局代表等，总人数据说达一千五百人之众，是香港开设外贸港口以来出席葬礼人数最多的一次，并且令人十分伤感。至于多名年幼遇难者如周少岐两名女孙及一名只有一岁的男孙，则只举行简单仪式，没有公开发丧。

说来有点奇怪，灾难发生前的三个月，周少岐订立遗嘱，就名下财产做出分配，被委任遗产执行人的分别是胞弟周卓凡及两名儿子（周泽年及周杰年）。报纸披露，遗产分配基本上采取诸子均分原则，但对妻妾及未成年子女，则分别拨出每月二十五元至一百元不等的生活费。另外，周少岐又给予每名未出阁女儿一万元的遗赠，而每名未成年儿子则每人可获七千元遗赠。至于名下遗产价值，估计总值有五十四万五千两百元。

山泥倾泻的拯救活动仍在进行之时，港英政府已意识到事件的严重性，并在7月24日宣布成立死因法庭，就引致这次巨大人员伤亡的事件进行深入调查和审讯。负责主持这次死因审讯的法官为麦格德理（S.B.B. McElderry），陪审团成员分别有何甘棠（何东胞弟）、席柏（J.O. Shepperd）及雅瑟（T. Arthur），代表死者家属的律师为程坚（F.C. Jenkin）。审讯期间，法庭除了传讯灾难目击者、伤者及救灾者提供证明，还有不少政府相关部门负责人及工程师亲临法庭提供数据，法庭及陪审团成员更多次亲赴灾难现场考察，了解环境。

经过两个多月的审讯，法官最终的分析是，普庆坊山后美贤里山坡的护土墙年久失修，设计上又出现排水口不足及护土墙太贴近民居等先天性问题，加上政府当时又在山坡上方（即差馆上街顶端，现天主教总堂区学校上方）大兴土木，建筑新的八号差馆，而地基工程既没做好对周边山坡影响的评估（例如打地基时影响了山坡的稳固程度），又没做好围封工地防止沙土瓦砾流失等措施，均成为导致悲剧的重要原因。至于裁决则是"死于不幸"，表示没有任何人需要为惨剧负责。

法庭对于导致这近八十条生命的悲剧责任问题虽然轻轻带过，但对香港大部分楼宇均建筑在山坡的潜在危险则表现得极为关注，并提出了如下两项建议：①尽快检查全港相同类型的护土墙，尤其要注意排水孔的问题，避免悲剧再次发生；②成立专家调查委员会（Commission of Experts），找出问题及责任，并监督新旧道路、山坡、楼宇等的安全性。

由于当时香港仍受省港大罢工的浪朝所影响，社会气氛十分紧张，言论受到管制，法庭的一锤定音似乎没有引起什么反弹、批评或舆论，但不少居住在山坡附近的居民或业主，则对楼宇的安全极为关注，令本已低迷的房地产市场受到颇为巨大的打击。虽然如此，政府日后加强了有关城市规划、施工规管及楼宇设计等安全标准和意识——尤其在山坡维修保养的监察上逐步建立起更具系统的机制等，则大大提升了香港楼宇及山坡的安全系数。

治安不佳，利希慎被杀

正如早前文章提及，香港开设外贸港口之初，由于"华洋"三教九流移民混杂，人浮于事，人心浮动，社会治安十分恶劣，罪案率极高，居民的生活朝不保夕，与今日社会相比，实在相距太远。有鉴于社会治安恶劣，港英政府长期实行宵禁政策，限制人民活动。简单来说，自日落后，如果没有持有政府发出的通行证，并提着灯笼，百姓一律不准外出。若有违反，一经捉拿，送官究办，治以重典。

数据显示，到了十九世纪末的1896年，自开设外贸港口后实施近一个甲子的宵禁令才正式宣布取消。虽然如此，在二十世纪初，香港社会仍是罪案频生，非常不安全。此时发生了一宗轰动社会的、公然践踏公共安全的事件，富豪利希慎在光天化日之下，于1928年4月30日中午，在人流如鲫的中环商业地区被凶徒连射三枪杀死，而凶徒行凶后竟然可以逃去无踪。虽然香港警察已侦骑四出，全力查办，但案件最后竟然无法侦破，不了了之。到底这宗案件的来龙去脉是怎样的呢？对家族的发展又有什么冲击和威胁呢？

一如很多仇杀案一样，因为利益、情色或权力斗争与人结怨，最终遭人买凶杀害，实在并非罕见之事。然而利希慎如何与人结怨，而仇怨又如何愈演愈烈，最终招来杀身之祸呢？综合民间的各种说法，似乎离不开经营鸦片的生意。至于本书前文提及两宗轰动中外社会的钱债官司，看来可能是问题的根源所在。

简单来说，第一宗官司是利希慎因为在香港经营鸦片生意，与股东之间发生利益冲突，最后闹上法庭，而利希慎最终获得胜诉；另一宗官司是利希慎因为在澳门经营鸦片生意，与股东及澳葡政府官员发生矛盾冲突，最后也闹上法庭，并同样以利希慎获得胜诉告终，虽然如此，一个清晰的问题则是，官司的终结，并没意味着仇怨的化解，反而是深深不忿的进一步激化，甚至可能滋生偏激的想法；至于买凶杀人，则似乎是利希慎最终被害的其中一个较为合理的推测。

从资料上看，先后打赢官司的利希慎，曾收到不明来历的恐吓信件，指会对他及家人不利，但他似乎表现得不为所动，虽然在某些层面上已做了防范，例如避开偏僻街巷，减少晚间外出，甚至随身携带武器自卫等，但并非十分严密，甚至表现得大意轻敌，因而招致不测。

回到利希慎被杀那天的情景。他于下午1时的午餐时间，离开位于皇后大道中的家族企业（礼昌隆）店铺，取道惠灵顿街，计划前往位于九如坊的裕记俱乐部吃午饭，但却在快将到达位于三楼的裕记俱乐部楼梯间遇到枪手在短距离伏击，遭凶徒连开三枪，利希慎应声倒地，后来证实当场毙命。对于这一情景，当时的《工商日报》有如下描述：

当昨日下午一点钟，（利希慎）到大马路礼昌隆银号坐谈约十分钟，乃步行上惠灵顿街，由小巷往裕记俱乐部，甫上至七级楼梯，忽有一人拔出手枪，向其轰击，连放三响。利氏中二枪，一中右便肩膊，枪码（弹头）仍藏于肉内；一中左胁，子弹由胁外穿出，以此处弹为受伤最为重要；一弹未中，跌下二楼。利氏中枪时，大声叫"人呀"之声。当时俱乐部之前厅，有十数人刚用午膳，有侍役六人正在持送菜，侍役一名罗流，闻枪声及叫声，知有异，以为贼劫，遂疾驰出门口，见利氏已中弹倒卧于冷巷中，乃用手抚之，但觉其体尚温暖，乃走出门口追逐凶手。甫下七级楼梯口，见有三号左轮一枝弃掷地上，乃拾该枪于手，然后疾前追遂，见一男子身穿柳条蓝间白竹纱衫裤者，由汉发茶居旁小路逃走。但罗流衔尾追之，一出巷口，忽失凶手所在。当时裕记俱乐部内各人闻讯，出而趋视，抚其体已冰冻，乃大鸣警笛。有二印警闻声驰至，见该侍役手持短枪，以为该侍役持枪行劫，故拔枪将其指住，侍役乃陈述缘由，两印警乃偕其追出九如坊，凶手已不知去向，遂再返俱乐部……附近居人麕集，俱乐部中人乃通电警署……（警）闻讯……驰赴肇事地点侦查……亦前赴澳门火船查搜，但无头绪……闻利氏平日出街，均有自卫手枪，昨日忽未携带，且凶手必已听候多日，紧随其后，乘其不备，始行下手……利氏倒地时，一手握拳，一手放开，两眼紧阖，地上血迹甚少，恐已伤及肠脏，故当堂毙命。利氏既毙命后，途人纷集于惠灵顿街小巷口，警探四出侦查，仍毫无消息。①

刺杀案后，各种传言四起，警察侦查案件也颇为尽力，但结果毫无进展，令各种传言得不到验证，而案件最终也不了了之。至于由此牵引出来的问题，既有早年香港治安恶劣的一面，也有行凶者逍遥法外，令法治受到粗暴践踏的一面。

撇开案件对社会治安造成严重冲击不谈，若集中看对其家族的伤害，则不难感受到，身为大家长的利希慎在那个时刻遭人杀害，对于家族无疑是一个极为巨大的打击，处理稍有不善，很可能令家族四分五裂，令两代人建立起来的基业毁于一旦。说家族发展处于重要时刻，是因为利希慎刚于1924年斥巨资从渣甸洋行老板手中买入奠定家族命运的铜锣湾利园山的大片土地。一如今天社会不少人或公司购入地皮时以贷款方式完成交易——即除支付一定数目首期，余额以贷款支付，再分期摊还贷款一样，利希慎买入利园山地皮的财务安排方法也是如此。因此，当身为大家长且一直带领家族企业不断发展的灵魂人物突然被杀时，引发巨大危机，令贷款银行或财务公司因为担心家族财务出现问题而追回借贷（call loan），要求立即赎回贷款。一般而言，面对这种问题，家族必然需要以低价销售地产，回笼资金，并必然会牵一发而动全身，影响家族的发展。

---

① 引自《工商日报》，1928年5月1日。

　　另一同样会影响家族稳定的事情，是利希慎生前除了娶有原配夫人黄兰芳，还纳有三名姜侍，并一共育有七子七女，而子女间的年龄又差距很大，例如长子利铭泽已过二十三岁，并刚于该年2月完婚，但最幼的女儿则仍在姜侍肚中，尚待分娩。这样妻姜成群、子女众多的家族，当遇大家长突然去世时，很容易因为家族人多口杂、意见不一而爆发家族内部矛盾，并激发分家夺产等问题，令家族处于极危险的分裂境地。

　　然而，利希慎家族并没如不少人所预测般出现遭放贷银行追回借款的问题，也没出现家人为了争夺家产而四分五裂的情况。恰好相反，家族顺利克服危机，不但仍能维持内部团结，更可令家族企业与投资不断壮大，日后甚至可以更上层楼。为什么会如此？当中的原因何在？且让我们日后另文作答。

买办家族与洋行老板的钩心斗角

　　十九、二十世纪"华洋"中外的政经商贸接触交往日频，催生了买办群体，他们的聘用性质虽属外资洋行老板的雇员，交托极为重要的工作给他们，处理一切与中国贸易有关的大小事务。其中尤为关键的，则是因为买办掌握了方方面面的信息，又与"华洋"政商人物建立起深厚的人脉关系，因而可以利用这些"看不见的东西"（学术界称之为社会资本），为本身谋取更大利益。正是这个缘故，表面上说虽然只在洋行中赚取薪酬（当然也会因表现获发佣金或花红等）的买办们，不少却能因为本身经营有道、投资得法而赚得盆满钵满，成为一时巨富，早前提及的何东和莫干生，乃至其他诸如徐润、郑观应和席正甫等，便是学术界经常引述的例子。

但是，这样的发展情况，很自然会引起洋行老板的猜忌和嫉妒，尤其会让他们怀疑买办在协助洋行拓展业务的过程中会上下其手、从中获利。事实上，过去的不少例子，又确实曾经有过一些买办因为本身投资失利而"穿柜桶底"挟带私逃的个案，汇丰银行买办刘渭川的例子，便是轰动社会，且备受关注之例。至于随着时间的推移，买办羽翼渐丰、财富日厚，加上政经网和社会地位的不断提升，他们在某些层面上，已经可与洋行老板们分庭抗礼，甚至会直接竞争，[①] 这不可避免地刺中了洋行老板的神经，让他们觉得利益和生产受损，地位也受到威胁。

正因如此，自进入二十世纪之后，不少洋行大班已日渐对其辖下的买办表现出有所顾忌与不信任，甚至诸多提防，出现了不少明争暗斗的情况。至于在二三十年代发生于香港两大洋行与其买办之间"公说公有理、婆说婆有理"的两宗纠纷，则可说是买

---

① 一个有趣的例子是，买办在经营中获利后，很多时候会不断以"附股"的方式，买入洋行的股份，作为长期投资，久而久之，其持股量可以达到一个很高的水平，成为洋行老板不容忽视之等闲的重要股东，不少买办甚至因此加入董事会，与洋行老板平起平坐，何东便是一个重要例子。

办家族与洋行大班家族矛盾日深，明争暗斗的例证。

三十年代初，发生于何东家族与渣甸洋行家族之间的"怡和股票骗局"，无疑是当时社会其中一宗十分轰动，并且成为民间热议的事件，其结果更导致身为洋行买办的何家成员死的死、逃的逃，甚至几乎摧毁了何东家族与渣甸洋行家族数十年建立起来的关系。

数据显示，1932年前后，时任怡和洋行买办的何东侄儿何世亮、何世耀及何世光等，据说因为趁洋行老板不在时，在其办公室中看到一些私人信件，知悉怡和洋行股份会飙升的内幕消息，因而与时任汇丰银行买办的何东过继子何世荣（何世亮等人的胞兄）商量，并得出应该大手暗中吸纳怡和洋行股票，希望乘机大赚一笔的决定。

然而，到他们以不同借贷方式筹集巨款，并大额吸纳怡和股票之后，却发现股价不但没有上升迹象，反而是持续大幅急跌，江河日下，背后原因则是怡和洋行旗下航运及多项生意，受环球性持续经济不景气所拖累，亏损严重，公司大股东难得有人出高价购入股份，因而大量转手获利套现。

至此，何世亮等才知中计，那些在渣甸洋行老板办公室中看到的私人文件，原来是洋行精心策划的骗局，原因是他们希望引诱何氏兄弟买入怡和股票，从而转移怡和洋行因经营不善带来的损失，而怡和洋行股票急跌则令何氏兄弟在这场投资中负债累累。结果，由于不堪债务负担，何世耀一病不起，后含恨而终；

何世亮则自寻短见，吞枪自尽；何世光则选择远走高飞，潜逃越南避债；而何世荣则因并非怡和买办，加上参与角色不重，投入资金不多，因而避过一劫。

上述事件不难让人看出怡和洋行与何氏家族在利益面前，其实已颇有矛盾，甚至明显早已失去了互信基础，不再视对方为休戚与共的命运共同体，因而才会出现尔虞我诈的情况。因为假如怡和洋行有心试探何氏家族，这个行为已反映其对何氏家族的猜忌和不信任。当然，假如何世亮等光明磊落，抗拒诱惑，也不会正中怡和洋行老板的下怀。双方各怀鬼胎，关系自然破裂。而此事也显示洋行老板与买办间依仗信任的关系正式落幕。事实上，买办制度不久也宣告寿终正寝，退出了历史舞台。

除了英资龙头企业渣甸洋行与宾主共事数十年的何东家族"口和心不和"，并闹出"起尾注"①与"天仙局"②的明争暗斗外，另一英资龙头企业太古洋行，与同样共荣共存数十载的莫干生家族，也因本身财富和社会地位日隆引起了太古洋行老板的嫉妒，并在那个年代发生同样的互不信任与钩心斗角的情况。

从数据上看，自进入二十世纪后，莫氏家族的身家财富不断膨胀。到了二十世纪二十年代，莫干生据说因为经营食糖贸易获

---

① 起尾注：本是赌场骗财的一种手法，庄家一开始先输给某个赌徒，然后在旁边假装闲家的同伙就不断地引诱或用激将法诱使其下重注，当赌徒倾囊而出时，就一铺清台，此即是起尾注。现在指一次过连本带利，被人席卷一空。

② 天仙局：最完美的骗术，利用了一切能利用的因素，被后人分析为"天仙局"。意指完美的没有痕迹的谋划。

利极丰，因而斥巨资购地建屋，以显家声，但此举则引起了太古
洋行老板的疑忌。有研究指出，莫干生赚了大钱后，"以一百
多万元在靠近山顶的干诺道购地十万多平方尺①，建造了一座香
港最豪华的英国皇宫式住宅，因而引起太古洋行经理白朗的怀
疑，随即派人审核莫干生账目，得出的结论是买办间在采购蒲
包时，有虚报价格情况，使太古蒙受巨大损失，要求莫干生予以
赔偿。后经反复磋商，莫干生于1929年补偿太古二十五万元，方
始了结"。②

　　受数据所限，我们无法获悉当年太古洋行老板与莫干生之间
的猜忌与对质，更不知莫干生如何在采购过程中谋取巨利，唯事
件揭露洋行老板与买办之间宾主相处依偎数十年的关系与信任，
几乎濒临破裂，双方矛盾日深的情况，更可谓毋庸置疑。

　　据说，经此事件后，太古洋行采取三大措施，压缩买办的生
存空间。其一是增加买办的保证金，其二是缩减买办负责的业务
范围，其三则是减少佣金比率。在"大石压死蟹"的形势下，形
势比人弱的莫氏家族，感到无奈，也只能屈服，而连串举动不但
令买办角色变得大不如前，更削弱了双方的互信，买办与洋行老
板之间，已经不再如昔日般如鱼得水、相互依偎了。

　　正是因为买办与洋行老板之间的互信日弱，关系渐差，买办

---

　　①　平方尺：一平方尺=0.1111111平方米
　　②　引自张仲礼、陈曾年、姚欣荣. 太古集团在旧中国. 上海：上海人民出
版社，1991. 156

的权限、佣金及业务参与等，又逐渐被削弱。到了二十世纪三十年代中期，[①] 不少洋行开始引入"华经理"（Chinese manager）的安排。此制度中的华经理，所从事的工作，性质上虽与买办相差不大，例如同样需要代管华人职员，推广业务，以及处理一切与华人有关的纠纷等，却不需像买办般全面承担一切管理华人的责任和风险，例如有华人员工弃保潜逃时承担所有债务等，因而可以说是证明了买办制度的名存实亡。

毫无疑问，买办可说是一个时代的"产物"，其在"华洋"贸易互通、双方接触交往的初期，确实曾经发挥关键的桥梁作用，与洋行老板之间也曾唇齿相依、共枯共荣。但是，随着时间转移，双方实力、目标和关系发生变化，令彼此的分歧与矛盾不断积聚，最后甚至出现了互相猜疑、明争暗斗的情况。至此，买办制度终因失去最重要的信任基础而完成了历史使命并画上句号。

"九老会"——巨富家族的联谊会

自1931年9月18日日军突然侵占东北后，北方政局立即变得

[①] 1931年，莫干生离开太古洋行，不再出任买办之职，而莫氏家族远在天津的姻亲，过去一直担任太古洋行天津业务的郑翼之家族，也同时宣布不再担任太古洋行的买办之职。资料引自莫华钊、郭东杰，2014，《家族的纽带》，载莫华钊等（编），《买办与近代中西文化交流》，页234-246，广州：广东经济出版社。

动荡不安，爱国人士奔走相告，高呼救国者络绎不绝。虽然如此，万里之外且属英国殖民统治的香港，则依然歌舞升平，觉得国家危在旦夕者，并不算多。1932年11月24日，何甘棠女婿谢家宝在薄扶林道大宅花园中举办一场别开生面的祝寿宴会，人声鼎沸。与其他不少祝寿喜庆不同，这次活动名义上由三位名人主持，除了谢家宝，还有曾任国民政府交通部长、财政部长的梁士诒和李石朋儿子李冠春，而祝寿的对象，更非一位，而是多达九位，他们均白发苍苍，全是年届耄耋且儿孙满堂的垂垂老者。

这九位老者分别为：李煜堂、周东生（曾任清政府钦命出使大臣）、[①] 杜四端（福建商会主席，南北行端记东主，清诰授中宪大夫）、郭少鎏（东方汇理银行买办）、傅翼鹏（又名傅锡，曾任东华三院总理，报称殷商，店铺位于文咸街62号）、周寿臣、郭靖堂、周始南（周寿臣堂兄，东亚银行总会计）和李右泉（当铺大王）。由于他们年纪老迈，早年曾叱咤一时，游走政商各界，上流社会尊称之为"九老"（即九位"大老者"grand old man)，并将他们走在一起、经常聚首的举动，称为"九老会"。实际上他们并没成立正规的类似联谊会的组织，而只是偶尔碰面聚会，怀愐当年而已。

为了点出寿宴主题，身为东道主且一直喜爱舞文弄墨的谢家宝，更在喜宴当天即席挥毫，亲书一副早已想好的对联以示祝

---

① 有报道周东生乃中国国家银行（National Bank of China Limited）董事，显示他也有生意投资，引自*Hong Kong Daily Press*（20 November 1895）。

贺。该对联为：

　　　　三子身恭逢匝九老、一堂首叙庆颂千秋。①

　　正是对联中"颂千秋"，主办者给那场寿宴取了一个很好听的名字，叫"千寿宴"，日后传为上流社会的佳话。

　　对于这个难得一见的盛事，有研究者曾做了一个有趣统计，以1932年11月24日祝寿活动当日计算，九老合计享寿六百七十六岁，共育有子孙三百三十人，单是周东生一人，已有子孙多达八十二人。其中李煜堂年纪最大，当时已年届八十四岁，而李右泉则年纪最幼，但也已年届七十一岁，其他各人及年岁则分别为：周东生七十七岁、杜四端和郭少鎏七十四岁、傅翼鹏七十三岁，以及周寿臣、郭靖堂和周始南七十二岁。

　　正如前文提及，二十世纪一二十年代，李煜堂与周寿臣可说是政商两边走而政治立场和效忠对象截然不同的代表人物，支持他们或由他们所带领的家族，是当时香港和内地的两股不同政治力量。简单来说，两人均显赫一时，亦政亦商，既是曾经经商，又曾担任政府官职。

　　当然，深入一点儿看，李煜堂任期很短，且主要集中于革命之初的广东政府，周寿臣则早年在清政府为官，后来投向港英政

──────────

① "三子"即谢家宝、梁士贻、李冠春，"千秋"则包含了三子及九老共十二人的年岁。对联语带双关且融情入景，可算佳作。

府怀抱。进一步说，李煜堂是商而优则仕，周寿臣则年过半百后弃官从商。至于两人的政治信念也相差不少，前者大力支持孙中山的革命，建立新秩序，后者则支持在制度内做演变，抗拒革命，无论是在清朝为官，或是退休返港后服务于港英政府，均成为支持建制的重要力量。虽然两人及其政治盟友的政治信念南辕北辙，但却可以成为"九老会"的成员，走在一起，这可谓耐人寻味。其中的原因，可能是步入晚年之后，大家均看淡政治变幻，宁可只谈风月，说人生，弄孙为乐。至于真正的原因，则值得日后再作深入探讨。

相对于李煜堂和周寿臣，其他"七老"的亦政亦商形象虽然没那么突出，但也不是一心经商，而是或多或少染指政治：直接向清政府捐官，讨个头衔者——如周东生、杜四端和郭靖堂；热心参与社会公益，争取个人名望，从而赢取港英政府许可，给予某种头衔和肯定者——郭少鎏、傅翼鹏、李右泉和周始南；至于牵头举办那次"千寿宴"的梁士诒，同样亦政亦商，谢家宝和李冠春则商不离政，广交政商各界。可以这样说，从各人的不同身份中，我们不难察觉，政商之间的连接和关系盘根错节，很难分得清楚，也难以轻易切断。

"千寿宴"翌年，傅翼鹏去世，之后的1936年1月1日，李煜堂去世，同年6月2日，郭少鎏去世，"九老"剩下"六老"。接着再有周东生离去，然后是二十世纪四十年代那个烽火连天的岁月中，杜四端、郭靖堂、李右泉、周始南先后去世，而"九老"

中最长寿的，则是周寿臣，他于1959年去世，享年九十八岁，对于那个年代而言，实属极长寿的例子了。

巨富家族大家长的离世，很自然会拉扯到分家产与家族纠纷的问题上。由于他们均属"食盐多过食米"，见惯世面，且人生阅历丰富的智慧老者，加上无论对人或对事均深受西方文化影响，临终前采取西式方法，立下遗嘱，就名下财产及身后事等做出安排，实在不难理解。但他们自小受中国文化熏陶，传统价值观念深入骨髓，实在又难以避免。至于他们在遗嘱中的一些细节安排，则十分清晰地反映了这种中西混合、"华洋"荟萃的特质。以下让我们引述两份遗嘱作为说明。

举例说，身为法国东方汇理银行买办的郭少鎏，去世后留下高达八十五万四千四百元遗产，并按不同比例分配给一众妻妾子孙，基本上人人有份，并没如一般传统大家长般只分给男性子孙。其中有一点是郭少鎏在遗嘱中对个人丧事交代得特别详细，由挑选棺木、摆放车头相，乃至举办丧礼仪式的规格，以及头七尾七与墓地的安排等，均有清楚嘱咐。还有一点在遗嘱中要求子女不能因遗产而有争执，并清楚指出："如有争执，须由承办及受托人调解，以多数定夺，不得经官动府。如有故意违犯者，立即取消其享受遗产资格，各宜慎之。"

又例如被誉为当铺大王的李右泉，他于1940年9月9日去世。他在遗嘱中提及自己在进入六十岁之后生意经营"固属亏损，且耗费甚巨"，显示他自二十年代起的生意不甚如意，所以叮嘱子孙要"认真勤俭",并交代他们"处世则宁人负我,勿以己负人,务宜安份守命"。另外,李右泉又提及与其中一子家桦(又名尚铭)已"脱离父子关系",所以"概不准其干涉此嘱书及各业务一切事宜"。当然,他也叮嘱子孙分家析产后"各自管业,切勿稍事争端",其寄望子孙后人不要争家夺产、因财失义之心十分明显。

综合这些智慧老者在遗嘱中所流露的思想和价值,我们既可看到他们吸纳西方某些制度或观念为我所用的一面,也可看到他们对中国传统文化仍然秉持不放,不被动摇的一面,并在不知不觉间流露出他们"中学为体、西学为用"的精神面貌,与那个时代不断前进的巨轮显得不太协调,今日看来则尤其耐人寻味。

◆ 参考文献

1 秦家骢. 香港名门:李氏家族传奇. 蒙宪、蒙钢(译). 香港:明窗出版社有限公司,2002. 20

2 *South China Morning Post*(14 May 1910)。

3 *Hong Kong Telegraph*(26 February 1910)。

4 *Hong Kong Telegraph*(12 March 1910)

5 秦家骢. 香港名门:李氏家族传奇. 蒙宪、蒙钢(译). 香港:明窗出版社有限公司,2002. 21;可参考引自*South China Morning Post*(14 May 1910)

6 *Hong Kong Telegraph*(22 and 23 December 1910)。

7 李石朋遗嘱，*Probate Jurisdiction*, Will No. 34 of 1917.

8 郑宏泰、黄绍伦. 一代烟王：利希慎. 香港：三联书店（香港）有限公司，2011

9 *The China Mail*（28 January 1915）。

10 *The South China Morning Post*（13 May 1915）

11 郑宏泰、黄绍伦. 一代烟王：利希慎. 香港：三联书店（香港）有限公司，2011

12 The Hong Kong Legislative Council. Hong Kong *Legislative Council Report*, 18 July 1925. 53～54.

13 *The Hong Kong Daily Press*（26–28 July 1925）。

14 *The China Mail*（31 July 1925）。

15 *The China Mail*（18 February 1926）

16 *The Hong Kong Telegraph*（3～5 September 1925）。

17 郑宏泰、黄绍伦. 一代烟王：利希慎. 香港：三联书店（香港）有限公司，2011

18 利德蕙. 利氏源流. 加拿大：Calyan Publishing Ltd，1995

19 Smith, C.T., "Compradores of the Hong Kong Bank", in Frank H.H. King（ed.）*Eastern Banking Essays in the History of the Hong Kong & Shanghai Banking Corporation*. London: Athlone Press，1983. 93～111

20 冷夏. 何鸿燊传. 香港：明报出版社有限公司，1994

21 *Hong Kong Telegraph*（22 December 1933）。

22 冷夏. 何鸿燊传. 香港：明报出版社有限公司，1994

23 张仲礼、陈曾年、姚欣荣. 太古集团在旧中国. 上海：上海人民出版社，1991

24 杜其章（编）. 四端先生八秩开一双寿纪念特刊. 香港：没注明出版社，1929

25 郭靖堂先生讣告. 香港私人印行，1940

26 黎晋伟. 香港百年史. 香港：南中编译出版社，1941. 42

27 Chung, S.P.Y., *Chinese Business Groups in Hong Kong and Political Changes in South China, 1900-1925*. Basingstoke: MacMillan Press Limited，1998

28 "In the goods of Kwok Siu Lau alias Kwok Sau Yee", deceased, Probate No. 335 of 1936", Hong Kong: Hong Kong Public Records Office.

29 "In the goods of Li Yau Tsun alias Li Shiu Yuen…", deceased, Probate No. 43 of 1948", Hong Kong: Hong Kong Public Records Office.

第十章

行行出状元，家族各领风骚

　　俗语有云，"有危便有机"，白银价格的暴升急跌，很自然地影响了大小投资者，而那些眼光独到，敢于冒险的投资者，若能准确拿捏市场变化的脉络，则总能赚得盆满钵满。无论是年纪较长的林炳炎和董仲伟，或是年纪较轻的何善衡、伍宜孙、冯尧敬和梁季彝，他们的拼劲和独具慧眼，不但令他们可以洞烛先机，更因其具有企业家的勇于开拓、敢于冒险和强于创新的精神，率先走上了创业之路，为打拼个人事业而积极奋斗。

养和医院与李树芬家族

香港经济及社会逐步走出大罢工影响的1926年，辛亥革命后曾一度获广东军政府委任为卫生司长的李树芬医生临危受命，接掌一家名为香江养和园的小规模医院。此举不但奠定了李树芬家族日后在香港医疗界乃至社会中的地位，也改写了香港医疗的发展历史，而养和医院日后成为闻名遐迩的医疗机构，则是由那个时候开始蜕变的。

数据显示，位于跑马地山村道的香江养和园，于1922年由香港一群著名华人医生如何高俊、[①] 尹文楷、赵学、关心焉和李树芬等创办，目的是为华人群体提供现代化西式医疗服务，同时也

① 何高俊，1878年生于香港，早年在皇仁书院求学，后入读西医书院，获执业资格后分别曾在东华医院、政府病理医院及拿打素何妙龄医院等机构工作，与孙中山及何启等更常有紧密交往接触。辛亥革命后，何高俊获广东军政府委任为卫生副司长，成为李树芬副手，后来更因广东的政治斗争于1915年被亲袁世凯的军队拘禁，失去自由。袁世凯倒台后，何高俊获释返港，并重投政府医院怀抱，然后于1922年牵头创立香江养和园。参考Wright, A.（ed）. Twentieth Century Impressions of Hong Kong: History, People, Commerce, Industries, and Resources（new edition），Singapore: Graham Brash，1990；另见《工商日报》，1953年6月9日。

提供护士护理训练。原址是愉园游乐场，该游乐场依山而建，背靠山峦而面向马场，远眺维港，可谓风景独好。1918年之前，由于到马场观看赛马或游玩的人士络绎不绝，愉园游乐场的生意也相当畅旺。

然而，自1918年2月26日跑马地马场竹棚观马台燃起冲天大火，酿成六百人死亡后，马场一带变得愁云惨雾、人心虚怯。受此事件的影响，马场周围游人几乎断绝，游乐场的生意也一落千丈，连带相关地皮的价格也大幅滑落。正因二十世纪二十年代初马场周围的地价骤跌，而愉园游乐场又想结业，并将地皮出售，何高俊等因当时华人社会缺乏现代化西式医疗服务而呼朋引友，筹集资金，买下愉园游乐场的地皮与房产，于1922年改建为"香江养和园"，当时的主要服务方向以康复、疗养为主。其时，医院只设二十八张病床，并聘用五名护士和数名医生而已，规模极小。据记载，第一届董事会成员包括何高俊、尹文楷、关心焉、黄菖霖、赵学、马禄臣及吴天保七名医生，并以何高俊出任董事会主席。翌年，何高俊辞任主席，改由周怀璋医生担任，他一直出任该职至1926年。

养和园自创办后一直举步维艰。一方面，香港经济长期陷于疲不能兴的状态，令其生意未如想象般理想；另一方面，社会长期出现严重政治争拗，显示大小家族之间的矛盾日见尖锐，不少年老家族中人宁可选择离港，返回原籍生活，一度令香港人口不升反降。除此之外，更有严重天灾（即1925年6月豪雨成灾引至巨大山泥倾泻）的冲击，而养和医院后山也发生了山泥倾泻，大量山泥堆塞在病房及楼宇的四周，对大楼造成破损，也牵出了楼宇安全等问题，令医院陷入了开业以来的重大危机。

在当时香港医学界，李树芬名声响亮，这也说明为何广东军政府会在1912年委任李树芬为卫生司长。然而，出任该职未满一年，李树芬即因注意到内地政治斗争严重而决定离开，返回香港工作。其间，李树芬曾在广东公医大学任教。1922年，李树芬参与养和园的创办，但随后即毅然决定重拾书本，留学英国，进入爱丁堡医学院攻读博士课程，并于1925年学成归港，重新工作。

一方是志大气锐、医学地位及名声极为响亮，一方是经营和发展面对严重危机，与何高俊、关心焉、尹文楷、赵学和周怀璋等交往颇深并曾参与医院创办的李树芬，在1926年获董事局吸纳，委任为董事局主席兼院长，接掌医院（该年，李树芬更担任香港医学会会长），希望能在他的领导下扭转医院的困局。临危受命的李树芬，一方面重组医院管理层，提升效率，另一方面则筹集资金，在处理山泥倾泻导致的连串问题时，增添医疗设备，并着手筹划兴建新的医院大楼，扩大规模，并提升医院的服务水平。

由于养和园只属疗养医院，当时的病人其实大多为肺结核病患者，服务层面颇为狭窄。作为外科手术专家，李树芬亲自操刀，在医院中为病人施行多次大型手术，令不少病人起死回生，社会上赞不绝口，其举止不但为医院赢得了关注，扩大了服务层面，带来可观的收入，也令他本人声名鹊起，而医院则逐步从治疗病症单一的消极形象中走出来。

1928年，医院决定增添现代化手术设备，并落实扩建计划，兴建新的医学楼——中院。为了配合提升服务层面、扩大医疗规模的方向，董事会于翌年7月宣布将原来的香江养和园名称，更改为"香港养和医院"，此举既标志着医院进入崭新的一页，也说明经过两三年的努力，医院已经彻底摆脱1926年时的积弱不振。1932年5月，中院终于落成，并随即投入服务。那时，医院提供的病床数目，已由开办时的二十八张，大幅增加至九十四张，护士的数目也由原来的五名大幅增加至十七名。

中院的落成虽然扩大了医院的规模，但投资金额超出预算——尤其是当时的香港经济正处于低谷，这为医院带来了沉重负担，令医院陷入另一次危机。为了偿还银行贷款，股东间不得不就处理债务问题做出艰难妥协，至于成立"香港疗养有限公司"，"于1933年10月购入并接手办理医院，将银行欠款清还，使医院服务得以延续"，则成为解决方法。自此之后，"李树芬医生为新公司的最大股东，拥有逾八成三股份，继续出任董事会主席。其他董事成员包括周怀璋医生、温植庆医生、王子传医生、霍永根医生、周锡年医生和李树培医生"。到了1935年9月，医院正式注册为"养和医院"。从此，李树芬家族几乎变成了养和医院的代名词，而李树芬本人不久（1937年）更获港英政府委任为立法局议员，其弟的妻子李曹秀群日后也获任命为立法局议员，令该家族的影响力由医学界延伸至政治及社会等不同层面之中。

利丰公司与李道明、冯柏燎家族

1931年9月18日，日军突然侵占东北，引起举国震惊，中国政治形势随即发生巨大变化，面对这种风雨欲来的时局，部分思虑周详、目光深远的家族，做出了分散风险、多元投资的打算，而早年创立于广州，属于华资首家"洋行"，主要从事进出口贸易的利丰公司，[①] 则是其中一个重要的代表。

单从利丰公司的中文名称上看，我们或者不太能察觉此公司是合伙产业的意味。但若细看其英文名称为 Li & Fung Co.，则不难发现，其组合其实颇有英资龙头洋行如渣甸洋行（Jardine, Matheson & Co.）或 "Butterfield & Swire Co." 等"合两家之力共同创业"的影子，难怪此公司日后也因其生意日大、羽翼渐丰而赢得了"小渣甸"外号。

原来此公司于1906年由两位合伙人携手并肩创立于广州，而这两位合伙人的名字，则分别是李道明（Li To-ming）和冯柏燎（Fung Pak-liu），中文名称——利丰——看来是取自英文名称

---

① 所谓"洋行"，一方面除了因为是洋人资本外，另一方面则与其从事进出口贸易有关——即主要从事华货出口国外，或舶来品输华。由于中英双语及文化等差异巨大，利丰公司创立之前，中国的进出口贸易由洋人资本垄断，而洋行在经营上则需聘请中介人——即买办代为打点一切，因而牵涉一定中介成本。利丰公司的股东则因懂英语而能直接与欧美客户沟通，减省成本，有利业务拓展。

（Li 和Fung）的广东话语音，取其"利润丰厚"的吉利意头。
李、冯二人携手创立公司之前，据说曾一同在广州一家名叫宝兴
行的瓷器公司工作，份属同事，后来才因志趣相投、目标一致而
于1906年离开了宝兴行，另起炉灶，创立利丰公司。

值得指出的是，利丰公司虽由两位股东以一人一股的均等持
股形式共同创立，但Li在前，Fung在后的排序却十分明显，职位
上也是李道明担任公司主席，冯柏燎当经理，可见李道明在某些
层面上占优——起码不会处于冯柏燎的下方。

数据显示，李道明约生于1876年（出生地不详），较1880年
出生的冯柏燎年长四岁，其家族看来拥有一定财力，在瓷器贸
易方面更有一定人脉。从1915年出版的《香港华人商业交通人名
录》中，我们发现，李道明早在该书出版年份之前，已在人流如
鲫的港岛商业中心——中环昭隆街10号（即皇后戏院与万邦行中
间位置）创立一家名为"义栈"的商铺，经营瓷器出口与批发的
生意，并请了一位名叫刘孔堂的"司账"（会计），专职处理业
务。由于公司地处香港商业核心，加上聘有会计，而非东家包揽
账目，证明该公司已具有一定规模。

有关冯柏燎的记录相对较多，但看来是引自相同出处的不断
重述与阐释。综合而言，这些资料指出，冯柏燎生于广东鹤山一
个普通家庭，兄长早年在港谋生，而冯柏燎青年时则在父亲安排
下到香港求学，入读被称为香港精英摇篮的皇仁书院，接受中英
双语教育。1900年，冯柏燎以优异成绩毕业，并取得学校的马里

逊奖学基金，远赴美国留学一年，回港后曾在皇仁书院任教一段时间，之后才转赴广州，任职于宝兴行，与李道明结识，日后踏上共同创业之路。按此推论，冯柏燎的家底应该比不上李道明，但获得的教育——尤其英语训练，以及由此建立的皇仁书院旧生人脉，则明显优于李道明，这方面日后应该成为李、冯两家分道扬镳时，冯家得以独拥利丰而李家则黯然离去的关键所在。

回到利丰公司的发展轨迹上。由于公司能直接向欧美输出中国货品的做法，在当时而言具有十分突出的市场优势，公司的业务明显取得了令人艳羡的成绩，令李、冯两家的财富在业务不断发展的带动下水涨船高。数据显示，令利丰公司更上一层楼，奠下重要地位的，应是1915年冯柏燎获邀远赴美国，参加于旧金山举办的世界博览会，与美国重要客户建立起更紧密的贸易关系。

为何一家创业不出十年的普通洋行年轻老板（时年三十五岁）能获当时的国民政府邀请前赴美国出席举世瞩目的展览会呢？历史证据显示，负责统筹中国参展团队的官员，是国民政府财政部长陈锦涛，而他早前曾在皇仁书院读书（毕业后曾赴美国耶鲁大学深造，获博士学位）的旧生人脉，是关键所在。

在罗宾·赫臣（Robin Hutcheon）有关利丰公司历史的专著中，附有一张照片，该照片是一个精美湖水蓝瓷碟。由于瓷碟一方有"Dr. G.H.B. Wright"（韦德博士）字样，另一方则有"Presented by Fung Pak-liu"（译为：冯柏燎赠送<韦德博士>）字样，书内的介绍是"冯柏燎于二十世纪一二十年代送给一位西

方重要朋友的精美瓷碟"。显然，作者与冯氏家族中人并不知悉
那位韦德博士为何人。

其实这位韦德博士是皇仁书院校长，他自1881年担任校长一
职，直至1906年才退休返英，其地位在一众皇仁旧生中极为崇
高。由于Wright自1906年退休后仍与不少旧生有联系，一个简单
的推断是，当冯柏燎希望能"获邀"成为国民政府参展人员时，
透过前校长韦德的推荐，寻求同为皇仁书院旧生陈锦涛支持，并
获接纳，最终得以踏上赴美参展、接触客户的机会。展览结束
后，为了答谢韦德的协助，冯柏燎颇费心思地专门找人制造那个
独一无二的瓷碟，以示感谢。

1915年在美国参展回国后，利丰公司的订单随即大幅飙升，
公司为了应付业务日繁的需要，不久即在香港设立办事处，令其
与香港的关系进一步加强，而冯柏燎本人在香港的人脉及社会关
系也可进一步发挥作用。或者是注意到本身在港接受教育与建立
旧生网的重要性，冯柏燎也强调其子女（冯慕英、冯汉柱及冯丽
华等）在港求学，一来学习中英双语，二来则借此建立人脉及社
会关系，此点看来更成为冯柏燎家族与李道明家族分道扬镳时能
够处于上风的关键所在。

正因冯柏燎与香港的关系极为深入，在二十世纪三十年代初
中国政局风起云涌之际，想到将公司的核心业务转移到香港，借
以分散投资风险，此举日后证明十分正确，不但为企业的发展奠
下重要基础，也令冯家对利丰公司的影响力与日俱增。到了四十

年代，当李道明家族决定离开后，冯家"独家拥有"利丰公司，令企业的发展转入另一轨迹。而李道明家族从此淡出了香港商业与历史，而冯柏燎家族则在随后各代的积极进取打拼下，书写了其在香港的传奇。

"中巴"与"九巴"的巴士家族

受1929年爆发的美国经济大萧条影响，进入二十世纪三十年代的国际商贸环境可谓寒风凛冽，其中的国际白银市场崩溃，令奉行银本位的元价值暴跌，使香港的投资气氛和经商显得一片低沉，[1] 至于寻求经济发展动力，刺激商业活动，则成为港英政府其中一项重要政策考虑。

正如早前文章提及，自进入二十世纪后，港英政府开始调整过去只集中于港岛北岸的发展模式，逐步开发九龙半岛，至于弥敦道的开通、九广铁路的兴建，以及中华电力经过连番筹备后的投入生产，为九龙及新界区供电等，为开发九龙半岛注入极为重要的动力，令该区的居住人口、经济活动和社会组织等不断获得壮大与提升。

---

[1] 据说，在1925年时，每元可兑换二先令一便士，1931年则"每（港）元仅值一先令左右"，显示元贬值一半有多。引自林友兰，1975，《香港史话》，页151，香港：芭蕉书房。

众所周知，现代化的城市发展，除了划分居住区、工厂和商业区的不同土地利用外，也必须有道路交通、电力餐饮、防灾排污等不同系统的支持与配合，只有这些设施具备后才能达到便利工作、促进经商和配合普通民众各种各样日常所需的目标。

以道路交通为例，港岛区早于十九世纪末已有山顶缆车，二十世纪初已引入电车，但幅员广阔的九龙半岛与新界，在二十世纪二三十年代尚未建立具有一定规模的运输网，因而引起眼光敏锐的企业家注意。而港英政府推动九龙半岛的开发，又激发更多有志从事交通运输生意者加入，早前提及曹善允等在二十年代创立启德巴士公司便是一个例子，而于1921年创立、1933年取得九龙和新界区专利经营权的九龙巴士有限公司（俗称"九巴"）则是另一例子。

然而，在那个年代，论营运之进取，服务之出色，最后又能突出重围，并在陆上公共交通运输上取得卓越成绩的，则非1923年创立的中华巴士有限公司（俗称"中巴"）莫属，该公司于1933年取得港岛区巴士服务专营权，[①] 其创办人颜成坤日后也被称为"巴士大王"。

到底颜成坤是何许人也？1933年当港英政府就全港公共陆路运输作出规划时，他为何能在对手林立的情况下，击退所有对手

① 由于那时无论居住人口、工商业活动，乃至政经命脉等，均集中于港岛，九龙及新界则属尚待开发的地区，取得港岛区专营权无异于获得"肥肉"，是盈利的有力保障，所以备受重视。

取得"华洋"商贾觊觎的港岛区巴士服务专利权呢?

　　对于默默无闻的颜成坤能够异军突起,过去的说法不少,但总是让人觉得不可信,例如有指他生于1903年,家族是米业翘楚,也有指他只是穷苦出生的轿夫而已。唯吴醒濂于1937年出版的《香港华人名人传略》一书中,则有如下介绍:

> 颜成坤先生,籍广东潮阳,年三十晋七……从商已始于
> 弱冠……彼早岁曾致力救国工作,追随孙总理有年,后以革
> 命将届成功,之(到)港别图发展。时九龙方面,交通事业
> 尚未普及,为造福侨胞计,公元一九二三年创组中华汽车公
> 司于半岛……至一九三三年,再向香港方面努力建设,改组
> 为香港中华汽车有限公司,与电车公司分道扬镳焉。①

　　这则介绍带出几点需注意的地方:①从"年三十晋七"推算,他应于1900年或更早之前出生(因《香港华人名人传略》出版历时8个月,书稿完成于1936年,并于1937年出版),而且祖籍潮阳,但未注明出生地;②从"从商已始于弱冠"推断,他应在很早之时已染指商业,这很可能与来自商人家族有关;③从"彼早岁曾致力救国工作,追随孙总理有年"推断,他于青年时已加入孙中山的革命队伍,涉猎政治,而且时间不短("有

---

　　① 吴醒濂. 香港华人名人传略. 香港:五洲书局, 1937. 51。由于此书在战前出版,并由作者向相关人物直接访问及"征求"所得,所以具一定可信性。

年"）；④从"后以革命将届成功，到港别图发展"推断，他应在1922年至1923年到港，原因是孙中山于那时击溃不同政见的陈炯明，重掌大权，然后绸缪联俄容共，因而可能促使颜氏"到港别图发展"。事实上，吴醒濂进一步的介绍也说明了颜成坤的来头不小，这可从1936年至1937年颜氏担任如下职务中看出来：

"中巴"董事主席兼总经理、《大光报》董事主席、嘉华人寿保险董事主席、新亚酒店董事、华商总会值理、潮州八邑商会会董、米业商会顾问、华人体育协进会主席、南华体育会副会长、英华男校及女校校董、民生书院校董、广州济时中学名誉校董、中华基督教会第六区主席、香港青年会副会长、中华基督教合一堂主席、东华三院统一首届主席、雅丽氏医院值理等。

其中尤其值得指出的是《大光报》董事主席一职，因为《大光报》由孙中山倡议在港设立，主要用作宣扬民主、自由和爱国的思想，并由基督徒（如严文佳、关心焉、伍汉墀、张祝龄等）主持业务，此点与颜氏支持孙中山革命事业的说法一致。由此引申出来的，则是颜氏与不少在社会上拥有重要地位的基督徒关系密切，所以他担任包括中华基督教合一堂主席在内的教会组织职位，以及众多由教会支持的学校、医院和公益组织等职位。①

吴醒濂的介绍还提到，颜成坤的妻子黄亦梅，是意大利婴堂学校的毕业生。由此引出另一重要信息，颜成坤的妻室应颇有来

---

① 值得注意的是，颜成坤的宗教网，与何启家族（包括伍廷芳夫人何妙龄）、曹善允家族、关心焉等有很多重叠，显示大家的关系匪浅。

头。数据显示，黄亦梅的父亲为黄旺财，兄弟为黄耀南。黄旺财
据说曾在广州创办"黄记船务"，经营运输生意。而从身为女性
的黄亦梅可以毕业于意大利婴堂学校的情况上看，黄家在香港扎根
的时间不短，财力也不弱，黄记船务应该已有一定实力。在那个
婚姻嫁娶仍然强调门当户对的年代，颜家实力不弱应是合理推断。

到底颜成坤是何时与黄亦梅共结连理的呢？由于其长女颜洁
龄生于1930年，而颜成坤有可能在1923年才到港，他们结婚的年
份很可能是颜成坤创立"中巴"之时，也不排除妻家成为颜成坤
在港创业初期的重大助力。

必须指出的是，"中巴"初期的业务主要集中在九龙半岛，
巴士总站设于尖沙咀漆咸道。经过接近十年的发展之后，当港英
政府计划就香港的陆上公共运输发出专利经营的牌照时，既拥有
多年实质经营巴士服务经验，又拥有不薄政经和宗教力量的颜成
坤，自然可以突出重围了。

综合以上的不同数据，我们不难归纳出，二十世纪二三十年
代的颜成坤，其实已崭露头角，并已积累雄厚的政治、经济、社
会资本，实非无名小卒，也不是什么"轿夫出生"，因而能够在
1933年当港英政府规划发展全港陆上运输网后独占鳌头，夺得港

岛区的巴士服务专营权。① 至于他日后不只在经营"中巴"上表现卓越，也在社会服务上更上层楼，尤其在"二战"之后获港英政府委任为立法及行政两局议员，让个人事业登上了巅峰。

1933年，港英政府为了整合全港陆上运输网，同时也为应对当时内外经济环境的外张内弛，希望进一步刺激商贸发展，批出了两个专营巴士牌照，幅员较少，但人口稠密、商贸活动集中，并是香港政经中枢的港岛区专营权，而这项权力落入以颜成坤等家族为首的中华巴士有限公司（俗称"中巴"）手中。而幅员面积较大，而居住人口相对稀疏、商贸活动没港岛般活跃的九龙半岛和新界地区的专营权，则落入以雷瑞德、雷亮、邓肇坚、谭焕堂和林明勋等家族为核心的九龙巴士有限公司（俗称"九巴"）手中。从此，"两巴"（"中巴"和"九巴"）成为普通民众出入代步的主要交通工具，在香港的陆路运输发展上并驾齐驱，影响无数市民生活数十载。

相对于由颜成坤牵头的数个富豪家族创立"中巴"，由雷瑞德和雷亮牵头创立"九巴"的数个家族，明显又有另一些发

---

① "中巴"早年的公司注册数据于日占时期被破坏，所以无法知悉股东及股份分配情况，惟1951年的董事则有颜成坤、黄耀南、林卓明、冯强、颜光宗、丁祖传和颜洁龄。同年，公司以每股十元作价，增加股份五万三千六百零七股，集资发展业务。其中购入超过一千股的包括黄亦梅（八千零二）、黄洁秋（五千）、冯强（五千零一）、黄蕙明（两千三百）、黄耀南（一千零二）、黄亦可（一千五百）、颜成坤（一千五百零一）、陈伯祥（一千一百）、张国祥（一千七百五十）、颜洁强（一千零一），而颜洁龄、兴盛堂、黄威林、永安堂和吉庆堂则各占一千股。引自 "Return of allotments made on 8th January 1951 by China Motor Bus Co. Ltd.", Hong Kong: Companies Registry.

展历史与经营故事。综合各种档案或分析数据显示，"九巴"的前身"九龙汽车公司"创立于1921年，[①] 创办人雷瑞德和雷亮祖籍台山，早年曾到澳洲谋生，后转返香港发展，雷瑞德是一名医生，[②] 属于专业人士，二十年代初，他因注意到巴士运输服务具有一定发展空间，因而与友人合股，创立了"九巴"，初期据说拥有九辆巴士，主要经营尖沙咀码头至深水埗和弥敦道至红磡的路线，与颜成坤的"中巴"和曹善允的"启巴"成为竞争对手。[③]

从资料上看，"九巴"创办那年（1921年），律政司提出修订了1912年实行的《车辆及交通管理条例》（Vehicles and Traffic Regulations Ordinance），计划批出连接九龙至新界的巴士服务专营权，显示雷瑞德和雷亮那时创立"九巴"，很可能与计划投标专营权有关。

可惜，计划最后因为落标者并不踊跃，提出的各项条件又未

---

① 公司注册处的数据显示，公司在1921年注册的编号为396，但相关登记文件据说在日军侵港期间被毁，所以没法得悉原来的注册股东、股本和股务等数据。对于此点，公司日后（易名为"九龙汽车[1933]有限公司"）曾函公司注册处做出说明，参考Companies File No. 396: Kowloon Motor Bus Company Limited, Hong Kong: Company Registry.

② 最能说明雷瑞德悬壶济世的资料与印记，莫如今日仍屹立于旺角荔枝角道与塘尾道交界具古典意大利建筑风格的雷生春大楼，该大楼现已属一级历史建筑，且恢复其原来功能，辟作中医诊所，由非营利组织经营和管理。

③ 除了"中巴"、"九巴"和"启巴"，在二十年代，仍有另外六家巴士公司，显示当时的竞争其实不少，参考高添强，2013，《九巴同行八十年：1933-2013》，香港：三联书店（香港）有限公司。

符合政府基本要求（底价），而不久又爆发了海员大罢工及1925年至1926年的省港大罢工，相关发展计划胎死腹中，而经营环境因社会动荡而急转直下，影响了不少人的经营与筹划，其间便有巴士公司（例如一家名叫"香港九龙新界电动车运输公司"）因经营困难被迫结业清盘，可见当时香港经商环境之艰难。

雷瑞德和雷亮的"九巴"挨过经商风浪，并在动荡过后，社会恢复安定，移民再次涌入，生意逐渐得以增长。到了二十年代末，由于港英政府重提整合全港陆上运输网的计划，雷瑞德和雷亮思考竞投专利经营的问题，致力吸纳在社会中有名望和实力合伙人的加入，并重整公司结构，以强化实力，增加中标机会。

经深入思考后，雷瑞德与雷亮决定邀请同属台山人，且在社会上名望与实力兼备，又常有往来和关系深厚的邓肇坚、谭焕堂和林明勋等人加入，借以提升竞争力，并将构思付诸行动，然后在相关的竞投活动中击败其他对手，取得了经营九龙及新界巴士服务的专营权。

邓肇坚、谭焕堂和林明勋乃何许人也？据吴醒濂的介绍，邓肇坚"南海九江人，年缦三十晋六"（即较颜成坤年轻一岁，应生于1901年），是"已故殷商邓公志昂之哲嗣，邓天福银号之司理也"，并指他"性豪爽任侠，遇有求助者，必不使人失望"。意指邓肇坚来自大富之家，不但具有雄厚财力，更重要的是性格和作风豪爽，深得人们欣赏，所以其加盟可增加公司的"人和"（人气），也可赢取社会及政府的支持，而事实也证明邓肇坚的入股，确为"九巴"赢得专利权一事增加了不少分数。

相对而言，有关谭焕堂和林明勋的介绍较少。从零碎纪录或数据中，我们粗略得知两人同样财力雄厚，投资层面颇多，其中的谭焕堂曾协助何东夫人张静蓉取得山光道东莲觉苑地皮，其女儿（谭月清）日后则嫁给了周锡年的儿子（周启邦），证明了这个家族在上层社会的人脉与关系既深且广，社会地位不容低估。至于有关林明勋的背景和介绍，则十分缺乏，社会所知实在不多。

从业务发展角度看，成功取得巴士专营权的"九巴"，业绩表现似乎远较"中巴"逊色，不但投资与回报并不对称，股东的社会地位或是获得政府赏识方面，均远差于"中巴"的股东，例如颜成坤能够晋身港英政府政治核心，"九巴"的股东则没这种"待遇"，也甚少能在政府的各种事务委员会中占有席位。

出现这种发展势头强弱立见的主要原因，与社会的人口结构及区域发展状况有关。简单地说，当时的人口大多集中于港岛，九龙及新界的人口分布相对零星。举例说，在1911年，全香港的常住总人口为四十五万七千人（不包括驻军，下同），其中的53.5%居住港岛，33.0%居住九龙和新界，余下的13.5%属水上居民。到了1921年及1931年，香港的常住总人口分别为六十二万五千人及八十四万人，其中的55.6%和48.7%居住港岛，33.0%和43.0%居住九龙新界，余下的11.4%和8.3%则属水上居民。

若单以1931年的人口及土地面积计算，占全港土地面积不足一成（约7%）的港岛，居住了近半数的人口，人口密度约为每平方公里居住五千二百人，而占全港土地面积九成多（约93%）的九龙和新界，则只居住了四成多的人口，人口密度约为每平方公里居住三百六十人，人口分布的对比一目了然。

更为重要的是，当时的区域发展极不平均，城市核心长期放在港岛北岸——尤其中环至西营盘和湾仔筲箕湾一带，九龙半岛和新界则相对落后，除了油麻地和旺角较有发展外，其他地区一直保持乡村郊外的模样，道路网的发展乏善可陈。至于工作与商业活动只是集中于本身乡村（例如农民、小商店或手工业），则又大大减少了交通运输的需求或依赖。

举例说，土地面积近六十平方公里的荃湾区，在1911年、1921年及1931年的常住人口大约只有三千人、五千人及五千三百三十五人而已，其居住密度的稀疏可见一斑，这也说明当时的港英政府，其实并没将发展焦点放于此，至于道路网——尤其可供汽车行走的公路——联结欠奉，自不待言。

正因九龙、新界地区各种支持公共运输的发展条件尚未成熟，"九巴"的起步乃明显较"中巴"逊色。进一步的数据显示，"九巴"的生意在二十世纪四五十年代一直不理想，因而令其中的主要股东林明勋萌生去意。为此，董事局在深入商讨后，于五十年代末达成改善决议，于1961年进行改组，并借机于同年4月22日公开招股集资，从而强化实力，结果吸纳了伍时畅和余道生等新股东，令"九巴"从此踏上了更宽广的发展道路。

当然，"九巴"能在那时发生巨大蜕变，也与人口及区域

发展出现根本性变化有关。人口方面，香港的总人口在1961年
已达三百一十三万，其中香港岛的占比为32.1%，九龙和新界则
占63.5%，水上人口减少至只有4.4%，可见九龙和新界成为"二
战"之后的发展焦点，交通网也在这段时间急速扩张。就以荃湾
的人口为例，在新移民涌入和工业发展带动下，1961年时已急升
至八万四千八百二十三人，较1931年的人口跳升了近十五倍，增
幅惊人。事实上，其他地区如官塘、新蒲岗、黄大仙、九龙城、
红磡、深水埗、长沙湾、葵涌等，人口同样急升，因而环环紧扣
地带动了工商业发展和城市建设，令公共交通的需求大幅急增。

当然，同样不容否认的是，"九巴"在公司重组后优化管
理，并注入更强劲资本，既购入新车，又开辟更多车站，重组巴
士服务路线等，这样才能令业务急速发展起来，可见本身的努
力，同样居功不少。至于日后九龙、新界持续拓展，港岛则因土
地面积局限，因而又令公共交通的市场出现了此长彼消的状况，
其中令人意料不到的，则是"九巴"的业务与实力后来居上，超
越了"中巴"，后来有了"城巴"（城市巴士有限公司）加入竞
争，令香港的公共巴士服务发展成为三分天下的局面。

恒生银行与华人金融家族

1933年3月3日，以林炳炎、何善衡、盛春霖和梁植伟四人

为首的恒生银号宣布创立，为香港的金融业发展注入一股新动力。对于讲求吉时的生意人而言，1933年无疑是大吉大利的好时年，撇除该年属"双春兼闰月"的吉祥日子不谈，还有其"三三（33）年"带有生生不息（数学上循环数）的吉利含意，在广府话（广东话）中代表了生机无限的意思，不少生意人因而十分希望在那年大展拳脚、闯出一番天地。

以林炳炎和何善衡为领军人的华人金融精英，在那个吉利年份开业，并将宝号取名"恒生"，寄意永远生机勃发，充满动力，此名代表了他们心中的善颂善祷与锐意发展，其时的主要业务为黄金买卖、找换及汇兑等。开张时，资本只有十二万五千元，职员只有十一人，而银号自创办始即收到令人艳羡的盈利。

数据显示，于1933年创立的银号，除了恒生银号，还有由伍宜孙和伍洁宜两兄弟牵头，而市场定位及业务与恒生相似的永隆银号。在1933年前后创立的华资银号（由于日后改为银行，这里一律称之为银行），还有以董仲伟为首的道亨银行，以冯尧敬牵头的永亨银行，以梁季彝为领军人的广安银行，以马锦灿为主要股东的大生银行，以及由廖宝珊掌控的廖创兴银行等。

为何当时的华人金融青年才俊会步调一致地选择在那时开业，进军银行业呢？前文提及的吉利之说，明显只属穿凿附会的趣味之谈而已，真正的理由应与市场空间巨大有关。简单地说，恒生银号与永隆银号创立之时，国际、中国内地与香港的金融与商业环境可谓风高浪急，变化多端，出现了国际及中国货币体制临近划时代巨变的时刻。导致这一局面的始作俑者，则是1929年的美国华尔街世纪股市泡沫大爆破。

众所周知，1929年的美国股灾触发了世界经济大萧条，欧美政府因而采取了连番经济政策，希望刺激经济发展，增加就业。可惜，各种政策均如泥牛入海，鲜见成效。因此，美国政府从财政与金融政策入手，其中又以大幅增加金银储备的举动，令国际白银价格暴升急跌，大幅波动，牵动了以白银为本位的中国货币，并因此影响了一直与内地唇齿相依的香港经济、金融和社会。

当然，随着贸易和商业在进入二十世纪后的不断发展，在海内外汇兑典当等业务的持续壮大，社会对银行金融业的集资投资自然需求日大，但服务华人社会的银行金融组织则一直不足，也属最基本的因素。东亚银行的创立，主要原因也与此有关，间接说明华人经济实力，到了急需金融业给予配合与带动的地步。

另一值得注意的特点，是这批金融创业者大多是二十世纪初出生的一代，其时年轻力壮，除了有个别——例如生于1886年的林炳炎（当时创业时已年近半百）年龄较长外，其他大多只是三十多岁，可谓风华正茂，处于而立之年。举例说，生于1900年的何善衡、伍宜孙和廖宝珊，在1933年时只是三十出头；而生于1906年的梁季彝、生于1908年的冯尧敬，以及生于1909年的马锦灿，则只有二十多岁而已；就算是生于1892年的董仲伟，其时已过四十，但也身强体壮（他于1921年创立道亨银行时尚未满二十岁）。即是说，在二十世纪三十年代，香港的银行业界，涌现了一批年轻有为的华人才俊，令不少人耳目一新。

俗语有云，"有危便有机"，白银价格的暴升急跌，很自然地影响了大小投资者，而那些眼光独到，敢于冒险的投资者，若能准确拿捏市场变化的脉络，则总能赚得盆满钵满。无论是年纪较长的林炳炎和董仲伟，或是年纪较轻的何善衡、伍宜孙、冯尧敬和梁季彝，他们的拼劲和独具慧眼，不但令他们可以洞烛先机，更因其具有企业家的勇于开拓、敢于冒险和强于创新的精神，率先走上了创业之路，为打拼个人事业而积极奋斗。

恒生银号和永隆银号创立一年多后，中国政府因国际金融环境的巨大转变，宣布放弃银本位制，改为法定货币，港英政府立即做出相应行动，宣布不再与中国内地的货币"挂钩"，共同进退，而是回归英镑外汇区，转为英镑汇兑本位，并采纳了货币发行局的联系汇率制度，即是钞票发行改以十足外汇储备支持，本地银行业虽然受到冲击，但业务发展则仍然空间巨大，恒生银号和永隆银号的业务自然做出了相应调整。

香港货币回归英镑外汇区两年后，即1937年，日本全面侵华，生灵涂炭。武器军力远较日军落后的中国军民，在民族存亡之秋拼死抵抗，而当时的香港，由于初期仍能保持安宁，所以吸引了大量移民和资金的涌入，金融业更出现了畸形发展，令恒生银号和永隆银号的业务有不错的发展。

由于林炳炎无论年纪、财力和江湖地位，均高于何善衡、盛春霖和梁植伟等人，所以他在银号创立之后，一直担任董事长一职，直至1949年2月去世，才由何善衡接替。另外，由于林炳炎家族在澳门扎根已久，拥有雄厚实力，而抗日战争爆发乃至掀起了太平洋战争之后，作为葡萄牙管辖地的澳门，因为葡萄牙宣布中立，没有卷入战争，因而成为不少家族避难之地，经济发展尤其一枝独秀。

到了1941年，日军入侵香港后，林炳炎、何善衡和伍氏家族等人于是退居澳门。其间，香港的银号业务虽然全面停顿，财产蒙受巨大损失，但人身性命幸能保得安全，[①]而在澳门期间能够从事一定程度的商业活动，则既能维持生计，又可拓展人脉，同时又可继续掌握商业信息，这对日后和平重新回归时，能够迅速开展业务、东山再起发挥了不容低估的作用。

1947年战争再次爆发时，中华国民政府尤其因为滥发法币导致了货币崩溃，加速其政权易帜。日军投降后，内地的战火并未波及香港，至于元早已改为与英镑挂钩，则令其金融和货币也免受拖累，相反因为大量资金和低廉劳动力的涌入，助长了经济转型和发展。当然，更加不容忽略的，则是由于战后中国内地的经济和金融制度出现巨大变化，其在货币和出口贸易方面对香港这个进出口港及港元的倚赖更大。

扼要地说，受惠于战后西方金融秩序因为重建而出现的巨大

---

① 可惜，董仲伟在香港沦陷期间，如东亚银行的众多股东（周寿臣、李冠春、李子方等）般来不及逃往澳门，因而在日军的威逼利诱下，委任为华人代表，令其名声受到巨大损害。

发展空间，加上内地对香港金融服务的依赖有增无减，香港能凭着本身货币自由兑换与资金自由出入的优势，取得方方面面的突破性进展。即是说，二十世纪四十年代末五十年代初的香港金融环境，发展空间巨大，而在二十世纪初出生的何善衡、伍宜孙、廖宝珊、梁季彝、冯尧敬和马锦灿等金融才俊，则在那个百废待兴的年代有了千载难逢的致富机会。

理由很简单，在四十年代末，他们可以说是处于人生的黄金阶段——介乎"而立"与"不惑"之间，在经历战乱后，他们尤其表现出加倍的吃苦耐劳、积极进取与全力打拼状态，因而不但能令本身的业务不断取得突破，更为整体银行业注入一股活力。

进入五十年代，这些华资银行纷纷因应本身实力不断壮大而变更为银号组织。这种做法，一如大约一个世纪前，不少洋行老板在《公司法》实施后，跟随汇丰银行的脚步更改企业组织的举动并无二致。就以恒生和永隆为例，到了1952年，他们同时决定变更本来属于无限债务性质的公司组织，改为有限公司，并借此吸纳新股东与股本，提升企业的发展动力。

举例说，恒生银号在1952年12月改组后，其注册资本增加至一千万元，实收资本为五百万元。单是以实收资本计算，已较1933年的十二万五千元增加了近四十倍，增幅惊人。当时，银号共发行五千股，每股作价一百元，其中的绝大部分股份（四千九百三十股，即占98.6%），由林炳炎家族持有的澳门恒昌企业公司持有，而何善衡、梁植伟、何添、李泽甫、廖炀来、盛春霖及梁銶琚等，则每人持有十股而已。

众所周知，五十年代是香港经济因为"贸易禁运"导致其由进出口贸易走向工业化的转折点，银行金融业也出现巨大空间，因那时的企业绝大多数只是中小规模，又绝大多数属华资背景，所以他们对中小型银行银号的资本需求尤为殷切，造就了像恒生、永隆、永亨、道亨、广安和廖创兴等中小型银号或银行的迅速崛起。至于何善衡领导下的恒生，表现尤其一枝独秀，若以业绩增长步伐急速作指标，很快便超越了一直被视为华资龙头银行的东亚银行，后者在战后的发展，明显已没当年勇了。

数据证明，二十世纪五十年代是香港经济发展最为突出，也最为关键的十年。原因除了经济结构顺利由进出口贸易过渡到工业发展的轨迹外，也因人口和资金在同时期持续涌入，令经济急速增长，一片欣欣向荣。面对这一重大发展机遇，何善衡、伍宜孙、冯尧敬、梁季彝、廖宝珊等金融才俊，明显不会错过。他们如水银泻地般地投资——大力发展银行本业的同时，也直接或间接地投资了房地产，因而令其身家财富大幅飙升。

当然，这样的发展模式，在业务一帆风顺时必然获得丰厚的回报，但当发展势头逆转，尤其当业务未能做出风险分隔，甚至投资过于集中时，则很容易牵一发而动全身，触发骨牌效应，影响银行本业的稳定，此点不幸在六十年代先后爆发，影响了不少华资银行的发展。

数据显示，由于恒生银号在五十年代的表现突出，到了1960

年1月，银号易名为银行，并增加董事局成员，而林炳炎妻子林黄慧嫦则成为其中一名董事。也即是说，与当时的不少华资银行不同，那时的恒生银行，管理大权并非落在大股东家族的手中，而是由次股东及专业精英负责，在众多华资银行中独树一帜。更须指出的是，自恒生银号更名为银行后，其他不少华资银号也相继跟随其做法，将"银号"更改为"银行"，令本地金融业出现了另一次蜕变。

然而，由于本地银行业在五十年代急速发展的过程中忽略制度建设，加上投资放贷过于集中于某些客户或业务上——例如房地产及相关投资，当遇市场出现风吹草动，尤其是流言蜚语四起时，则容易影响民众和投资者信心，动摇企业基石，至于1961年廖创兴银行的挤提① 事件，以及1965年明德银行和恒生银行等的挤提风潮，则给那些逐步壮大但却羽翼未丰的华资银行带来了巨大冲击，令其陷入困境。不少银行因此陷入没顶之灾，从此退出了香港的金融舞台；但有些凭借自身基础和应对措施化险为夷。至于整个行业的发展轨迹，则从此发生了巨大变化，令不少人至今对那时期银行业风高浪急、暗涌处处的状况犹有余悸。

---

① 挤提：挤提是指存款人集中大量提取存款的行为，是一种突发性、集中性、灾难性的危机。是由于消费者对银行给付能力失去信心而产生的从银行大量支取现金的现象。

◆参考文献

1 吴灞陵. 香港掌故. 香港：香港大学孔安道纪念图书馆（整理），1984

2 养和医院. 养和医院历史集. 香港：养和医院，2007

3 吴醒濂. 香港华人名人史略. 香港：五洲书局，1937

4 李树芬. 香港外科医生. 香港：李树芬医学基金，1965

5 养和医院. 养和医院历史集. 香港：养和医院，2007. 25

6 养和医院. 养和医院历史集. 香港：养和医院，2007. 26

7 吴醒濂. 香港华人名人录. 香港：五洲书局，1937

8 Zheng, V. and Wong, S.L., "network capital and Li & Fung Group: Four generations of inculcation and inheritance", paper presented on the Conference on Globalization, Social Capital and Entrepreneurship in Greater China held on 8-9 March 2013.Taipei: National Chengchi University,

9 Hutcheon, R., *A Burst of Crackers: The Li & Fung Story*, Hong Kong: Li & Fung Limited，1992另见冯邦彦. 百年利丰：从传统商号到现代跨国集团. 香港：三联书店（香港）有限公司，2006

10 "Kowloon Motor Bus Co. Ltd.（CR No. 000396）", Hong Kong: The Companies Registry.

11 陈自瑜. 香港巴士：1933-2012. 香港：三联书店（香港）有限公司，2012

12 郭廷以. 近代中国史纲（下册）. 香港：中文大学出版社，1979

13 吴醒濂. 香港华人名人传略. 香港：五洲书局，1937. 51

14 陈自瑜. 香港巴士：1933-2012. 香港：三联书店（香港）有限公司，2012

15 "China Motor Bus Co.'s Depot at Chatham Road, Hung Hom"（4 October 1927），HKRS58-1-94-53, Hong Kong: Hong Kong Public Records Office.

16 容子贤. 中华巴士. 香港：JR Team，2013

17 陈自瑜. 香港巴士：1933-2012. 香港：三联书店（香港）有限公司，2012

18 高添强. 九巴同行八十年：1933-2013. 香港，2013：三联书店（香港）有限公司。除此之外，曹善允的"启巴"不久也宣布结业，有关此点，则可参考曹克安. 家居香港九十年. 台北：星岛出版社，1986

19 考高添强. 九巴同行八十年：1933-2013. 香港：三联书店（香港）有限公司，2013

20 吴醒濂. 香港华人名人传略. 香港：五洲书局，1937. 57

21 Hong Kong Census Reports, 1841-1941, n.d. Hong Kong: The Hong Kong Government Printer.

22 郑天祥、张智民. 香港工业村建设的启迪. 广州：中山大学港澳研究所，1988

23 Fan, S.C. *The Population of Hong Kong*, Hong Kong: Swindon Book Co，1974

24 郑天祥、张智民. 香港工业村建设的启迪. 广州：中山大学港澳研究所，1988

25 高添强. 九巴同行八十年：1933-2013. 香港：三联书店（香港）有限公司，2013

26 Chambers, G., *Hang Seng: The Evergrowing Bank*, Hong Kong: Hang Seng Bank Limited，1991

27《栉风沐雨八十年》编撰小组. 栉风沐雨八十年：永隆银行发展纪实. 香港：永隆银行有限公司，2013

28 Jao, Y.C., *Banking and Currency in Hong Kong: A Study of Postwar Financial Development,* London: Macmillan, 1974

29 冼玉仪. 与香港并肩迈进：东亚银行1919-1994. 香港：香港大学出版社，1994

30 黄启臣. 澳门通史. 广东：广东教育出版社，1999

31 "Return of first allotment of Hang Seng Bank, Limited"，14 January 1953, Hong Kong: Company Registry.

32 Chambers, G., *Hang Seng: The Evergrowing Bank, Hong Kong: Hang Seng Bank Limited*，1991也可参考冼玉仪. 与香港并肩迈进：东亚银行1919-1994. 香港：香港大学出版社，1994

33《大公报》，1996年2月12至13日。

第十一章

战火中的香港
家族与社会

　　对香港家族和社会而言，1941年无疑乃极为关键的一年，原因是这年既标志着殖民统治已进入一个世纪，所以港英政府正为其统治期间取得的政绩计划大事宣扬，刻意营造喜庆气氛；但同时又是日军剑拔弩张，枪口对准香港，最后发动侵略，令香港迅速沦陷，无数居民死于日军炮火，财产家当遭到掠夺，幸存的亲人家属则被迫奔走西东的黑暗岁月。

抗战军兴的家族与社会变迁

1937年7月7日，全面抗日战争爆发。英国殖民统治的香港，由于距离北方战场十分遥远，没有实时威胁，加上社会基本相信英国政府能够给予充分保护，日军不敢入侵香港，因此战争意识极低，一切生活如常。当然，无数民众在国家受到侵略，同胞颠沛流离，中华民族面对史无前例的巨大危机之时，所表现的同仇敌忾，并且四处奔走，出钱出力以图救国抗日，却是显而易见，值得肯定的。

从数据上看，战火爆发给香港的最直接影响是大量难民、企业和资金涌到香港避险，因而令香港人口迅速急增、经济规模有所壮大，投资市场较为活跃，而社会的肌理和脉络也出现了变化——尤其是巨富家族及工厂企业的南迁，则令香港的上流社会出现了微妙的势力与关系调整。

正如前文提及，1931年，香港总常住人口只有八十四万人左右，1936年，推算也只有九十万人左右，到1938年，尤其是邻近的广东省不少城乡遭到日军入侵后，人口已上升至一百二十三万人左右，到1939年更跳升至一百七十五万人左右。[①] 即是说，在短短数年间，人口跳升约一倍，引发了严重的住房、粮食、就业、公共卫生与治安问题等，社会问题无疑极为严重。

就以房屋问题为例，租金大幅上升，令不少居民叫苦连天，数十平方尺的房屋住上十多人的情况可谓十分普遍，居住空间极为狭窄，可想而知，不少人更因负担不起高昂租金，没有一瓦遮头，只能沦为露宿者。据当时警务处的估计，在1938年，全港约有二万七千名露宿者，若按当时人口约一百二十三万推算，即每百人便有两人为露宿者，比例令人咋舌。

无业及生活无以为继者面对严峻的生活，街头巷尾的乞丐或流浪汉随处可见。有研究者这样写："热闹的马路边睡满鹑衣百结的乞儿，菜场周围涌塞着负病女人和憔悴的孩童，出卖着一仙两仙的坏蔬菜……"

相对于两手空空、身无财物的难民，同时涌到香港的，还有腰缠万贯，携同家小、财帛和企业到港的"富贵难民"。这个群体的到来，虽然被批评为只懂享受和缺乏爱国意识，但无疑又给香港的经济注入活力，尤其丰富了本地产业和上流社会的布局与结构。

据港英政府在1939年11月的统计，在那些受战火影响而移居香港的难民中，拥有财产一百万元以上者计有五百多人，拥有

---

① 由于这时没有官方统计数字，加上人口流动大，各数字常有不少出入。参考邓辉澄. 1937年至1941年间香港社会对日本侵略的战争意识. （硕士论文），香港：香港大学，2009. 19；另可参考Fan, S.C., *The Population of Hong Kong*, Hong Kong: Swindon Book Co, 1974

一千万元以上者计有三十人，就算是拥有亿元以上者，也达三人，可见当时的难民中，的确有不少属于家财丰厚的"富贵难民"。

事实上，"富贵难民"带来的，不只是资金，同时也带来生产技术和商业网，因为他们将本来在内地发展的企业或生产线局部或全部，搬到了香港。这种企业移植，促成香港经济和产业的结构性转型，令本来基础单薄的香港工业，实力有了显著的提升。举例说，单在1939年，来自上海的移民企业中，便有6家规模较大的工厂在九龙半岛落户，分别开设了合成氮厂、织缎厂和广告印刷厂等，其数目在过去近一个世纪内实属罕见。

进一步的数据显示，当时迁移到港避乱或是由移民企业家到港后另行创立的工厂或企业，主要集中于如下各个类别：

①织染业：这些企业一般投资额较巨、规模较大，而聘用的工人则较多，其中的例子有香植球家族的泰盛染织厂、吴义兴家族的电机织染布厂、叶健泉家族的八达绵电机织造厂、叶远祥家族的大同电机织造厂，以及三星织业厂、中昌布厂、华艺丝织厂、坚毅织造厂、华人织绸厂、美亚织绸厂和西南布厂等。

②纽扣、手帕和内衣制造业：相对于织染厂，这些企业的规模、技术和投资虽然较逊，但同样可丰富本地产业的结构，有助提供就业机会，由其生产的货品深受用户欢迎，其中的企业包括有达大祥制纽厂、大中工业的香港纽扣分厂和手帕厂等。

③树胶、制漆和玩具业：另一值得注意的产业是橡胶、制漆和玩具业，这些产业对民生同样十分重要，而目光敏锐的企业

家，则在那个烽火连天的日子，因为看到香港政局相对稳定的优势，在港设厂，同样令香港产业的结构变得丰富起来，其中又以冯日兴家族的内地树胶制造厂、黄佑文家族的南华树胶制品厂、伍泽民家族的香岛制漆厂和黄佩君家族的华南玩具金属制品厂，均属于日后常被引述的例子。

④食品及调味制造业：香港早期虽也有不少酱油厂，但生产方法较为传统，所以发展受到局限。抗日战争期间，上海天厨味精厂在香港设立分厂，引入现代化生产线，生产味精，成为本地引入现代生产食品及调味料的先驱。

⑤电机及电器业：相对于其他产业，电器和电机业于1937年至1941年在港创立的数目尤多，种类更是多样，所生产的货品，涵盖了手电机、电动发电机、军用无线电收发报机、灯泡、电筒、电池等，当中的不少货品，在抗战时期更属重要物资，至于其中的企业，则有上海灿华公司、中华无线电社、盖一电池厂、光华灯泡制造厂、南光灯泡厂、长城电筒制造厂、震亚金属制品厂和郑植之家族的中美凤灯制造厂等。

⑥造船和钢铁业：香港虽属国际贸易港，位处世界海洋航线上，轮船穿梭频密，但除简单的船只维修服务外，却甚少像其他国际航运海港般有造船和修理等工业的发展。抗日战争期间，或者是受需求带动的影响，一方面有造船企业的创立，例如中华造船厂；另一方面也有诸如大华铁工厂和捷和钢铁厂等属于重工业类别的企业投入，这对香港日后强化轮船维修业与核心钢铁制造

业具极为重要的作用。

⑦文化出版业：著名的上海电影制片公司天一影片公司迁港，并易名南洋影片公司，继续其电影摄制业务；同时，上海的《申报》《星报》和《立报》等，也迁移到了香港，继续出版业务；至于广州的《国华报》和《抗战大学》杂志等，也先后迁移到了香港继续发行；当然也包括了商务印书馆和中华书局等出版社，他们同样因为逃避战乱而选择落户香港。

可以确切地说，无论是移民、资本、工业生产，或是电影和文化出版业，因为战争缘故在三十年代至香港沦陷前先后迁移到港的结果，不但令香港人口急增，带来各种各样的房屋、交通、粮食及治安等问题，也同时又为本地经济及社会注入强大动力，其中尤以打下工业基础，对于提高香港这个一直只是依赖进出口贸易的经济体提供了提高工业水平的机会，无疑为五十年代初香港踏上工业化的道路迈出了"实验"的步伐，便利了日后的工业发展。至于电影和印刷媒体等企业的大量移入，也丰富了本地的电影及出版业，长远而言有助本地民众文化水平的提升。

如果说全面抗战爆发后移民、资金和企业的先后涌入，为香港日后的进一步发展注入全新动力，打下基础，那么上一代企业家的先后去世，新一代企业家的跃跃欲试、筹谋大展拳脚，无疑又标志着香港社会急速发展下，吐故纳新的自然定律。在某种程度上除了反映这个城市在中国与世界发展历史中的独特位置与微妙关系，同时也见证了时代的巨大变迁。

数据显示，1937年2月，被视为清朝遗老代表人物的赖际熙去世，享年七十二岁，赖氏自清政府覆灭后移居香港，曾任香港大学中文学院院长之职，对弘扬中国传统文化，尤其儒家道统，在这个一直只以英文为官方语言，排挤中文的殖民统治社会中，为推动中文运动、提升中文地位做出了不可抹煞的巨大贡献。

接着的1938年2月10日，移居香港的上海著名实业家领军人荣宗敬，病逝养和医院，享年六十三岁。荣宗敬与兄弟荣德生早年在上海创立茂新和福生面粉厂，之后经营振新和申新纺织厂，所以赢得了"面粉大王"和"棉纱大王"的称号，在二三十年代的上海可谓无人不识。全面抗战爆发后，荣宗敬避难香港，明显带有寻找商机、设立据点以分散投资风险的意味，可惜壮志未酬即客死异乡，不少上海企业家，最后只能把产业迁移香港，令人慨叹，折射了近代中国企业曲折的发展历程。

老一代企业领军人的先后去世、陆续凋零，说明着香港经济、商业和社会的新陈代谢。1939年，属于"九老会"成员且因经营南北贸易致富的福建籍巨商杜四端，走完人生最后的路程，享年八十二岁。到了1940年9月，一直被称为"当押大王"且属"九老会"成员的李右泉去世，享年七十九岁。[1] 可以这样说，

---

[1] 据李右泉的遗嘱所述，由于典当业投资失利，名下财产大幅萎缩，所以留下了"余自六十岁后（即三十年代后）生意固属亏损，且耗费甚巨，所余不多，深愿尔各子孙，认真勤俭，处世则宁可人负我，勿以己负人"给子孙后代的嘱咐，值得今天的富二代细味。引自Probate Jurisdiction – Will Files, No 45 of 1948（in the goods of Li Yau Tsun… pawn-broker, deceased），Hong Kong: Public Records Office.

无论是杜四端或是李右泉，两人均见证了时代的发展与转变，尤其是南北进出口贸易和典当业的由盛而衰，风光不再。相反，无论是电影业、出版业、制造业和银行业等，自进入二十世纪以来方兴未艾，然后由上海及广州等地纷纷移入香港——尤其在战后因为逃避内地战火，以及由此带来的巨大转变，则极为巨大地决定了战后香港经济和生产力的巨大蜕变。

杜四端和李右泉等"大老级"家族企业领军人先后去世不久，南洋烟草公司的简英浦也因病于1940年8月去世，接着则是靠药业在南洋起家，然后在香港再创辉煌，尤其在购入优质地皮兴建堡垒方面名闻海内外的余仁生药业老当家余东旋，也于1941年5月11日去世，享年六十三岁。①他们这些长袖善舞、叱咤一时的商业巨子的先后陨落，同样预示了新一代企业家不久就要粉墨登场，将在新时代更大的舞台上尽展所长。

就以前面文章中提及的银行金融业为例，1937年抗战军兴后，大量移民、企业和资金迁移香港，以避战祸，很自然地刺激了本地银行金融业的发展，股票市场因为游资流入而外凉内热，交投活跃是其直接表现。至于不少金融才俊或财团先后选择在港设立银行或分行，更是络绎不绝。

---

① 余东旋去世后，家族生意由长子余经铸接任，唯他于1957年去世，于是转为余经纬接管。余经纬最为突出的表现，是在他父亲的基础上进军娱乐事业，并于1967年与友人利孝和（利希慎次子）及邵逸夫等人创立香港无线电视，意欲大展拳脚。可惜，余经纬于1976年10月突然去世，享年只有四十六岁，令余仁生的继承一度陷于困境。

举例说，1938年3月，先有中央银行在港设立办事处，处理业务，继有中国国货银行、国华银行和南京银行在港设立分行，调度资金、经营业务，民营银行如杨氏家族的聚兴诚银行也在此时到港开业。当然，论日后在香港发展较为突出，且具知名度的，则非梁季彝于1938年创立的广安银号莫属。

接着的1939年，中国实业银行在港开业，翌年则有香港银行业同业公会的成立，显示行业已有不错发展，业界才有了成立同业公会以维护业界利益、约束业界行为、分享同业信息的设想。到了1940年，由冯尧敬牵头于广州创立的永亨银行，自广州落入日军手中后最终决定迁港。该银行3年前（即1937年）在广州创立时，不少香港银行业领军人（例如永隆银行的伍宜孙家族）也有入股，参与其中，此点尤其反映了华资金融才俊的崛起，并凸显了他们关系之密切，而冯尧敬日后确实又成为本港银行界的其中一位重要领军人物。

众所周知，战争是反人类、反文明的残暴行为，近代中国的积贫积弱，自然时常招来外侮，加上内部政治斗争，所以出现了战乱不绝、民生凋敝的局面。而香港本身尚未遭到战火蹂躏之前，确实成为难民、游资和企业的避难所，日后更因内地政局的另一次巨大转变，成为吸纳四方人才打拼事业的重要舞台，并更为瞩目地缔造了香港令人艳羡的神话。

各方精英涌到，文人办报救国

全面抗日战争爆发后，除了无数难民、资金和企业涌到香港，逃避战火外，当时其实还有不少文化精英南来，而他们尽管持有不同政治立场，却有着共同的救国目的，在香港进行了各种宣扬抗日、搜集情报，以及筹集与调配战争物资等活动，成为当时社会的一种特殊现象。至于长期以来被视为第四权的传媒，由于在动员群众、制造舆论等方面均具决定性的作用，因而成为他们的必争之地，显示那时的文化精英，大多立足于此，以办报为业。

由于香港开设外贸港口伊始即定位为商业城市，高举利伯维尔场旗帜，任由资金、货物、信息和民众自由流动，对于大众传媒，港英政府基本上也采取了宽松容忍和开放的态度。所以持左、中、右政治立场的传媒机构，只要按法例注册和经营，报道新闻时不危及其管治，政府一般不会干涉，任其自由发展。因此，人口不多的香港，人均报纸的数目，一直高踞亚洲其他城市。据朱陈庆莲及简丽冰（1979）的粗略估计，沦陷前的二十世纪四十年代，香港便拥有多达三十九份报纸——其中三十六份为中文报纸，两份为英文报纸，一份为日文报纸。

在抗日军兴之前，香港的中文报纸只是寥寥可数，较重要的是股权分散的《华字日报》和《循环日报》、岑维休家族掌控的《华侨日报》和何东家族拥有的《工商日报》为主，市场竞争实

在算不上激烈。抗日军兴后，由于香港的自由港地位令其变成了
情报搜集中心，加上港英政府允许民间自由办报，而报纸作为发
动舆论和政治宣传的力量又极其巨大，因而吸引了各路人物南
来，兴办报纸，争夺话语权，令市场竞争显得激烈起来。

数据显示，1938年3月2日，过去一直在上海发行的《申报》
迁来香港出版，督印人[①]为史咏赓。之后，《星报》宣告在港创
立，该报由拥有诗人雅号并属国民党人的罗吟圃任督印人，编
采人员包括了王德馨、陈福榆、姚苏凤和范基平等人，报纸的主
要宗旨虽然在于呼吁国人救国抗日，但同时也报道了不少战时新
闻，让读者对当时的战争进程有了不少了解。

与此同时，由共产党人成舍我和萨空了创办的《立报》则于
同年4月面世，此报同样以抗日救国为主旋律。接着的5月及6月
间，《中国晚报》和《时代批评》周刊面世，并同样致力于宣扬
救国抗日。

到了同年8月，同样以"星"字行头的另一份报纸也宣布
面世，即胡文虎家族的《星岛日报》。正如早前文章提及，早
年在仰光发迹的胡文虎家族，在二十世纪二三十年代已移居香
港，并将主要业务向内地推进，创立多张以"星"字行头的报
纸。数据显示，1937年全面抗战爆发后，家族已着手筹办在香
港"照版煮碗"（复制），创立另一份报纸的构想，接着经过

---

① 督印人：督印人是在香港监督报纸、刊物出版的人。

数个月的筹备后，正式宣布发行。其时，该报由胡文虎儿子胡好任督印人，编采人员则包括了江亢虎、樊仲云、冯列山和祝百英等人。

值得指出的是，具有商业头脑、生意触觉敏锐的胡氏父子，除了创立《星岛日报》，还针对当时社会民众对战时政治、军事、商业及各种投资信息的渴求，于同月13日增发了《星岛晚报》，这样既可满足更多读者的要求，扩大家族名下报纸在市场中的占有率，有利业务推广，同时又可充分利用印刷设备等生产资源，摊分生产成本。即是说，利用横向整合的市场发展策略，企业可以获得更好的发展条件。

《星岛日报》和《星岛晚报》相继面世之后，早年创立于天津的《大公报》也于1938年8月13日宣布在港创立（日后增发《大公晚报》），督印人为胡政之，编采人员包括了张季鸾、金诚夫和徐铸成等人，而报纸的方针，同样以发扬民族气节，高呼全民坚持抗日为要务。

站在民族存亡与国家遭逢日本军国主义者侵略的立场，当时的大小报纸自然对日军的侵略行径口诛笔伐、大加鞭挞，并高呼救国抗日。但是，当时的港英政府由于一直对日军采取了迁就忍让政策，尤其担心开罪日军会招来战争，所以于1938年9月突然通过了《紧急条例》，宣布在战争中保持中立地位。基于此，港英政府对大众传媒实施了更为严厉的新闻管制，令当时的报纸经常在句子中出现了"╳""□"或干脆空白的状况，令不少读者阅读起来极不是味儿，某些内容甚至变得面目全非。

虽然港英政府严肃了对传媒的审查，但无阻办报浪潮。举例说，《紧急条例》公布约一个月后的10月21日，广州的《抗战大学》杂志迁港出版，旗帜鲜明地号召读者全力抗日。即是说，尽管港英政府对新闻媒体加强了钳制和审查，但各方文化精英到港办报的浪潮并没停下来。1939年3月，由国民党将军余汉谋任督印人的《时事晚报》创立，编采人员包括了李熙寰、乔冠华等，其出版方向同样在于宣扬救国抗日，呼唤民族觉醒。

另一方面，由何文法任督印人的《成报》于1939年5月1日创立，主要编采人员有何允文、汪玉亭和陈平等人。与此同时，由刘荫荪任督印人的广州《国华报》，也于1939年5月份由穗迁港，这两份报纸的市场定位虽略有不同，但同样高举抗日救国旗帜，呼吁全民对日作战。

接着的1939年6月6日，由国民党中央党部牵头的《国民日报》，也宣布在香港创立，督印人为陶百川，编采人员有何西邪、黄祖耀（即黄苗子）等人。与此同时，作为汪精卫汉奸政权喉舌的《南华日报》和《天演日报》等，也在这时创立，代为担起办报大旗的则是胡兰成，而普通民众对这些汉奸报纸恨之入骨，读者人数极少。

到了1941年1月，共产党人邹韬奋、茅盾、夏衍和乔冠华等知名知识分子创立了另一份报纸，名为《华商报》，在宣传国人救国抗日方面尤其具有巨大影响力。接着的3月份，以中国民主政团同盟核心成员身份，到港办报的梁漱溟，经过数月筹组，于9月宣布印发《光明报》，借以推动救国抗日运动。

除此之外，在这段时间创立的报纸或传媒，较为著名，受到社会关注且影响力较大的，还包括了《大众生活》《时代文学》《女光》（妇女杂志）、《文艺阵地》《时代批评》（周刊）和《笔谈》（文艺半月刊）等，其中最值得注意的，是《大众生活》，原因是该杂志由早前文章中提及的曹善允儿子曹克安任督印人，而担任该杂志主编一职的，则为知名文化人邹韬奋。更为重要的，则是该杂志发行量相当大，"最高时达十万份"，可见其影响之巨大。

由此可见，自全面抗日战争展开而香港尚未落入日军之手的大约四年内，香港的报纸传媒业可谓百花齐放，十分蓬勃，单就报纸杂志而言，一时间便涌现了二十多份，增幅之大，史上少见。对于香港经济和社会而言，大量资金和人才涌港办报，并非如其他投资般只是带来就业，促进经济发展，同时又为这个过去一直高举"赚钱至上"旗帜，大街小巷只有"经济动物"，被视作"文化沙漠"的商业城市，注入了文化养分与气息，而当时那些到港办报，并负责编采工作的人士，不少属重量级学者和知识分子，例如乔冠华、茅盾、邹韬奋、柳亚子、夏衍、蔡元培、萧红和梁漱溟等。

除了学者和知识分子，这时期的香港更吸纳了大批内地政治精英的到来，在不同层面上推行各种抗日救国运动，其中最常被

引述的核心人物，则包括了宋庆龄、何香凝和廖承志等，并创立
了不少为了支持国人抗日的民间或半官方组织，例如香港妇女慰
劳会、香港中国妇女兵灾筹赈会和保卫中国同盟香港分会等，至
于国难当前，慷慨认购救国公债，也反映了香港人，尤其巨富家
族救国救民的爱国心。

进一步的数据显示，在抗日救国运动上扮演领导角色的孙中
山遗孀宋庆龄亲赴香港，她首先于1938年5月牵头创立了中国妇
女慰劳会战时儿童保育会的香港分会，为拯救因为战火沦为孤
儿，或是与亲人离散、乏人照料的孩童。接着的6月份，她又成
立了保卫中国同盟香港分会，希望利用香港的力量支持国家抗
日。同年9月，由罗文锦牵头的本地社会贤达，创立了中国妇女
会，主要目的在于扶助妇孺，照料弱小，背后原因是战争带来了
亲人离散、妇孺弱小乏人照顾。

当然，尤其值得注意的是，输财捐献救国，过去一直属于香
港的强项。简单来说，抗战军兴后，国民党政府应抗日需财的核
心问题，决定以发行公债的方式集资，吸纳民间支持抗日的资
金，用以补充军费，并成立了救国公债劝捐委员会，统筹各项向
社会各界推销购买公债的活动。

由于香港社会富裕，家底丰厚，自然成为重点推销的对象。
至于社会地位崇高，被誉为"香港大老"的周寿臣，则被推举为
救国公债劝捐委员会香港分会的会长，带头向社会各界献捐。而
另一同样社会地位崇高的"香港大老"何东，他本人除了大力捐

献，认购救国公债外，还要求其他家族成员，例如何福、何甘棠
各房——慷慨捐献，支持国家抗日。一如所料，募捐活动获得香
港社会各界的支持，反应积极，所以筹集了巨额捐款，令香港支
持国家抗日的形象显得尤其突出，深获好评。

　　无论是从哪个角度看，自全面抗日战争爆发后到香港落入日
本人之手的大约四年时间内，由于内地烽烟四起，而香港则幸保
和平，所以吸纳了各方精英南来活动，借以团结内外力量，一致
抗日救国。正因这一时间内香港既涌入了大量移民、资金和企
业，其中更有无数驰名政界、教育界和文化界的精英，新闻传媒
尤为发展蓬勃，因而令社会风气有所改变，不但国家民族情感
明显提升，文化素养同时也得到强化，令长期被视为"文化沙
漠"，居民又被形容为"经济动物"，眼中只有钱的香港民众有
了巨大的改变。

1941，关键的一年

　　对香港家族和社会而言，1941年无疑是极为关键的一年，这
年标志着殖民统治已进入一个世纪，所以港英政府正为其统治期
间取得的政绩计划大事宣扬，刻意营造喜庆气氛；但同时日军剑
拔弩张，枪口对准香港，最后发动侵略，令香港迅速沦陷，无数
居民死于日军炮火之下，财产家当遭到掠夺，幸存的亲人家属则

被迫奔走东西。即是说，一个世纪前，香港受英军占领，落入其手；一个世纪后，香港受日军侵略，落入其手。两者清晰地折射了中国近代历史常遭外侮的曲折历程。

尽管抗日战争旷日持久，大部分国土已落入日军之手，不少民众以为香港受英国殖民统治，应该可以继续保持和平局势；尽管1939年英国政府已向德国宣战，英国也处于战争状态，但港英政府一直以为，作为自由商业城市的香港，不会遭到日军侵略。正是基于这些不切实际和一厢情愿的想法，社会备战意识甚低，而港英政府既没认真备战，以防不测，抵抗意志又十分薄弱，反而一直以为只要本身奉行中立政策，尽量避免得罪日军，社会便可得到太平，免于日军侵略。但实际的情况是，日军早在1939年已觊觎香港的"家底丰厚"，并磨刀霍霍地计划侵略香港。

对中国及世界形势的不断改变，尤其是战火愈演愈烈的问题，港英政府的高层领导明显未能全面掌握。此点不知是否与时任港督的罗富国（Geoffmy Alexamder Staffond，1937-1941）上任后一直健康欠佳，很长一段时间甚至难以承担领导工作，就算能够上班工作，也显得力不从心、无法全心全意投入管理香港有关。①

---

① 罗富国于1937年10月28日上任后，除曾在1938年7月外访广州，其他时间除医病外甚少外游，在港期间接待外宾的记录也不多。到了1940年4月，更需离港，转赴锡兰（现斯里兰卡）养病，职位初由辅政司史美（N. Smith）暂代，后史美返英度假，改由军人出身的诺顿中将署任。由于罗富国病情一直未见好转，到了1941年9月才正式离任，改由杨慕琦（Mark A. Young）接任。即是说，罗富国长期养病，职位由下属署任的时期，和他自己亲政的时期几乎相同。

即便此点并非事实的全部，但他任期内对日军表现得过分软弱退让，尤其是对日军多次侵扰或杀害港人均息事宁人，做出了各方迁就，以为这样便能令香港不受战火波及，但同时又没有采取实际而充分的措施防战、备战、止战，这明显是领导上的重大失误，令香港社会及无数家族，日后需为此付出沉重代价。

必须指出的是，由于进入1941年1月即为英国殖民统治香港一个世纪的重要纪念日子，对港英政府而言，自然属于应该大书特书、不应怠慢，且应全力以赴的事情，其中的做法，很可能是为了营造和平喜乐的气氛，刻意淡化战争威胁，表面上的歌舞升平，弱化了民间社会的备战意识，以为英军会有充足的军事或外交能力，抑制日军的侵犯，确保香港得享太平，令人民的生命财产得到保障。

进一步的数据显示，在1940年时，港英政府原本已计划推出连串庆祝殖民统治进入新世纪的活动，以彰显殖民统治在过去百年间所取得的丰功伟绩。但现实的问题是，日军不断做出了侵略香港的部署，英国和港英政府其实也已收到这方面的情报，战争威胁日大，难以避免，但看来却刻意隐瞒军情，没有如实告知市民大众需要面对的实质战争威胁，此做法导致民众缺乏面对危机与受袭时的战斗意识。而不少报纸在报道当时的局势时，也同样出现不少错误（可能也与港英政府新闻审查所致），因而也难免影响了整体社会对战争威胁的正确评估。

唯一做出较为明显调整的，是世纪殖民统治的庆祝计划。因为到了1941年1月25日——即纪念英军在1841年1月26日强占香港岛，于水坑口登陆竖起大英国旗，象征英国占领中国领土日子的前一天，只是由时任署理港督且属中将的诺顿，[①] 在立法局以主席身份提议，对香港的殖民统治过去一个世纪取得的成就表示欣慰，并表示在进入新世纪后，香港仍会一如既往地向英国国主乔治六世统治下的英国效忠。至于处于战争状态的英国王室，则在翌日以电报回复，除了感谢香港官民上下一心的美意，则一如所料地高度评价香港在一个世纪以来所取得的突出成就。

无论是诺顿的提议，或是英国王室的复函，让人感受最深的，明显是战争年代"多一事不如少一事"的现实考虑，将心力与资源用于拯救民族与苍生之上。港英政府显然最终接受了这种面子工程的庆祝，宁可将心力放于防战、避战、止战上。当然，在今天的角度看，那时的努力，显然已经为时已晚，因为当时的日军已在综合各种情报后，得出香港只是由贪图逸乐的一群人所主导，防守军力弱，近乎只是手无寸铁，属于任由宰割的肥肉。

---

① 正如前述，其时的港督罗富国重病未愈，而香港受到日军侵略的威胁日大，英国于是于9月应罗氏所求，以健康为由更换港督，改由军人出身的杨慕琦接任。可惜，那时其实为时已晚，杨氏抵港不久虽然更换防卫将领，加强作战能力，但日军布防调遣侵略香港的作战策略已成，时势已急转直下了。

　　简单地说，对于港英政府而言，在那个极具意义的百年纪念日子，纵使港英政府最终在1941年1月份即决定取消大规模庆祝活动，改为低调进行，但日军因为察觉到香港手无缚鸡之力，具体防卫及意志极为薄弱，可以不费吹灰之力即可将之收归为囊中物，自然不会改变其原来侵略香港的意图。

　　因此，纵使信奉基督教的港英政府，在进入1941年之后已取消了世纪统治的各项官方活动，甚至在不同政治或军事层面上诸多忍让，但最终仍然无法化解或消除日军的侵略，战祸最终降临香港这个一直高举自由贸易，居民以金钱挂帅，而且一心只是追逐利益的城市。

　　进入新历12月，普通香港民众已一如既往、一心一意地投入到庆祝圣诞的气氛之中，以神道教为国教的日本军国主义者，则毫不理会西方世界的所谓节日喜庆、普世欢腾，而是按照自己的价值观念、本身的喜好与理想，做出了一心要让世界，尤其是让主导世界秩序的盎格鲁撒克逊基督文化震惊的举动，以猛烈的火炮侵袭了防御不足的香港。

　　日军向香港发动侵略前数天，香港社会仍"赚钱"至上，拼搏如常，当然也有不少人不受外围战火弥漫所影响，沉醉于纸醉金迷的生活中，所以马照跑、舞照跳，足球比赛如常举行。有研究者这样描述：

　　　　在12月6日，即日本侵港前最后一个周末，香港市面热闹依然。杨慕琦依计划出席一间位于窝打老道基督教会的游乐会。同时，足球比赛依然热闹，甲、乙、丙组联赛合共有九场比赛，其中由米杜息对南华的一场甲组足球联赛最为热闹，而足球裁判会更举办周年联欢会，到晚上尽欢而散。而快活谷马场亦照常赛马，不少观众入场……战争前的星期天，不少店铺已经完成圣诞节布置，并以"圣诞大减价"宣传来吸引顾客。而不少青年当天，去新界远足野餐。湾仔一带的咖啡厅、酒吧、舞厅依然热闹，顾客中有不少为英军及到港增援的加拿大军人。[①]

即是说，对于日军已经兵临城下，枪口对准香港，不但只港英政府如鸵鸟般视而不见、充耳不闻，不少民众在信息受到扭曲之下，明显也所知不多，所以毫无警觉，缺乏危机意识。正因如此，就算是见多识广、人脉关系无远弗届的香港大老何东与周寿臣，即使每天均有阅报，接触中国香港、内地及世界新闻，他们明显也未能充分掌握全局，因而难免错估形势，以为日军不侵略香港，也以为英军有强大军力，应对任何变局。

就以何东为例，由于1941年12月2日是他与原配夫人的金婚暨本人的大寿，属于喜上加喜的双喜日子，他决定不作任何更改，不会如港英政府般因应时局调整原本庆祝殖民统治香港一个

---

① 邓辉澄. 1937至1941年间香港社会对日本侵略的战争意识（硕士论文）. 香港：香港大学，2009. 45~46

世纪的计划，转为低调进行或干脆取消的做法，而是认为局势不会那么差，所以坚持按原来计划进行。即是说，除了在较早之前已订制极具排场的寿衣、装饰、酒席喜宴，还出资安排一众已寄居（求学、工作或定居）世界各地的子孙们回港庆贺，更不用说在偌大的西摩道八号大宅张灯结彩，甚至搭建戏棚做大戏。

当然，为了表示对战火中受苦受难、颠沛流离的人民寄予同情与关怀，作为香港首富的何东，特别花费巨款，在自己名下的报纸上刊登多天广告，一来向道贺者表示谢忱，二来则表示会将一切贺礼捐作慈善用途，尤其会用于前线救助受战火蹂躏的民众，以示家族在那个战火弥漫的时刻，举办庆祝活动其实只属迫不得已，本身并没忘记在战火中受苦受难的平民百姓。

在做好各种"避嫌"措施，以堵塞媒体口实之后，何东选择了与港英政府截然不同的庆祝方法。简单来说是放弃低调，而大肆庆祝。因此，如早前安排般，举行了一场轰动香港及至全中国的金婚暨大寿的庆祝活动，目的无疑是想让各方人物看到自己家大业大、子孙众多，而政商关系则无孔不入，显示自己的福大势大。[1]

从资料上看，当中国内地炮火不绝，香港也已响起警报，日

---

[1] 正因何东的一众子孙为了庆祝他的生日及金婚由世界各地回到香港，而战争在喜宴之后随即爆发，不少子孙因为尚未来得及逃避而滞留香港，承受生命威胁，例如何东儿子何世俭，他便因滞留香港时受炸弹波及受伤，失去双腿，其私人秘书则不幸被炸死，不少亲属均与死神擦肩而过。具体内容参考郑宏泰、黄绍伦，2007，《香港大老：何东》，香港：三联书店（香港）有限公司。

军陈兵深圳，随时入侵香港之时，何东认为日军只是虚张声势，未必会进犯香港，所以力排众议，要给自己增添喜庆。于是，进入12月后，何东大宅门前，时刻人流如鲫，十分热闹，送礼祝贺者络绎不纪，与深受战火煎熬、人民颠沛流离的内地形成强烈的对比。

庆典当日（12月2日），西摩道8号"红行"的何家大宅，当然是中外宾客云集，人山人海，好不热闹，到贺中外宾客更是彼此善颂善祷，在祝寿问好的同时，也希望中国内地的战火可早日平息，人民可重过和平安逸的生活。当日，何家除了筵开数十席，与各方宾客觥筹交错外，更安排了大戏表演和乐队演奏，增添气氛，其主要目的无疑只是希望宾主同欢，至于何东夫妇和众多家族成员们，自然也度过了热闹、愉快而难忘的一夜。

港英政府、民间社会及富商巨贾家族对战争威胁不以为然，甚至一直沉醉于安逸喜乐之时，日军其实处心积虑，为侵略香港做出了种种最后准备。回头看，早在侵略中国内地后，日军已因觊觎香港的家底丰厚而思考如何将之掠夺，只是碍于香港置于英国的殖民统治，而且仍未如预期般在3个月内吞并全中国之时，尚有所顾忌而已。

但是，到了1939年，当多重因素出现变化，尤其是知悉战事未必能够速战速决，而需以战养战之后，掠夺资源丰厚的香港，便成为其中支持不断向外用兵战略中的重要一环。因此，从日本一方已公开的资料中，我们不难看到，他们那时已对香港定下进攻计划。

当然，如果我们放远一点儿看，则会发现早在二十世纪二三十年代，居心叵测而蓄谋已久的日军，已利用各种渠道和手段，例如日本侨民、情报人员、间谍等前往香港，目的是收集各种各样的情报，了解香港防务、军事要塞、山川港湾、地理环境、政经实力等，作为日后侵略香港的重要作战参考。

从这种处心积虑的角度看，我们或者会觉得在三十年代末、四十年代初的港英政府，是如何调整本身的应对策略，例如取消世纪统治的庆祝活动，或是在应对日军诸多挑衅时采取容忍迁就、息事宁人的态度，而这些基本上不会改变日军的侵略计划，因为日军基本上已估算攻占香港，就如探囊取物，丝毫没有难度，所以港英政府就算做出各种努力，在日军看来也只是弱者的哀鸣而已，既不能获得日军的同情，也难以让其打消侵略的念头，香港就如砧板上的肥肉，任其宰割而已。

进一步的数据显示，抗日战争展开之初，日军已多次借故侵扰香港，例如1937年9月21日，日军军舰已在香港水域炸沉十艘香港渔船，酿成二十二名香港渔民死伤的惨剧，港英政府并没向日军政府提出什么激烈抗议。同月，日本间谍船"浅间丸"号在香港水域搁浅，港英政府同样没有什么令日军预料之外的反应。至于接着的11月，日军在香港水域内搜查并掠夺香港渔船，港英政府也只是雷声大雨点小地提出一些对外抗议而已。

可以肯定的是，当充分掌握了港英政府无心恋战的心理状态，加上其军事实力和社会财富等数据之后，设于东京的日本作战大本营明显有了最终决定，于1939年批准了日军南方作战部队要向香港发动战争，做出侵略部署，其中的作战要领，则勾画了攻占香港的方式与战略。而接着的日子中，日本利用各种渠道和间谍活动，进一步丰富并强化数据的精准性，让其作战时可以全面掌握虚实，轻易制胜。

可以十分准确地说，在1939年制定进攻香港战略，至1941年年底正式进攻香港的这段时间内，日军还多次以不同方式试探港英政府防守的虚实和抗战的意志。举例说，在1939年2月，日军与中国军队于罗湖地区交战时，在香港投下两枚炸弹，炸毁一辆汽车，并导致十二人死亡。为此，英国政府向日军提出抗议，但只在日军赔偿两万元后了事，就算不计算炸毁汽车和给予受伤者的赔偿，每条人命也只值约一千六百六十六元而已，港英政府息事宁人，多一事不如少一事的心态可见一斑。接着的8月下旬，日军更借故多次闯入新界沙头角乡村，需经港英政府多次交涉，才愿退回深圳，其举止显然也有心试探英军的容忍程度。

到了1941年初，日军飞机常在香港横澜岛及蒲台岛上空飞行，并无故射击香港船只，导致多人伤亡，港英政府只是透过英国政府向日军提出交涉，而消息则没向社会和民众公布。到了8月，日军曾于深圳与香港交界处与英军对峙，其间射杀一名香港居民，消息同样没有向社会及公众交代。接着的11月，日军再在交界处射伤一名香港居民，港英政府同样没有提出激烈交涉，消息也未见公开。

可以这样说，无论是炸弹"误落"在香港，或是飞机进入香港上空向平民开枪，甚至是射杀香港居民等，看来并非纯属"意外"，很可能是不同程度的试探，港英政府既未察觉日军的投石问路、试探虚实，又在面对日军试探时表现得委屈迁就，这样便暴露了抗日意志薄弱，不但助长了日军的气焰，同时也强化其侵略的野心，使其有恃无恐。

进入12月，港英政府据说已收到确实情报，指有大量（约六万）日军已向深圳与香港的结合部集结，但港英政府仍没给全社会做出适切的警告，虽然在军队调度上有一定应对，却并非表现得战火迫在眉睫。据唐海的描述，当时在戏院播放的电影，在完结前，必会播出港英政府通告，命令"各军政人员迅速归队"，此点尤其凸显了英军抗日意志与军纪不如人意。

无论是港英政府、民众，乃至是像何东家族般的老少成员，当他们仍在享受和平，沉醉于喜乐之时，枪炮声突然响起，蓄意已久的日军，在日本东京大本营的授命下，于12月8日先以军机轰炸启德机场，削掉英军的制空权，而陆军精锐部队则兵分四路先行进侵新界。该四路军队依次是：一路出落马洲，采迂回路线，闯入凹头，再包抄至石岗，过大帽山，直指荃湾；一路由沙头角沿小路向南石坑而到大埔头，再沿吐露港朝英军防线推进；一路则从罗湖经粉岭入大埔公路南下，直逼英军设于城门谷的防线。还有另一路则由海面进攻，以快速乘坐小船绕过大鹏湾，在马鞍山南登陆，再沿吐露港公路南下。

即是说，日军以海、陆、空多层面地向香港发动进攻，而各路日军与英军短兵相接时，遇到的抵抗与他们从情报中所得到的结论相去不远。英军抵抗力极弱，节节败退，令日军可以不费吹灰之力即可直捣九龙，而英军只能退到港岛。

新界及九龙在短短数天即落入日军之手，既令全港上下大为震惊，突然发现英军原来只是纸老虎而已，不堪一击，也很自然地触动了粮食及各种日常用品供给的连串问题，因为香港的物资供应一向依赖入口，战火的燃烧，迅速令香港岛变成了孤岛，水陆供应线全面被切断。因此，在12月14至24日的英军与日军隔海对峙期间，一向家无余（储）粮的普通市民（部分为港岛居民，部分则是由新界及九龙逃难到港岛的居民）显得人心惶惶，可惜为时已晚。

更令普通民众惶惶不可终日的，还有日军在进攻香港岛期间的飞机四处轰炸，炮弹横飞；日军派出地面部队登陆港岛后，在大街小巷及军事要塞与英军展开激战，险象环生。据军事历史学者托尼·班纳姆（Tony Banham）的描述，位于渣甸山与聂高信山之间的黄泥涌峡道，是连接港岛南北的咽喉要道，日军对此极为重视，押下巨大火力，希望击溃英军防线，切断其东西连接，并可让自己打通南北通道，而12月18及19日则是两军对决和激战的日子。

在这场虽只有一天一夜的激烈战斗中，英军最终不敌，被迫退往东南角的赤柱及西南方的山顶及黄竹坑等地，负隅抵抗，而日军的控制，则可贯穿港岛南北，并可成功截断英军的东西连接，令港英政府的形势更加显得岌岌可危。据日军战后估计，在这场战斗中，丧生的士兵及民众总数接近千人，伤者更是难以估计，可见其战况之激烈惨重。

日军不出两天时间即击溃英军的举动，既让其打通了连接港岛南北的要道，也大大削弱了英军的战斗力和意志。在接着的数天间，日军有如秋风扫落叶般接连攻克英军的各条防线，虽有部分英军战死，但更多的则是举起白旗，向日军低头俯首，成为俘虏。至此，作为英国政府统治香港的最高长官杨慕琦（Mark A. Young），已经十分清楚知道幸存的军队已完全失去战斗力，丧失抵抗意志，因而决定投降，并于12月24日从港岛乘船亲赴尖沙咀，在半岛酒店（日军当时的作战指挥部）正式向日军统帅交出佩剑，俯首投降，香港从此陷入三年八个月的日军统治黑暗时期。

回头看，无论是港英政府、世家大族，乃至无数普通民众，当日军铁蹄已踏入中国内地之时，也已对香港虎视眈眈，并进行多番试探，了解虚实，甚至派出大批情报人员在港活动，搜集情报。但无论是港英政府、大家族，或是不少民众，他们仍一厢情愿地以为香港可以永保和平，有英国撑腰，日军是不敢侵略的，这样的昧于现实，错估形势，甚至可说是缺乏危机或备战意识，显然也是招来战祸的因素之一。

结果，无论是港英政府、显赫家族，乃至无数普通民众，最后也遭遇了前所未见的苦难：有些遭到杀害，例如新界乌蛟腾一带，便有不少村民因为抵抗日军入侵而遭到杀害；有些被迫逃往澳门，例如何东、周埈年、曹善允、何添和何善衡等；有些投身抗日，例如利铭泽、何世礼等；有些沦为阶下囚，例如何东过继子何世荣和女婿吉廷士等；有些则被用作政治花瓶，例如在日军的威胁利诱下出任"华人代表"，让自己和家族蒙上污点，周寿臣、罗旭龢、陈广伯、李冠春、李子方、罗文锦、叶兰泉、董仲伟、邓肇坚、颜成坤和郭赞等，便是其中的例子。

◆ 参考文献

1 邓辉澄. 1937至1941年间香港社会对日本侵略的战争意识（硕士论文）. 香港：香港大学，2009

2 郑宏泰、黄绍伦. 香港股史：1841-1997. 香港：三联书店（香港）有限公司，2006

3 *Annual Reports on the Social and Economic Progress of the People of the Colony of Hong Kong during the Year 1939*. Hong Kong: Government Printer，1939.184

4 屠仰慈. 寄怀上海. 载卢玮銮（编）. 香港的忧郁——文人笔下的香港：1925-1941. 香港：华风书局，1983. 158

5 邓辉澄. 1937至1941年间香港社会对日本侵略的战争意识

（硕士论文）. 香港：香港大学，2009

6 郑宏泰、黄绍伦. 香港股史：1841-1997. 香港：三联书店（香港）有限公司，2006

7 Chu, Grace H.L. and Kan, L.B., "An annotated guide to serial publications of the Hong Kong Government", unpublished reference material, Hong Kong: University Library System, Chinese University of Hong Kong，1979

8 李谷城. 香港报业百年沧桑. 香港：明报出版社有限公司，2000；余鸿建. 香港印业典故. 香港：香港印艺学会，2011

9 李谷城. 香港报业百年沧桑. 香港：明报出版社有限公司，2000. 167

10 郑宏泰、周振威. 香港大老：周寿臣. 香港：三联书店（香港）有限公司，2006

11 郑宏泰、黄绍伦. 香港大老：何东. 香港：三联书店（香港）有限公司，2007

12 *Hong Kong Legislative Council.* Hong Kong: Government Printer，28th November 1940. p.168.

13 日本防卫厅防卫研究所战史室. 香港作战. 天津市政协编译委员会（译），北京：中华书局，1985

14 邓辉澄. 1937至1941年间香港社会对日本侵略的战争意识（硕士论文）. 香港：香港大学，2009. 45～46

15 Norton, E.F., "A hundred years'growth: the developmentof

Hong Kong", *In Hong Kong Centanary Commemorative Talks*.Hong Kong: World News Services，1941. 21~25

16 "Official and imperial messages", *In Hong Kong Centenary Commemorative Talks*. Hong Kong: World News Service，1941. 26~34另参考*Hong Kong Legislative Council*. Hong Kong: Government Printer，16th January 1941.2

17 唐海. 毋忘昨天. 上海：上海文艺出版社，1984. 56~57

18 Cheng, I., *Intercultural Reminiscences*, Hong Kong: David C. Lam Institute for East-West Studies, Hong Kong Baptist University，1997

19《工商日报》，1941年12月3日。

20 日本防卫厅防卫研究所战史室. 香港作战. 天津市政协编译委员会（译），北京：中华书局，1985

21 穆时英. 英帝国的前哨：香港. 载卢玮銮（编）. 香港的忧郁—文人笔下的香港：1925-1941. 香港：华风书局，1983. 87~96

22 日本防卫厅防卫研究所战史室. 香港作战. 天津市政协编译委员会（译），北京：中华书局，1985

23 邓辉澄. 1937至1941年间香港社会对日本侵略的战争意识（硕士论文）. 香港：香港大学，2009. 12

24《星岛日报》，1939年8月23日。

25 邓辉澄. 1937至1941年间香港社会对日本侵略的战争意识

（硕士论文）．香港：香港大学，2009．45~46

26《星岛日报》，1941年12月3日。

27 唐海．毋忘昨天．上海：上海文艺出版社，1984．56

28 李超源．日军袭港记：围困中国煞局战．安大略省：继善书室，2002；谢永光．三年零八个月的苦难．香港：明报出版社有限公司，1995；也可参考Barman, C., *Resist to the End: Hong Kong*, 1941-1945, Hong Kong: Hong Kong University Press，2009

29 Snow, P., *The Fall of Hong Kong: Britain, China and the Japanese Occupation*, New Haven: Yale University Press，2003

30 Banham, T., *Not the Slightest Chance: The Defence of Hong Kong*, 1941, Hong Kong: Hong Kong University Press，2003

31 关礼雄．日占时期的香港．香港：三联书店（香港）有限公司，1993

第十二章

世纪发展与殖民统治检视

　　到底开设外贸港口后走过了一个世纪的香港，取得哪些突出的成绩，值得社会给予肯定呢？又有哪些重大缺失，社会应予以批评呢？由于那时庆祝殖民统治100周年的活动最终被迫低调进行，日后各项研究的目光又大多集中在战争给香港带来的破坏，或是战后重建的种种遭遇，对殖民统治一个世纪的检讨乃付之阙如。

百年经历的沧海桑田

无论是中华大地，或是欧洲大陆，进入二十世纪四十年代后，战火明显转趋猛烈。但是，此时的港英政府却计划庆祝在香港实行殖民统治一百周年，殖民统治者觉得，在过去的一个世纪的统治，香港取得了骄人成绩，因此必须大肆宣扬、大书特书，不应在无声无色中度过。

确实，从经贸与人口增长的数据中，以及从城市建设与制度确立等层面看，自1841年香港开设外贸港口，历经起落波折，但幸好都能克服，并可从中汲取教训，不断成长，到了二十世纪四十年代时，香港已发展成为国际贸易中心。因此，港英政府希望借着统治一百周年纪念的日子，大肆宣传一番，其举止实属情理之中。

到底开设外贸港口后走过了一个世纪的香港，取得哪些突出的成绩，值得社会给予肯定？又有哪些重大缺失，社会应予以批评？由于那时庆祝殖民统治一百周年的活动最终被迫低调进行，日后各项研究又大多集中在战争给香港带来的破坏，或是战后重建的种种遭遇，对殖民统治一个世纪的检讨少之又少，令民众对此了解不多，本文则希望在这方面做出一个概略分析，检视其对错得失。

要粗略勾勒百年殖民统治的成绩，莫如从当时一本题为*Hong Kong Centenary Commemorative Talks*，1841–1941（译为：香港百年纪念讲座1841–1941年）的纪念文集入手，该文集收录了不少当时"华洋"政经贤达（当然是大部分为洋人，小部分为华人）的回忆与评论。而文集中的第一篇，则是时任署理港督的诺顿（E.F. Norton）中将对香港百年间的发展，有如下概述：

> 我必须强调，无论海港、码头、医院、社会服务、大学、学校、工业、银行、航运等，香港已今非昔比……更应想到的，是大量工厂及生意最近在中国贸易展览上的成绩令人目眩。再想想最近的快活谷、马场、游乐场，游泳会和各种各样的游戏、体育与设施，尤其是今日香港的年轻华人，他们由我们培养却在竞技场上把我们击败。

即是说，在诺顿心目中，香港在一个世纪间的发展，主要成绩凸显在海港和码头设施，创立医院、大学与中小学，令银行、工业与航运发展繁荣，以及推动社会服务等层面。当然，他还提及跑马地与各式各样的娱乐活动，尤其指出年轻华人能在竞技场上击败殖民统治者。可见诺顿对香港成绩的评价，主要集中于经济贸易及城市建设等层面，尤其是上层社会的生活上。

除了诺顿，其他殖民统治精英——绝大部分为洋人，则从不同层面上讲述本身对香港过去一个世纪所做出的贡献。举例说，身为总商会主席的卡施地（P.S. Cassidy），站在商会立场阐述了一百年间英商如何在促进商业方面发挥巨大力量，带领香港前进；作为葡萄牙代表的布力架（J.P. Braga），则为葡萄牙人对香港建设做出贡献发言，指他们如何协助刚开设外贸港口的港英政府，以及如何开拓九龙半岛事迹；属于巴斯商人的谢治海（Jamsejee Jejeebhoy），则阐述了巴斯商人在殖民统治初创之时如何推动贸易、移山填海开辟地皮，繁荣香港；身为律师的麦拿马勒（H.C. Macnamara）则从司法体系发展的角度，讲述香港百年间法律体制的逐步完善。还有其他不少人从教会发展、通信设施建设、体育竞技，以及赛马活动等，讲述一个世纪的沧海桑田。

在纪念文集的众多作者中，其中四人被视为华人代表，他们为罗旭龢、罗文锦、何东和周寿臣（前三者为欧亚混血儿）。其中罗旭龢的文章以"华洋"合作的过去、现在和将来为题，讲述彼此间的合作，但实际上只是突出洋人领导，华人跟随其后，受其指挥，而成绩当然归功洋人。罗文锦的文章讲述华人参与体育竞技的问题，聚焦的一群仍是被港英政府吸纳的华人精英。何东的文章讲述个人回忆，尤其着眼于童年时在皇仁书院求学的点滴，以及该校的发展。反而最具参考价值的，则是周寿臣的文章，他在草拟该文时，明显做了不少搜集资料的工作。

在那篇题为 *An octogenarian remembers Hong Kong's progress*（译为：一位耄耋老人的香港发展回忆）的文章中，周寿臣一方面列举了多项数据，说明香港在一个世纪间的变化，另一方面则以自身观察，批评社会上有人指香港的成就与华人无关，也不能与华人分享的说法。首先，在人口数据方面，周寿臣指香港开设外贸港口时只有七千多人（据历史学者的考证应为五千多人），到了1941年时已飙升至两万人左右，显示香港有如磁场般，吸纳了四方移民。

再次，他又列举了贸易数据，讲述香港开设外贸港口前商业并不活跃，贸易十分有限，但到1939年时，全年贸易总额已达十一亿两千七百万亿元，而在港停泊的船只多达七万四千六百艘，总载重则达三千一百万吨，可见香港已成为亚洲地区其中一个极为繁盛的国际贸易港。

还有，周寿臣又根据运输部门（Traffic Office）为他提供的数据，讲述香港交通运输方面的情况，从而折射了上层社会富裕的一面。他表示，截至1939年年底，全港共有私家车四千四百辆，电单车三百六十辆，公共汽车与的士合共三百八十五辆，另有一千两百辆货车，香港电车公司截至1940年时拥有一百零九辆电车。即是说，当时的不少富裕人家，已拥有私家车或电动自行车了，其数目远多于公共汽车和的士，也比货车多。

最后，周寿臣进而批评社会上的某些人，认为香港的繁荣与

华人无关，也没与他们共享，他指出这样的看法并不准确，因为
环顾贸易、银行、工业、航运，乃至物业地产等，其实均有华人
参与其中，在做出贡献的同时，也分享了其中的繁荣成果。

可以看到，虽然身为华人代表的周寿臣批驳了那些认为香港
的成就与华人无关的言论，但他测量香港成就的标准，仍脱离不
了经贸发展与城市建设的固有思想，其基调和视野，与港英政府
及洋人精英并没两样。这样的观点或标准，在今天香港社会那些
认为发展不是硬道理，或是经济发展不是最重要的人眼中，无疑
不值一提。

讨论或评价历史，必须由其时空与现实环境出发，当香港以
外地区，尤其是内地均处一穷二白，甚至时常受战火蹂躏时，香
港可以保持稳定，居民肯捱敢做则可保持每日三餐无忧，实在已
是值得肯定的了。

殖民统治的种种歧视

港英政府所提的众多亮丽成绩——经贸表现突出、城市建设
焕然一新、交通四通八达等等，无疑只是表面风光而已，其贸易
发达、物质丰盛的背面，却有无数引人诟病的残酷内情，剥削、
种族歧视、贫富悬殊、社会不公和治安不佳等严重问题。

首先，香港的经济成就，可以说是建筑在残酷剥削之上的。

正如早前文章提及，香港开设外贸港口后基本上属于混沌杂乱的
"暴发户社会"，港英政府为了支撑其发展，在不属于自己的地
区中容许各种有逆社会传统核心价值的商业活动，让其合法经
营，从中收取专利税，其中尤以娼妓、赌博、鸦片贸易及"猪
仔"贸易最为突出。

即是说，港英政府利用这些不用付出什么投资或代价的"产
业"，将自由经济、活跃贸易、创造就业等美丽口号，建筑在无
数弱势民众的苦难身上，在金钱挂帅的借口下，利用严重的"洋
华"、强弱、富贫等关系，进行了残酷剥削，并在这个长期而痛
苦的发展过程中，实现了财富的积累，并最终创造了令人艳羡的
经济神话。

其次，殖民统治一直采取种族主义，以自身种族优越自居，
将华人视作下等人，所以区分等级、分隔而治，让本身民族长期
得到优厚待遇，华人则列为二等公民。举例说，政治方面，在
百年的殖民统治路程中，政府只吸纳了如下13位华人立法局议员
进入立法局（可视作政治核心的"外核"），他们分别为伍廷
芳（1880–1882）、黄胜（1884–1890）、何启（1890–1912）、
韦玉（1896–1917）、刘铸伯（1913–1922）、伍汉墀
（1922–1923）、何福（1917–1921）、周寿臣（1921–1936）、
周少岐（1923–1925）、罗旭龢（1925–1935）、曹善允
（1929–1936）、罗文锦（1936–1941）和周埈年（1937–1941）等。

值得注意的是，其中的伍廷芳（即殖民统治近四十年后进入

立法局）与何启是姻兄弟，韦玉则为黄胜的女婿，周少岐和周埈
年是父子，而何福、罗旭龢与罗文锦则既为姻亲，又同属欧亚混
血儿，严格来说并不能完全代表华人利益，令人有种"私相授
受、近亲繁殖"的味道，更不用说他们来自富豪巨贾家族，明显
不能排除"官商勾结"的指控了。

至于能够真正进入政治核心"内核"，成为行政局议员的，
则直至1926年（即殖民统治八十五年后）才能取得突破，他即为
"香港大老"之一的周寿臣，之后才有罗旭龢和罗文锦。即是
说，能进入行政局的，在百年的统治岁月中，只有一位纯种华
人，另外两位则是混血儿。

撇除进入政治核心（内外核）不谈，就以各项社会名衔为
例，在1941年前，合计只有何启、韦玉、何东、周寿臣和罗旭龢
五位华人能够获得爵士勋衔（其中罗旭龢的爵位日后被褫夺），
这与华人在社会占有九成人口的比例，明显极不相称。如果我们
再看看获得太平绅士头衔的情况，更可以看到当中极为明显的歧
视和不公。

自1880年至1940年，华人能够获得太平绅士头衔的，一直只
占极小的比例，例如在1880年间，五十名太平绅士中，只有三名
为华人（即占6%），而华人人口则占全港总人口的94%。就算到
了1940年，在两百七十六名太平绅士中，华人只占三十二名而已
（即占11.6%），但华人占香港总人口的98%（表1）。即是说，
就算只是属于口惠而实不至的头衔，华人也受到排挤与歧视，难

以和洋人获得公平对待。

表1　1880年至1940年"华洋"社会太平绅士数目及香港人口转变

年份	太平绅士				香港人口	
	非华人		华人		非华人	华人
	管守	非管守	管守	非管守		
1880/1*	47		3		9 712	150 690
1890/1*	80		3		10 446	210 995
1900/1	38	100	0	18	9 432	274 543
1910/1	58	107		19	11 225	438 873
1920/1	63	116	0	21	9 454	337 947
1930/1	84	98	0	42	18 012	821 429
1940/1	107	137	1	31	23 708	1 420 629

* 此时的太平绅士并没分官守或非官守的类别

　　当然，港英政府对被统治华人的歧视还不止于此，其中常被引用的，除了乘坐公共交通工具有等次分别，还有公务员职位和待遇上的高低差异。扼要地说，政府高级官员一律只能由洋人担任，华人不能问津，至于中、低级职位中，华人若能获得任命——例如在大学中任教，与洋人的工资待遇和升迁也有不同，所以属于彻头彻尾的同工不同酬。①

――――――――

　　① 华人能够出任政府高级官员者，到了五十年代才有转变，率先取得突破的，则是何东女婿杨国璋，他获得破格提拔，最终能够出任医务卫生署署长。参考郑宏泰、黄绍伦，2010，《何家女子：三代妇女传奇》，香港：三联书店（香港）有限公司。

另一令人气愤的做法，则是划分"华洋"不同居住区域。简单而言则是将风景与空气优越的环境辟作洋人居住区，严禁华人逾越，就算贵为香港首富，也不例外，同样遭受歧视。至于常被引用的例子，则是何东于1915年才能因为花费巨资，购得山顶房产，搬进山顶居住，而购置过程仍受到港英政府的诸多为难。更为现实的问题是，就算何东能够取得突破，但直至四十年代仍看不到有其他华人可以在此居住，这无疑证明了种族樊篱仍然难以逾越，华人仍属于香港的二等公民。

社会贫富悬殊与严重不公

更加不容忽视的，是极为严峻的贫富悬殊问题。由于港英政府一直高举"经济至上"或"经济压倒一切"的不干预利伯维尔场旗帜，其结果虽然是商业贸易取得突出发展，却制造了极为严重的贫富不均问题。在那个年代，由于港英政府并没为本地华人提供免费教育、医疗、房屋及老弱贫苦救济等社会福利或社会服务，各种社会救济与扶助，只能由民间组织自行张罗筹措，东华三院与保良局等民间慈善组织的蓬勃发展，核心问题正是港英政府缺少为普通民众提供医疗服务的担当，不理弱势群体的死活，任其自生自灭，所以令社会出现了"病死街头"的惨状，这便是香港被形容为富人的天堂、穷人的地狱的原因之一。

　　与贫富悬殊繁衍而生的是治安不佳。在一个笑贫不笑娼的"暴发户社会",大量移民在一个陌生的社会中,在失去道德制约之下,很容易铤而走险地犯罪,这可以说是一个世纪殖民统治期间治安不佳,犯罪率极高的主要原因。至于最能说明这种情况的,则是日本学者可儿弘明如下一段记述。他写道:

　　　　自1843年到1897年的半个多世纪里,华人在日落后,每
　　家大门外都要挂一盏灯;夜间9时以后出门的人,都得手持
　　灯笼,随身带好由雇主发放的叫作"街纸"的通行证,否则
　　就不能出门,违者则控以图谋不轨的罪名。从这一宵禁规定
　　可见香港治安恶化之一斑。①

　　更为严重的问题是,殖民统治期间,虽然高举司法独立与法律面前人人平等、一视同仁,但真正操作起来则属另一码事,反映了真实层面上的社会极不公平。简单而言,当遇政治、管治或治安问题时,港英政府会选择各种有利本身的法律或手法处理问题,其中的"递解出境",则可说是最重要的杀手锏。

　　准确地说,由于本地人口极少,从宽松的定义上说绝大多数居民属"移民人口",只要港英政府觉得适合,为了减少麻烦,当有需要时,即可拒绝其来港,或是将之递解离港,令社会秩序

――――――――――
　　① 引自可儿弘明. "猪花":被贩卖海外的妇女. 孙国群、赵宗颇(译),陈家麟、陈秋峰(校). 河南:河南人民出版社,1989. 108～109

可以得到更有效的处理。所以关信基便指出，"一群不以香港为家的统治者自然没有动机为一群不以香港为家的被统治者做多少事"，而更为直截了当的方法，则是"谁不听话，就递解他离开香港，公共秩序轻易地得以维持"。

综合而言，一个世纪以来的香港经济成长，其实是由无数受剥削与压榨的人民血汗积累而来，他们之所以在这个发展过程中甘之若饴，没有做出反抗，也不太计较是否公平对待，是因为近代中国历史上的屡受外侮，或是内乱不止、烽火连天，令民生凋敝，所以在避居香港之时，为求平安无事，他们多萌生了多一事不如少一事的忍辱负重心理和"过客心态"（sojourner mentality），这样便令殖民统治者"发展经济即能改善生活"的理论得到了巨大的发挥空间，不但政治上不会招来挑战，取得的经济成绩也能尽归本身有效管治的账目中。

令人不无感叹的是，在殖民统治的一个世纪里，英国殖民统治者虽然一直占据社会上层，养尊处优，而英军更拥有优良武器，并接受过正规训练，但他们在日军入侵香港时，却表现得不堪一击，尤其缺乏为香港这块土地抗战到底的牺牲精神。就算是作为军人且属英军最高统帅的港督杨慕琦，同样并非一般人想象中的战斗到最后一兵一卒，或是宁死不屈的将领，而是先人一步亲赴尖沙咀向日军解甲投降，以保性命。

恰好相反，在自己土地上长期受殖民统治者歧视的人民，当遇日军侵略时，尽管他们武器落后，并非正规军人，却能表现出视死如归的勇武和斗志，就算香港已经沦陷、英军已经解甲投降，仍坚持到底，其中尤以东江纵队在日军设下重重关卡，仍能成功突围，顺利营救滞港文化人一事，至今仍让人津津乐道，也鲜明地说明了关信基口中"一群不以香港为家的统治者，实在不会为香港这个地方做多少事"所言非虚。事实上，日后的港英政府也清晰地认识到本地华人在繁荣经济、稳定社会、维护香港发展成果上的重要贡献，而那已是历经劫难后香港重见光明后的事了。

◆ 参考文献

1 Norton, E.F., "A hundred years' growth: The development of Hong Kong". *In Hong Kong Centenary Commemorative Talks*.Hong Kong: World News Services，1941. P26

2 *Hong Kong Centenary Commemorative Talks*. Hong Kong: World News Services，1941

3 *Hong Kong Centenary Commemorative Talks*. Hong Kong: World News Services，1941

4 Chow, S., "An Octogenarian remembers Hong Kong's progress and prosperity". *In Hong Kong Centenary Commemorative Talks*. Hong Kong: World News Services，1941. 68~70

5 *The Hong Kong Government Gazette*. Hong Kong: Hong Kong Government Printer; Hong Kong Census Reports, 1841-1941. Hong

Kong: Hong Kong Government Printer

　　6 关信基. 香港政治社会的形成. 载二十一世纪双月刊. 第41期，1997年6月号152～159

　　7 Hughes, R., *Hong Kong, Borrowed Place, Borrowed Time,* London: A Deutsch，1968